Deutsche Balladen

Deutsche Balladen

Von Johann Wilhelm Ludwig Gleim
bis Georg Trakl

Ausgewählt
von
Hans Joachim Hoof

Manuscriptum

ISBN 978-3-933497-21-5

© Manuscriptum Verlagsbuchhandlung
Thomas Hoof KG · Waltrop und Leipzig 1999
2., durchgesehene Auflage 2008
Einbandgestaltung: Achim Schmidt, Waltrop

Johann Wilhelm Ludwig Gleim
1719–1803

SIEGESLIED NACH DER SCHLACHT BEI PRAG,
DEN 6. MAI 1757

Victoria! mit uns ist Gott,
　　Der stolze Feind liegt da!
Er liegt, gerecht ist unser Gott,
　　Er liegt, Victoria!

Zwar unser Vater ist nicht mehr,
　　Jedoch er starb ein Held,
Und sieht nun unser Siegesheer
　　Vom hohen Sternenzelt.

Er ging voran, der edle Greis!
　　Voll Gott und Vaterland.
Sein alter Kopf war kaum so weiß
　　Als tapfer seine Hand.

Mit jugendlicher Heldenkraft
　　Ergriff sie eine Fahn,
Hielt sie empor an ihrem Schaft,
　　Daß wir sie alle sahn;

Und sagte: »Kinder, Berg hinan,
　　Auf Schanzen und Geschütz!«
Wir folgten alle, Mann vor Mann,
　　Geschwinder wie der Blitz.

Ach! aber unser Vater fiel,
　　Die Fahne sank auf ihn.

Ha! welch glorreiches Lebensziel,
    Glückseliger *Schwerin*!

Dein *Friederich* hat dich beweint,
    Indem er uns gebot;
Wir aber stürzten in den Feind,
    Zu rächen deinen Tod.

Du, *Heinrich*, warest ein Soldat,
    Du fochtest königlich!
Wir sahen alle, Tat vor Tat,
    Du junger Löw', auf dich!

Der Pommer und der Märker stritt
    Mit rechtem Christenmut.
Rot ward sein Schwert, auf jeden Schritt
    Floß dick Pandurenblut.

Aus sieben Schanzen jagten wir
    Die Mützen von dem Bär.
Da, *Friedrich*, ging dein Grenadier
    Auf Leichen hoch einher.

Dacht', in dem mörderischen Kampf,
    Gott, Vaterland und *dich*,
Sah, tief in schwarzem Rauch und Dampf,
    Dich, seinen *Friederich*.

Und zitterte, ward feuerrot,
    Im kriegrischen Gesicht,
Er zitterte vor deinem Tod,
    Vor seinem aber nicht.

Verachtete die Kugelsaat,
    Der Stücke Donnerton,

Stritt wütender, tat Heldentat,
　　Bis deine Feinde flohn.

Nun dankt er Gott für seine Macht.
　　Und singt:Victoria!
Und alles Blut aus dieser Schlacht
　　Fließt nach *Theresia*.

Und weigert sie auf diesen Tag
　　Den Frieden vorzuziehn;
So stürme, *Friedrich*, erst ihr Prag,
　　Und dann führ uns nach Wien.

Gottlieb Konrad Pfeffel

1736–1809

DIE WAHL

Graf Hunerich, ein deutscher Mann,
Hielt sich und seinem Weib,
Frau Hedwig, einen Schloßkaplan
Zum frommen Zeitvertreib.

Der Mönch vergaß beim leckern Tisch
Des Grafen sein Brevier;
Aß auch am Freitag selten Fisch.
Trank lieber Wein als Bier.

Einst weckt' ihn was um Mitternacht;
Da stand mit stillem Grimm,
Gehörnt, in schwefelgelber Tracht,
Fürst Luzifer vor ihm.

Wähl, sprach er, unter dreien eins:
Ermorde Hunerich,
Entehr sein Weib, sauf dich voll Weins,
Sonst hol' ich morgen dich.

Er wählt die Flasche, treibt berauscht
Mit Hedwig frevle Lust
Und stößt dem Mann, der sie belauscht,
Ein Messer in die Brust.

DIE AUFKLÄRUNG

Auf seiner langen Wanderschaft
Durch halb Europa sah und hörte
Ein Löwe viel von Wissenschaft
Und Kunst. Als er nach Hause kehrte,
Erhob das treue Volk zum Lohn
Für das, was er in fremden Landen
Als Kriegsgefangner ausgestanden,
Ihn auf den väterlichen Thron.
Er glaubte – hier wird mancher lachen –,
Er müsse bei der Nation
Sich nur durch Wohltun Ehre machen,
Und faßte den Entschluß, sein Reich,
Dem großen Kaiser Peter gleich,
Durch Künste zu zivilisieren.
Frohlockend lobte der Senat
Den schönen Plan; auch bei den Tieren
Will nur ein Ochs deliberieren,
Wenn der Monarch gesprochen hat,
Und damals saßen diese Herren,
Die gern dem Licht das Tor versperren,
Noch nicht in dem geheimen Rat.
Der König ließ durch sein Mandat
Die Kandidaten aller Stufen
Gar huldreich zum Concurs berufen.
Zuerst erschien ein großer Bär,
Der aufrecht vor den Thron sich pflanzte
Und bald ins Kreuz, bald in die Quer
Auf polnisch und kosakisch tanzte.
Mit Jauchzen ward der Postulant
Zum Doktor seiner Kunst ernannt.
Jetzt nahte sich dem Königsstuhle

Die Nachtigall. Kaum spielte sie
Ihr Lied voll Geist und Melodie,
So übergab man ihr die Schule
Der Tonkunst und der Poesie.
Das Lehramt der Philosophie
Ward einem Affen aufgetragen;
Sein allumfassendes Genie
Glich einem bodenlosen Magen;
Er wußte das Warum und Wie
Von jedem Dinge. Kurz zu sagen,
Er diente vormals in Paris
Bei einem Enzyklopädisten,
Der keine Müh sich dauern ließ,
Mit seiner Kunst ihn auszurüsten.
Nun war der Unterricht im Gang.
Schon ward es allerorten helle:
Schon wechselten Konzert und Bälle
Am Hof; das Licht der Wahrheit drang
In jeden Kopf; bei allen Tieren
Verschwanden Vorurteil und Wahn;
Sogar die Schöpse fingen an,
Von Zeit und Raum zu disputieren.
Indessen fand der Großsultan
Das Volk nicht um ein Härchen besser;
Der Fuchs war stets ein Hühnerfresser,
Und von des Wolfes Mörderzahn
Ward, nach wie vor, das Schaf zerrissen;
Nur daß er oft in frechen Schlüssen
Bewies, er habe recht getan.
So ging es bald im ganzen Lande
Und konnte nicht wohl anders gehn.
Ha! rief der Schach, zu meiner Schande
Bekenn' ich, daß ich falsch gesehn.

Den Irrtum hab' ich zwar vertrieben,
Allein die Laster sind geblieben.
Anstatt in meiner Monarchie
Gelehrte Bürger ziehn zu wollen,
Hätt' ich vor allen Dingen sie
Zu *guten* Bürgern machen sollen.

Christian Friedrich Daniel Schubart
1739–1791

DER KALTE MICHEL

War einst ein deutscher Junker
   Im prächtigen Paris;
Er wollt' sein Geld in Ehren
Und mit Geschmack verzehren
   In Frankreichs Paradies.

Auf einmal blieb der Wechsel
   Ihm allzu lange aus.
Er schrieb zwar viel naive
Und wohlgesetzte Briefe,
   Doch keiner kam von Haus.

Des Franzmanns Komplimente –
   Die waren jetzt nicht groß;
Nur die mit vollen Händen
Ihr deutsches Geld verschwenden,
   Sieht gerne der Franzos.

Da war der Junker traurig
   Und hängt das Mäulchen schief.
Es äugelt ihm itzunder
Vergeblich der Burgunder,
   Er will nur Geld und Brief.

Einst schaut er zu dem Fenster
   Mit dunkelm Blick hinaus;
Schon träumt er von Pistolen,
Von Mord und Teufelholen:
   Da kam sein Knecht von Haus.

Gleich schrie er: »Guter Michel,
    O komm doch 'rauf zu mir!«
Der Michel sprach: »Ihr Gnaden!
Ein Schöpplein könnt nicht schaden;
    Ich weiß kein Wirtshaus hier.«

Der Kerl war nun im Zimmer;
    Der Junker fragt: »Was Neu's?«
Doch Michel setzt sich nieder,
Labt erst mit Wein die Glieder,
    Dann sagt er, was er weiß.

»Ei, denkt doch, gnäd'ger Herre!
    Der Rabe ist verreckt.
Er hatte wenig Futter,
Auf einmal fraß er Luder,
    Bis er davon verreckt.«

»Wer gab ihm so viel Luder?«
    Fragt Junker schon gerührt.
»Ha! euers Vaters Pferde,
Ihr wißt's, von großem Werte,
    Die waren halt krepiert.«

»Was, meines Vaters Pferde?«
    »Ha! 's ist ja schon bekannt!
Ihr Gnaden, muß nur sagen,
Vom vielen Wassertragen
    Verreckten sie beim Brand.«

»Was sagst von einem Brande?«
    »Hm! ja in euerm Haus.
's ist eben kein Mirakel;
Denn, spielt man mit der Fackel,
    So kommt gleich Feuer aus.«

»Ach Gott! mein Schloß verbrannte?«
    »Ihr Gnaden sagt es gleich.
Mit Fackeln und mit Kerzen
Ist wahrlich nicht zu scherzen,
    Wie bei der Mutter Leich'.«

»Wie, Michel, meine Mutter?«
    »Ja freilich, sie ist tot!
Sie hat sich halt bekümmert,
Und Kümmernis verschlimmert
    Das Blut und bringt den Tod.«

»Wer hat sie denn bekümmert?«
    »Ihr Vater, wie man sagt.
Der hat vor sieben Wochen
Halt das Genick gebrochen,
    Und zwar auf einer Jagd.«

Der Junker sich an Schädel
    Mit beiden Fäusten schlug.
»Wär' ich doch nie geboren!
– Ha! alles ist verloren! –
    Verdammter Hund, genug!«

»Ist nicht so arg«, sprach Michel,
    »Was braucht's des Lärmens da?
Ich schwömm', bei meiner Ehre,
Gleich itzo auf dem Meere
    Fort nach Amerika.«

Und mir nichts, dir nichts, plötzlich
    Floh er mit ihm davon.
Europa bleibt zurücke,
Sie machen bald ihr Glücke
    Beim großen Washington.

Matthias Claudius
1740–1815

PHIDILE

Ich war erst sechzehn Sommer alt,
    Unschuldig und nichts weiter,
Und kannte nichts als unsern Wald,
    Als Blumen, Gras und Kräuter.

Da kam ein fremder Jüngling her;
    Ich hatt' ihn nicht verschrieben,
Und wußte nicht wohin noch her;
    Der kam und sprach von Lieben.

Er hatte schönes langes Haar
    Um seinen Nacken wehen;
Und einen Nacken, als das war,
    Hab ich noch nie gesehen.

Sein Auge, himmelblau und klar!
    Schien freundlich was zu flehen;
So blau und freundlich, als das war,
    Hab ich noch keins gesehen.

Und sein Gesicht, wie Milch und Blut!
    Ich hab's nie so gesehen;
Auch, was er sagte, war sehr gut,
    Nur konnt ich's nicht verstehen.

Er ging mir allenthalben nach
    Und drückte mir die Hände
Und sagte immer Oh und Ach
    Und küßte sie behende.

Ich sah ihn einmal freundlich an
    Und fragte, was er meinte;
Da fiel der junge schöne Mann
    Mir um den Hals und weinte.

Das hatte niemand noch getan;
    Doch war's mir nicht zuwider,
Und meine beiden Augen sahn
    In meinen Busen nieder.

Ich sagt' ihm nicht ein einzig Wort,
    Als ob ich's übelnähme,
Kein einzigs, und – er flohe fort;
    Wenn er doch wiederkäme!

Johann Gottfried Herder
1744–1803

ERLKÖNIGS TOCHTER

Herr Oluf reitet spät und weit,
Zu bieten auf seine Hochzeitsleut'.

Da tanzen die Elfen auf grünem Land,
Erlkönigs Tochter reicht ihm die Hand.

»Willkommen, Herr Oluf, was eilst von hier?
Tritt her in den Reihen und tanz mit mir.«

»Ich darf nicht tanzen, nicht tanzen ich mag,
Frühmorgen ist mein Hochzeittag.«

»Hör an, Herr Oluf, tritt tanzen mit mir,
Zwei güldne Sporne schenk ich dir.

Ein Hemd von Seide so weiß und fein,
Meine Mutter bleicht's mit Mondenschein.«

»Ich darf nicht tanzen, nicht tanzen ich mag,
Frühmorgen ist mein Hochzeittag.«

»Hör an, Herr Oluf, tritt tanzen mit mir,
Einen Haufen Goldes schenk ich dir.«

»Einen Haufen Goldes nähm ich wohl;
Doch tanzen ich nicht darf noch soll.«

»Und willt, Herr Oluf, nicht tanzen mit mir;
Soll Seuch und Krankheit folgen dir.«

Sie tut einen Schlag ihm auf sein Herz,
Noch nimmer fühlt' er solchen Schmerz.

Sie hob ihn bleichend auf sein Pferd,
»Reit heim nun zu dein'm Fräulein wert.«

Und als er kam vor Hauses Tür,
Seine Mutter zitternd stand dafür.

»Hör an, mein Sohn, sag an mir gleich,
Wie ist dein Farbe blaß und bleich?«

»Und sollt sie nicht sein blaß und bleich,
Ich traf in Erlenkönigs Reich.«

»Hör an, mein Sohn, so lieb und traut,
Was soll ich nun sagen deiner Braut?«

»Sagt ihr, ich sei im Wald zur Stund,
Zu proben da mein Pferd und Hund.«

Frühmorgen und als es Tag kaum war,
Da kam die Braut mit der Hochzeitschar.

Sie schenkten Met, sie schenkten Wein;
»Wo ist Herr Oluf, der Bräut'gam mein?«

»Herr Oluf, er ritt in Wald zur Stund,
Er probt allda sein Pferd und Hund.«

Die Braut hob auf den Scharlach rot,
Da lag Herr Oluf, und er war tot.

Gottfried August Bürger

1747–1794

LENORE

Lenore fuhr ums Morgenrot
Empor aus schweren Träumen:
»Bist untreu, Wilhelm, oder tot?
Wie lange willst du säumen?« –
Er war mit König Friedrichs Macht
Gezogen in die Prager Schlacht
Und hatte nicht geschrieben,
Ob er gesund geblieben.

Der König und die Kaiserin,
Des langen Haders müde,
Erweichten ihren harten Sinn
Und machten endlich Friede;
Und jedes Heer, mit Sing und Sang,
Mit Paukenschlag und Kling und Klang
Geschmückt mit grünen Reisern,
Zog heim zu seinen Häusern.

Und überall, allüberall
Auf Wegen und auf Stegen,
Zog alt und jung dem Jubelschall
Der Kommenden entgegen.
»Gottlob!« rief Kind und Gattin laut,
»Willkommen!« manche frohe Braut;
Ach! aber für Lenoren
War Gruß und Kuß verloren.

Sie frug den Zug wohl auf und ab
Und frug nach allen Namen;

Doch keiner war, der Kundschaft gab,
Von allen, so da kamen.
Als nun das Heer vorüber war,
Zerraufte sie ihr Rabenhaar
Und warf sich hin zur Erde
Mit wütiger Gebärde.

Die Mutter lief wohl hin zu ihr:
»Ach, daß sich Gott erbarme!
Du trautes Kind, was ist mit dir?«
Und schloß sie in die Arme.
»O Mutter, Mutter! hin ist hin!
Nun fahre Welt und alles hin!
Bei Gott ist kein Erbarmen.
O weh, o weh mir Armen!«

»Hilf, Gott, hilf! Sieh uns gnädig an!
Kind, bet ein Vaterunser!
Was Gott tut, das ist wohlgetan.
Gott, Gott erbarmt sich unser!«
»O Mutter, Mutter! Eitler Wahn!
Gott hat an mir nicht wohlgetan!
Was half, was half mein Beten?
Nun ist's nicht mehr vonnöten.«

»Hilf, Gott, hilf! Wer den Vater kennt,
Der weiß, er hilft den Kindern.
Das hochgelobte Sakrament
Wird deinen Jammer lindern.« –
»O Mutter, Mutter! was mich brennt,
Das lindert mir kein Sakrament!
Kein Sakrament mag Leben
Den Toten wiedergeben.«

»Hör, Kind! Wie, wenn der falsche Mann
Im fernen Ungerlande
Sich seines Glaubens abgetan
Zum neuen Ehebande?
Laß fahren, Kind, sein Herz dahin!
Er hat es nimmermehr Gewinn!
Wann Seel' und Leib sich trennen,
Wird ihn sein Meineid brennen.«

»O Mutter, Mutter! Hin ist hin!
Verloren ist verloren!
Der Tod, der Tod ist mein Gewinn!
O wär' ich nie geboren!
Lisch aus, mein Licht, auf ewig aus!
Stirb hin, stirb hin in Nacht und Graus!
Bei Gott ist kein Erbarmen.
O weh, o weh mir Armen!«

»Hilf, Gott, hilf! Geh nicht ins Gericht
Mit deinem armen Kinde!
Sie weiß nicht, was die Zunge spricht.
Behalt ihr nicht die Sünde!
Ach, Kind, vergiß dein irdisch Leid
Und denk an Gott und Seligkeit!
So wird doch deiner Seelen
Der Bräutigam nicht fehlen.«

»O Mutter! Was ist Seligkeit?
O Mutter! Was ist Hölle?
Bei ihm, bei ihm ist Seligkeit,
Und ohne Wilhelm Hölle!
Lisch aus, mein Licht, auf ewig aus!
Stirb hin, stirb hin in Nacht und Graus!

Ohn' ihn mag ich auf Erden,
Mag dort nicht selig werden.« –

So wütete Verzweifelung
Ihr in Gehirn und Adern,
Sie fuhr mit Gottes Vorsehung
Vermessen fort zu hadern,
Zerschlug den Busen und zerrang
Die Hand bis Sonnenuntergang,
Bis auf am Himmelsbogen
Die goldnen Sterne zogen.

Und außen, horch! ging's trapp, trapp, trapp,
Als wie von Rosses Hufen;
Und klirrend stieg ein Reiter ab
An des Geländers Stufen.
Und horch! und horch! den Pfortenring
Ganz lose, leise, klinglingling!
Dann kamen durch die Pforte
Vernehmlich diese Worte:

»Holla, holla! Tu auf, mein Kind!
Schläfst, Liebchen, oder wachst du?
Wie bist noch gegen mich gesinnt?
Und weinest oder lachst du?«
»Ach, Wilhelm, du? – So spät bei Nacht?
Geweinet hab' ich und gewacht;
Ach, großes Leid erlitten!
Woher kommst du geritten?«

»Wir satteln nur um Mitternacht.
Weit ritt ich her von Böhmen.
Ich habe spät mich aufgemacht
Und will dich mit mir nehmen.«

»Ach, Wilhelm, erst herein geschwind!
Den Hagedorn durchsaust der Wind,
Herein, in meinen Armen,
Herzliebster, zu erwarmen!«

»Laß sausen durch den Hagedorn,
Laß sausen, Kind, laß sausen!
Der Rappe scharrt; es klirrt der Sporn,
Ich darf allhier nicht hausen.
Komm, schürze, spring und schwinge dich
Auf meinen Rappen hinter mich!
Muß heut noch hundert Meilen
Mit dir ins Brautbett eilen.«

»Ach! wolltest hundert Meilen noch
Mich heut ins Brautbett tragen?
Und horch! es brummt die Glocke noch,
Die elf schon angeschlagen.«
»Sieh hin, sieh her! der Mond scheint hell.
Wir und die Toten reiten schnell.
Ich bringe dich, zur Wette,
Noch heut ins Hochzeitsbette.«

»Sag an, wo ist dein Kämmerlein?
Wo? Wie das Hochzeitsbettchen?«
»Weit, weit von hier! – Still, kühl und klein! –
Sechs Bretter und zwei Brettchen!«
»Hat's Raum für mich?« – »Für dich und mich!
Komm, schürze, spring und schwinge dich!
Die Hochzeitsgäste hoffen;
Die Kammer steht uns offen.«

Schön Liebchen schürzte, sprang und schwang
Sich auf das Roß behende;

Wohl um den trauten Reiter schlang
Sie ihre Lilienhände;
Und hurre hurre, hopp hopp hopp!
Ging's fort mit sausendem Galopp,
Daß Roß und Reiter schnoben
Und Kies und Funken stoben.

Zur rechten und zur linken Hand,
Vorbei vor ihren Blicken,
Wie flogen Anger, Heid' und Land!
Wie donnerten die Brücken!
»Graut Liebchen auch? – Der Mond scheint hell!
Hurra! die Toten reiten schnell!
Graut Liebchen auch vor Toten?« –
»Ach nein! – Doch laß die Toten!«

Was klang dort für Gesang und Klang?
Was flatterten die Raben?
Horch, Glockenklang! Horch, Totensang:
»Laßt uns den Leib begraben!«
Und näher zog ein Leichenzug,
Der Sarg und Totenbahre trug.
Das Lied war zu vergleichen
Dem Unkenruf in Teichen.

»Nach Mitternacht begrabt den Leib
Mit Klang und Sang und Klage!
Jetzt führ ich heim mein junges Weib.
Mit, mit zum Brautgelage!
Komm, Küster, hier! Komm mit dem Chor
Und gurgle mir das Brautlied vor!
Komm, Pfaff, und sprich den Segen,
Eh' wir zu Bett uns legen!« –

Still Klang und Sang. – Die Bahre schwand. –
Gehorsam seinen Rufen,
Kam's, hurre hurre! nachgerannt,
Hart hinters Rappen Hufen.
Und immer weiter, hopp hopp hopp!
Ging's fort in sausendem Galopp,
Daß Roß und Reiter schnoben
Und Kies und Funken stoben.

Wie flogen rechts, wie flogen links
Gebirge, Bäum' und Hecken!
Wie flogen links und rechts und links
Die Dörfer, Städt' und Flecken!
»Graut Liebchen auch? – Der Mond scheint hell!
Hurra! die Toten reiten schnell!
Graut Liebchen auch vor Toten?«
»Ach! Laß sie ruhn, die Toten!«

Sieh da! sieh da! Am Hochgericht
Tanzt um des Rades Spindel,
Halb sichtbarlich bei Mondenlicht,
Ein lustiges Gesindel. –
»Sasa! Gesindel, hier! Komm hier!
Gesindel, komm und folge mir!
Tanz uns den Hochzeitsreigen,
Wann wir zu Bette steigen!« –

Und das Gesindel, husch husch husch!
Kam hinten nachgeprasselt,
Wie Wirbelwind am Haselbusch
Durch dürre Blätter rasselt.
Und weiter, weiter, hopp hopp hopp!
Ging's fort in sausendem Galopp,

Daß Roß und Reiter schnoben
Und Kies und Funken stoben.

Wie flog, was rund der Mond beschien,
Wie flog es in die Ferne!
Wie flogen oben überhin
Der Himmel und die Sterne!
»Graut Liebchen auch? – Der Mond scheint hell!
Hurra! die Toten reiten schnell!
Graut Liebchen auch vor Toten?« –
»O weh! Laß ruhn die Toten!« –

»Rapp'! Rapp'! Mich dünkt, der Hahn schon
ruft. –
Bald wird der Sand verrinnen. –
Rapp'! Rapp'! Ich wittre Morgenluft.
Rapp'! Tummle dich von hinnen! –
Vollbracht, vollbracht ist unser Lauf!
Das Hochzeitbette tut sich auf!
Die Toten reiten schnelle!
Wir sind, wir sind zur Stelle.« –

Rasch auf ein eisern Gittertor
Ging's mit verhängtem Zügel.
Mit schwanker Gert' ein Schlag davor
Zersprengte Schloß und Riegel.
Die Flügel flogen klirrend auf,
Und über Gräber ging der Lauf,
Es blinkten Leichensteine
Rundum im Mondenscheine.

Ha sieh! Ha sieh! Im Augenblick,
Huhu! ein gräßlich Wunder!
Des Reiters Koller, Stück für Stück,

Fiel ab wie mürber Zunder,
Zum Schädel, ohne Zopf und Schopf,
Zum nackten Schädel ward sein Kopf;
Sein Körper zum Gerippe,
Mit Stundenglas und Hippe.

Hoch bäumte sich, wild schnob der Rapp'
Und sprühte Feuerfunken;
Und hui! war's unter ihr hinab
Verschwunden und versunken.
Geheul! Geheul aus hoher Luft,
Gewinsel kam aus tiefer Gruft.
Lenorens Herz mit Beben
Rang zwischen Tod und Leben.

Nun tanzten wohl bei Mondenglanz,
Rundum herum im Kreise,
Die Geister einen Kettentanz
Und heulten diese Weise:
»Geduld! Geduld! Wenn's Herz auch bricht!
Mit Gott im Himmel hadre nicht!
Des Leibes bist du ledig;
Gott sei der Seele gnädig!«

DIE WEIBER VON WEINSBERG

Wer sagt mir an, wo Weinsberg liegt?
Soll sein ein wackres Städtchen,
Soll haben, fromm und klug, gewiegt,
Viel Weiberchen und Mädchen.
Kömmt mir einmal das Freien ein,
So werd ich eins aus Weinsberg frein.

Einstmals der Kaiser Konrad war
Dem guten Städtlein böse
Und rückt' heran mit Kriegesschar
Und Reisigengetöse,
Umlagert' es mit Roß und Mann
Und schoß und rannte drauf und dran.

Und als das Städtlein widerstand
Trotz allen seinen Nöten,
Da ließ er, hoch von Grimm entbrannt,
Den Herold 'nein trompeten:
Ihr Schurken, komm ich 'nein, so wißt,
Soll hängen, was die Wand bepißt.

Drob, als er den Avis also
Hinein trompeten lassen,
Gab's lautes Zetermordio
Zu Haus und auf den Gassen.
Das Brot war teuer in der Stadt;
Doch teurer noch war guter Rat.

»O weh, mir armen Korydon!
O weh mir!« die Pastores
Schrien, »Kyrie Eleison!
Wir gehn, wir gehn kapores!
O weh, mir armen Korydon!
Es juckt mir an der Kehle schon.«

Doch wann's Matthä' am letzten ist,
Trotz Raten, Tun und Beten,
So rettet oft noch Weiberlist
Aus Ängsten und aus Nöten.
Denn Pfaffentrug und Weiberlist
Gehn über alles, wie ihr wißt.

Ein junges Weibchen lobesan,
Seit gestern erst getrauet,
Gibt einen klugen Einfall an,
Der alles Volk erbauet;
Den ihr, sofern ihr anders wollt,
Belachen und beklatschen sollt.

Zur Zeit der stillen Mitternacht
Die schönste Ambassade
Von Weibern sich ins Lager macht
Und bettelt dort um Gnade.
Sie bettelt sanft, sie bettelt süß,
Erhält doch aber nichts als dies:

»Die Weiber sollten Abzug han
Mit ihren besten Schätzen,
Was übrigbliebe, wollte man
Zerhauen und zerfetzen.«
Mit der Kapitulation
Schleicht die Gesandtschaft trüb davon.

Drauf, als der Morgen bricht hervor,
Gebt Achtung! Was geschiehet?
Es öffnet sich das nächste Tor,
Und jedes Weibchen ziehet
Mit ihrem Männchen schwer im Sack,
So wahr ich lebe! huckepack. –

Manch Hofschranz suchte zwar sofort
Das Kniffchen zu vereiteln;
Doch Konrad sprach: »Ein Kaiserwort
Soll man nicht drehn noch deuteln.
Ha bravo!« rief er, »bravo so!
Meint' unsre Frau es auch nur so!«

Er gab Pardon und ein Bankett,
Den Schönen zu gefallen.
Da ward gegeigt, da ward trompet't,
Und durchgetanzt mit allen,
Wie mit der Burgemeisterin
So mit der Besenbinderin.

Ei! sagt mir doch, wo Weinsberg liegt?
Ist gar ein wackres Städtchen.
Hat, treu und fromm und klug, gewiegt,
Viel Weiberchen und Mädchen.
Ich muß, kömmt mir das Freien ein,
Fürwahr! muß eins aus Weinsberg frein.

DAS LIED VOM BRAVEN MANN

Hoch klingt das Lied vom braven Mann,
Wie Orgelton und Glockenklang.
Wer hohen Muts sich rühmen kann,
Den lohnt nicht Gold, den lohnt Gesang.
Gottlob! daß ich singen und preisen kann:
Zu singen und preisen den braven Mann.
Der Tauwind kam vom Mittagsmeer,

Und schnob durch Welschland, trüb und feucht.
Die Wolken flogen vor ihm her,
Wie wenn der Wolf die Herde scheucht.
Er fegte die Felder, zerbrach den Forst!
Auf Seen und Strömen das Grundeis borst.

Am Hochgebirge schmolz der Schnee;
Der Sturz von tausend Wassern scholl;

Das Wiesental begrub ein See;
Des Landes Heerstrom wuchs und schwoll.
Hoch rollten die Wogen, entlang ihr Gleis,
Und rollten gewaltige Felsen Eis.

Auf Pfeilern und auf Bogen schwer,
Aus Quaderstein von unten auf,
Lag eine Brücke drüber her;
Und mitten stand ein Häuschen drauf.
Hier wohnte der Zöllner, mit Weib und Kind.
»O Zöllner! O Zöllner! Entfleuch geschwind!«

Es dröhnt' und dröhnte dumpf heran,
Laut heulten Sturm und Wog' ums Haus.
Der Zöllner sprang zum Dach hinan
Und blickt' in den Tumult hinaus.
»Barmherziger Himmel! Erbarme dich!
Verloren! Verloren! Wer rettet mich?«

Die Schollen rollten, Schuß auf Schuß,
Von beiden Ufern, hier und dort,
Von beiden Ufern riß der Fluß
Die Pfeiler samt den Bogen fort.
Der bebende Zöllner, mit Weib und Kind,
Er heulte noch lauter als Strom und Wind.

Die Schollen rollten, Stoß auf Stoß,
An beiden Enden, hier und dort,
Zerborsten und zertrümmert schoß
Ein Pfeiler nach dem andern fort.
Bald nahte der Mitte der Umsturz sich.
»Barmherziger Himmel! Erbarme dich!«

Hoch auf dem fernen Ufer stand
Ein Schwarm von Gaffern, groß und klein;

Und jeder schrie und rang die Hand,
Doch mochte niemand Retter sein.
Der bebende Zöllner, mit Weib und Kind,
Durchheulte nach Rettung den Strom und Wind. –

Wann klingst du, Lied vom braven Mann,
Wie Orgelton und Glockenklang?
Wohlan! So nenn ihn, nenn ihn dann!
Wann nennst du ihn, mein schönster Sang?
Bald nahet der Mitte der Umsturz sich.
O braver Mann! braver Mann! zeige dich!

Rasch galoppiert ein Graf hervor,
Auf hohem Roß ein edler Graf.
Was hielt des Grafen Hand empor?
Ein Beutel war es, voll und straff.
»Zweihundert Pistolen sind zugesagt
Dem, welcher die Rettung der Armen wagt.«

Und immer höher schwoll die Flut;
Und immer lauter schnob der Wind;
Und immer tiefer sank der Mut. –
O Retter! Retter! Komm geschwind!
Stets Pfeiler bei Pfeiler zerborst und brach.
Laut krachten und stürzten die Wogen nach.

»Hallo! Hallo! Frisch auf, gewagt!«
Hoch hielt der Graf den Preis empor.
Ein jeder hört's, doch jeder zagt.
Aus Tausenden tritt keiner vor.
Vergebens durchheulte, mit Weib und Kind,
Der Zöllner nach Rettung den Strom und Wind. –

Sieh, schlecht und recht, ein Bauersmann
Am Wanderstabe schritt daher,
Mit grobem Kittel angetan,
An Wuchs und Antlitz hoch und hehr.
Er hörte den Grafen, vernahm sein Wort
Und schaute das nahe Verderben dort.

Und kühn in Gottes Namen sprang
Er in den nächsten Fischerkahn;
Trotz Wirbel, Sturm und Wogendrang
Kam der Erretter glücklich an:
Doch wehe! der Nachen war allzu klein,
Der Retter von allen zugleich zu sein.

Und dreimal zwang er seinen Kahn,
Trotz Wirbel, Sturm und Wogendrang;
Und dreimal kam er glücklich an,
Bis ihm die Rettung ganz gelang.
Kaum kamen die letzten in sichern Port,
So rollte das letzte Getrümmer fort.

»Hier«, rief der Graf, »mein wackrer Freund!
Hier ist dein Preis! Komm her! Nimm hin!«
Sag an, war das nicht brav gemeint?
Bei Gott! der Graf trug hohen Sinn. –
Doch höher und himmlischer, wahrlich! schlug
Das Herz, das der Bauer im Kittel trug.

»Mein Leben ist für Gold nicht feil.
Arm bin ich zwar, doch ess' ich satt.
Dem Zöllner werd' Eu'r Gold zuteil,
Der Hab und Gut verloren hat!«
So rief er, mit herzlichem Biederton,
Und wandte den Rücken und ging davon.

Hoch klingst du, Lied vom braven Mann,
Wie Orgelton und Glockenklang!
Wer solchen Muts sich rühmen kann,
Den lohnt kein Gold, den lohnt Gesang.
Gottlob! daß ich singen und preisen kann,
Unsterblich zu preisen den braven Mann.

DIE SCHATZGRÄBER

Ein Winzer, der am Tode lag,
Rief seine Kinder an und sprach:
»In unserm Weinberg liegt ein Schatz.
Grabt nur danach!« – »An welchem Platz?«
Schrie alles laut den Vater an.
»Grabt nur!« … O weh! da starb der Mann.

Kaum war der Alte beigeschafft,
So grub man nach aus Leibeskraft.
Mit Hacke, Karst und Spaten ward
Der Weinberg um und um gescharrt.
Da war kein Kloß, der ruhig blieb;
Man warf die Erde gar durchs Sieb
Und zog die Harken kreuz und quer
Nach jedem Steinchen hin und her.
Allein, da ward kein Schatz verspürt,
Und jeder hielt sich angeführt.

Doch kaum erschien das nächste Jahr,
So nahm man mit Erstaunen wahr,
Daß jede Rebe dreifach trug.
Da wurden erst die Söhne klug
Und gruben nun jahrein, jahraus
Des Schatzes immer mehr heraus.

Ludwig Christoph Heinrich Hölty

1748–1776

BALLADE

Ich träumt', ich war ein Vögelein
    Und flog auf ihren Schoß
Und zupft' ihr, um nicht laß zu sein,
    Die Busenschleifen los.
Und flog, mit gaukelhaftem Flug,
    Dann auf die weiße Hand,
Dann wieder auf das Busentuch
    Und pickt' am roten Band.

Dann schwebt' ich auf ihr blondes Haar
    Und zwitscherte vor Lust
Und ruhte, wann ich müde war,
    An ihrer weißen Brust.
Kein Veilchenbett im Paradies
    Geht diesem Lager vor.
Wie schlief sich's da so süß, so süß
    Auf ihres Busens Flor!

Sie spielte, wie ich tiefer sank,
    Mit leisem Fingerschlag,
Der mir durch Leib und Leben drang,
    Den frohen Schlummrer wach.
Sah mich so wunderfreundlich an
    Und bot den Mund mir dar,
Daß ich es nicht beschreiben kann,
    Wie froh, wie froh ich war.

Da trippelt' ich auf einem Bein
    Und hatte so mein Spiel

Und spielt' ihr mit dem Flügelein
    Die rote Wange kühl.
Doch, ach, kein Erdenglück besteht.
    Es sei Tag oder Nacht!
Schnell war mein süßer Traum verweht,
    Und ich war aufgewacht.

Friedrich Leopold zu Stolberg

1750–1819

SCHÖN KLÄRCHEN

Schön lächelt der Mond uns aus himmlischem Zelt,
Süß duftet im Taue gebadet das Feld,
Und lieblich ertönt in der Laube
Des Lieds und des Bechers vereinigter Klang
Und süß an der Quelle der Nachtigall Sang
Und lieblich das Girren der Taube.

So schön und so lieblich und honigsüß ist
Ein rosiges Mädchen, das freundlich uns küßt:
Wir schmelzen, wie Wachs an der Sonne,
An ihren feuchtschimmernden Augen dahin;
Es badet in zaubernden Fluten der Sinn
Und schwimmet von Wonne zu Wonne.

Wohl schwimmt er bei Tage, wohl schwimmt er bei Nacht
Im Meere des Traumes; doch wenn er erwacht,
Empfangen ihn steinichte Küsten:
Die Lüfte sind schneidend, der Himmel ist grau,
Die Auen, gebadet in duftendem Tau,
Verwandeln sich plötzlich in Wüsten.

O wär' es uns möglich, den seidenen Traum,
Noch wenn er schon flöhe, zu haschen beim Saum
Und am Ufer des Lethe zu liegen,
Wo Freuden, der sengenden Wahrheit zum Hohn,
Im Schatten des Wahnes, auf wankendem Mohn,
Mit lächelnden Amorn sich wiegen!

Doch bist du noch glücklich, wenn Weisheit dich weckt,
Eh' schnell aus dem Traume dein Mädchen dich schreckt

Mit falschem und höhnischem Lachen:
Der Elende schüttelt die Locken und sieht,
Wie mit dem Verführten sein Mädchen entflieht
Mit luftigen Wagen und Drachen.

Du scheinst mir zu sagen: Wo gaukelst du hin,
Im luftigen Wagen, mit luftigem Sinn,
Bei täuschender Irrwische Klarheit?
So? Ward ich getäuschet? Komm, setze dich hier
In den Schatten der kühligen Linde zu mir!
Und höre die Stimme der Wahrheit!

So arm und so schön, wie ein Blümchen im Feld,
Saß Klärchen am Bache; da sah sie ein Held
Und führte sie mit sich von dannen.
Wohl führt' er sie heim in sein väterlich Schloß;
Sie lag ihm im Arme, sie saß ihm im Schoß;
Die Jahre, wie Tage, verrannen.

In Klärchens Umarmung vergaß er die Welt,
Für Klärchen nur lebte der stattliche Held,
Entsagte Turnieren und Schlachten.
Wohl jagt' er im Felde; doch jagte sie mit:
Auf einem getigerten Spanier ritt
Schön Klärchen mit ihm auf die Jagden.

Drei dänische Doggen, so schnell und so leicht
Als über die Ähren der Abendwind streicht,
Durcheilten mit ihnen die Felder;
Sie packten beim Ohre den Keuler, kein Reh
Entrann und kein Hirsch; so weiß wie der Schnee
Durchflogen sie bellend die Wälder.

Bei Hunden ist Treue! Das lernt' ich von dir.
Mein mächtiger Roland, du redliches Tier!

Und von Fancy, der zottichten Kleinen.
Wie Kraniche wachsam und treuer als Gold
Sind Roland und Fancy, sind schmeichelnd mir hold;
Denn Hunde sind gut, wie sie scheinen.

Sie hatten selbander drei Jahre gelebt;
Es hatte die Liebe die Stunden gewebt,
Von schöneren Fäden als Seide.
Wenn Liebe sich setzt an den Webstuhl der Zeit,
So webt sie dem Leben ein himmlisches Kleid,
Von morgenrotschimmernder Freude!

Nun kam zu dem Liebeberauschten ein Mann,
Des Ritters Vertrauter von Kindesblüt' an
Und selber ein stattlicher Ritter:
Schön wallte vom Helme sein goldenes Haar;
Süß war er den Mädchen wie Rosenduft, war
Im Kampfe wie Sturm und Gewitter.

Sein freute sich herzlich der glückliche Mann;
Auch blickte gar freundlich Schön Klärchen ihn an,
Wohl sittsam in Züchten und Ehren.
Doch bebte der sittsame freundliche Blick
Vom Glanze des Ritters geblendet zurück,
Um lüsterner wiederzukehren.

Sie liebten und hatten's selbander kein Hehl.
Oft fand sie der Ritter; doch sah er nicht scheel,
Wenn sie scherzten, und scherzte mit beiden.
Von Tage zu Tage ward leiser ihr Gruß,
Verstohlner ihr Blick und geheimer ihr Kuß;
Und sie naschten gefährliche Freuden.

Die Liebenden hatten schon zweimal den Tag
Des Abschieds vertändelt; das dritte Mal sprach

Der Traute zum Mädchenbesieger:
»Zum Zeichen der Brüderschaft fordre von mir
All, was dich gelüstet; so geb ich es dir,
So wahr ich ein ehrlicher Krieger!«

Schön Klärchen vernahm es, ward rot und ward blaß,
Ward blaß und ward rot; zerbrechlich wie Glas
Hing schon ihre Treu' an ein'm Härchen.
Wohl riß sie das hangende Härchen entzwei
Und winkte dem Buhlen; der forderte frei
Vom staunenden Ritter Schön Klärchen.

Des stutzte der Ritter; doch faßt' er sich bald
Und traute Schön Klärchen: »Wie kann ich Gewalt
An Klärchen, die frei ist, verüben?
Ist's Klärchen zufrieden, so scheide von hier
Und führe von hinnen Schön Klärchen mit dir!
Wie könnt' ich Schön Klärchen betrüben?«

Drauf wandt' er gar freundlich zu Klärchen sich hin:
»Was sagst du, Schön Klärchen? Wie steht dir der Sinn?
Willst du mit dem Ritter mich fliehen?«
Schön Klärchen errötete nicht mehr und sprach
Mit eiserner Stirne: »Wohl zieh' ich ihm nach,
So du mich von hinnen läßt ziehen!«

Es lief ihm wie Regen den Nacken hinab
Ein Schauer des Todes; ihn stützte der Stab,
Sonst wär' er zur Erde gesunken:
Er wankte und sank in den Lehnstuhl zurück,
Mit bebenden Lippen, mit starrendem Blick.
Ins Grab wär' er lieber gesunken!

Wohl auf den getigerten Spanier schwang
Schön Klärchen sich freudig, und neben ihr sang

Der Ritter ihr Lieder und Märchen.
Doch ehe sie beide die Burg aus dem Blick
Verloren, da wandte sich sehnend zurück
Mit schweigenden Blicken Schön Klärchen.

Das wurmte den Ritter: »Was ist dir, mein Kind?
Mein goldiges Klärchen! O sage geschwind,
Mein Klärchen, mein einziges Leben!«
»Ach, soll ich's gestehen, Herzliebster? Mein Blick
Sah forschend umsonst nach den Hunden zurück!
O hatt' er die Hund' uns gegeben!

Geh, bitt' um die Hunde!« – Das daucht' ihm gar schwer:
Er furchte den Ritter, doch Klärchen noch mehr;
Ritt hin und begehrte die Doggen.
»Auch diese verlangst du? Was sollen sie mir!
Wofern sie dir folgen, gehören sie dir!
Sie kennen dich, magst sie nur locken!«

Er lockte; sie schüttelten freundlich das Ohr
Und sprangen mit wedelnden Schwänzen empor
Und umliefen ihn bellend im Kreise.
Da ging er zur Pforte; sie liefen zurück.
Er lockte gar freundlich; sie blieben zurück
Beim Herren, nach hündischer Weise.

Da sprach er: »Mir bleiben die Hunde! Sag an,
Wenn Schön Klärchen dich fragt, was die Hunde getan,
Daß diese getreu mir verblieben!
Zwar ward mir die Freude an allem vergällt;
Doch gäb' ich nicht hin für die Schätze der Welt
Die Hunde, die treu mir verblieben!«

Johann Heinrich Voß

1751–1826

DIE SPINNERIN

Ich saß und spann vor meiner Tür:
Da kam ein junger Mann gegangen.
Sein braunes Auge lachte mir,
Und röter glühten seine Wangen.
Ich sah vom Rocken auf und sann
Und saß verschämt und spann und spann.

Gar freundlich bot er guten Tag
Und trat mit holder Scheu mir näher.
Mir ward so angst; der Faden brach;
Das Herz im Busen schlug mir höher.
Betroffen knüpft' ich wieder an
Und saß verschämt und spann und spann.

Liebkosend drückt' er mir die Hand
Und schwur, daß keine Hand ihr gleiche,
Die schönste nicht im ganzen Land,
An Schwanenweiß' und Ründ' und Weiche.
Wie sehr dies Lob mein Herz gewann!
Ich saß verschämt und spann und spann.

Er lehnt' auf meinen Stuhl den Arm
Und rühmte sehr das feine Fädchen.
Sein naher Mund, so rot und warm,
Wie zärtlich haucht' er: Süßes Mädchen!
Wie blickte mich sein Auge an!
Ich saß verschämt und spann und spann.

Indes an meiner Wange her
Sein schönes Angesicht sich bückte,

Begegnet' ihm von ohngefähr
Mein Haupt, das sanft im Spinnen nickte;
Da küßte mich der schöne Mann.
Ich saß verschämt und spann und spann.

Mit großem Ernst verwies ich's ihm;
Doch ward er kühner stets und freier,
Umarmte mich voll Ungestüm
Und küßte mich so rot wie Feuer.
O sagt mir, Schwestern, sagt mir an:
War's möglich, daß ich weiter spann?

Jakob Michael Reinhold Lenz

1751–1792

DIE LIEBE AUF DEM LANDE

Ein wohlgenährter Kandidat,
Der nie noch einen Fehltritt tat
Und den verbotnen Liebestrieb
In lauter Predigten verschrieb,
Kehrt' einst bei einem Pfarrer ein,
Den Sonntag sein Gehilf' zu sein.
Der hatt' ein Kind, zwar still und bleich,
Von Kummer krank, doch Engeln gleich.
Sie hielt im halberloschnen Blick
Noch Flammen ohne Maß zurück,
All itzt in Andacht eingehüllt,
Schön wie ein marmorn Heiligenbild.
War nicht umsonst so still und schwach;
Verlaßne Liebe trug sie nach.
In ihrer kleinen Kammer hoch
Sie stets an der Erinnrung sog.
An ihrem Brotschrank an der Wand
Er immer, immer vor ihr stand,
Und wenn ein Schlaf sie übernahm,
Im Traum er immer wiederkam.
Für ihn sie noch ihr Härlein stutzt,
Sich, wenn sie ganz allein ist, putzt,
All ihre Schürzen anprobiert
Und ihre schönen Lätzchen schnürt,
Und von dem Spiegel nur allein
Verlangt, er soll ein Schmeichler sein.
Kam aber etwas Fremd's ins Haus,
So zog sie gleich den Schnürleib aus,

44

Tat sich so schlecht und häuslich an,
Es übersah sie jedermann.
Zum Unglück unserm Pfaffen allein
Der Lilie Nachtglanz leuchtet ein,
Obschon sie matt am Stengel hing.
Früh, eh er in die Kirche ging,
Er sehr eräschert zu ihr trat
Und sie – um ein Glas Wasser bat.
Denn laut er auf der Kanzel schreit,
Man hört ihn auf dem Kirchhof weit,
Und macht solch einen derben Schluß,
Daß Alt und Jung noch weinen muß,
Und der Gemeinde Sympathie
Ergriff zuallerletzt auch sie –
's ging jeder wie gegeißelt fort.
Der Kandidat ward Pfarr am Ort.

Ob's nun die Dankbarkeit ihm tat,
Ein's Tags er in ihr Zimmer trat.
»Sehr holde Jungfrau«, sagt er ihr,
»Ihr schickt Euch übel nicht zu mir.
Ihr seid voll Tugend und Verstand,
Ihr habt mein Herz, da nehmt die Hand.«
Sie sehr erschrocken auf den Tod
Ward endlich wieder einmal rot.
»Ach lieber Herr … mein Vater … ich …
Ihr findet Bessere als mich;
Ich bin zu jung – ich bin zu alt …«
Der Vater kroch hinzu und schalt
Und kündigt' Stund' und Tag und Mann
Ihr mit gefaltnen Händen an.
Wer malet diesen Kalchas mir
Und dieses Opfers Blumenzier,

Wie's vorm Altar am Hochzeittag
In seiner Mutter Brautkleid lag,
Wie's unter Vaters Segenshand
Mehr litt, als es sich selbst gestand;
Wie's dumpf, nur ahndend seine Pflicht,
Entzog den Qualen sein Gesicht
Und tausend Nattern in der Brust
Zum Dienste ging verhaßter Lust.

Ach Männer, Männer seid nicht stolz,
Als wärt nur ihr das grüne Holz,
Der Weiber Güt' und Duldsamkeit
Ist grenzenlos wie Ewigkeit.
Sie fand an ihrem Manne nun,
An seinem Reden, seinem Tun,
An seiner plumpen Narrheit gar
Noch was, das liebenswürdig war.
Sie dreht' und rieb so lang dran ab,
Bis sie ihm doch ein Ansehn gab,
Und wenn's ihr unerträglich kam,
Nahm sie's als Zucht – für ihren Gram.

Ihr einzig Gut auf dieser Welt
Der Engel noch für Sünde hält.
Dem Mann gelind, sich selber scharf,
Sie – Gott – nicht einmal weinen darf,
Sie kommt und bringt ihr Auge klar
Als sein geraubtes Gut ihm dar,
Und wenn er schilt und brummt und knirrt,
Ihr leichter um das Herze wird;
Doch wenn er freundlich herzt und küßt,
Für Unruh' sie des Todes ist.

Denn immer, immer, immer doch
Schwebt ihr das Bild an Wänden noch,

Von einem Menschen, welcher kam
Und ihr als Kind das Herze nahm.
Fast ausgelöscht ist sein Gesicht,
Doch seiner Worte Kraft noch nicht
Und jener Stunden Seligkeit,
Ach, jener Träume Wirklichkeit,
Die, angeboren jedermann,
Kein Mensch sich wirklich machen kann.

Johann Wolfgang von Goethe

1749–1832

HEIDENRÖSLEIN

Sah ein Knab' ein Röslein stehn,
Röslein auf der Heiden,
War so jung und morgenschön,
Lief er schnell, es nah zu sehn,
Sah's mit vielen Freuden.
Röslein, Röslein, Röslein rot,
Röslein auf der Heiden.

Knabe sprach: Ich breche dich,
Röslein auf der Heiden!
Röslein sprach: Ich steche dich,
Daß du ewig denkst an mich,
Und ich will's nicht leiden.
Röslein, Röslein, Röslein rot,
Röslein auf der Heiden.

Und der wilde Knabe brach
's Röslein auf der Heiden;
Röslein wehrte sich und stach,
Half ihr doch kein Weh und Ach,
Mußt' es eben leiden.
Röslein, Röslein, Röslein rot,
Röslein auf der Heiden.

DAS VEILCHEN

Ein Veilchen auf der Wiese stand
Gebückt in sich und unbekannt:
Es war ein herzig's Veilchen.
Da kam eine junge Schäferin
Mit leichtem Schritt und munterm Sinn
Daher, daher,
Die Wiese her und sang.

Ach! denkt das Veilchen, wär' ich nur
Die schönste Blume der Natur,
Ach, nur ein kleines Weilchen,
Bis mich das Liebchen abgepflückt
Und an dem Busen matt gedrückt!
Ach nur, ach nur
Ein Viertelstündchen lang!

Ach, aber ach! Das Mädchen kam
Und nicht in acht das Veilchen nahm,
Ertrat's, das arme Veilchen.
Und sank und starb und freut sich noch:
Und sterb' ich denn, so sterb' ich doch
Durch sie, durch sie,
Zu ihren Füßen doch!

DER KÖNIG IN THULE

Es war ein König in Thule,
Gar treu bis an das Grab,
Dem sterbend seine Buhle
Einen goldnen Becher gab.

Es ging ihm nichts darüber,
Er leert' ihn jeden Schmaus;
Die Augen gingen ihm über,
Sooft er trank daraus.

Und als er kam zu sterben,
Zählt' er seine Städt' im Reich,
Gönnt' alles seinem Erben,
Den Becher nicht zugleich.

Er saß beim Königsmahle,
Die Ritter um ihn her,
Auf hohem Vätersaale
Dort auf dem Schloß am Meer.

Dort stand der alte Zecher,
Trank letzte Lebensglut
Und warf den heil'gen Becher
Hinunter in die Flut.

Er sah ihn stürzen, trinken
Und sinken tief ins Meer.
Die Augen täten ihm sinken;
Trank nie einen Tropfen mehr.

DER FISCHER

Das Wasser rauscht', das Wasser schwoll,
Ein Fischer saß daran,
Sah nach dem Angel ruhevoll,
Kühl bis ans Herz hinan.

Und wie er sitzt, und wie er lauscht,
Teilt sich die Flut empor;
Aus dem bewegten Wasser rauscht
Ein feuchtes Weib hervor.

Sie sang zu ihm, sie sprach zu ihm:
»Was lockst du meine Brut
Mit Menschenwitz und Menschenlist
Hinauf in Todesglut?
Ach, wüßtest du, wie's Fischlein ist
So wohlig auf dem Grund,
Du stiegst herunter, wie du bist,
Und würdest erst gesund.

Labt sich die liebe Sonne nicht,
Der Mond sich nicht im Meer?
Kehrt wellenatmend ihr Gesicht
Nicht doppelt schöner her?
Lockt dich der tiefe Himmel nicht,
Das feuchtverklärte Blau?
Lockt dich dein eigen Angesicht
Nicht her in ew'gen Tau?«

Das Wasser rauscht', das Wasser schwoll,
Netzt' ihm den nackten Fuß;
Sein Herz wuchs ihm so sehnsuchtsvoll
Wie bei der Liebsten Gruß.
Sie sprach zu ihm, sie sang zu ihm;
Da war's um ihn geschehn:
Halb zog sie ihn, halb sank er hin,
Und ward nicht mehr gesehn.

ERLKÖNIG

Wer reitet so spät durch Nacht und Wind?
Es ist der Vater mit seinem Kind;
Er hat den Knaben wohl in dem Arm,
Er faßt ihn sicher, er hält ihn warm.

Mein Sohn, was birgst du so bang dein Gesicht? –
Siehst, Vater, du den Erlkönig nicht,
Den Erlenkönig mit Kron' und Schweif? –
Mein Sohn, es ist ein Nebelstreif. –

»Du liebes Kind, komm, geh mit mir!
Gar schöne Spiele spiel' ich mit dir;
Manch bunte Blumen sind an dem Strand,
Meine Mutter hat manch gülden Gewand.«

Mein Vater, mein Vater, und hörest du nicht,
Was Erlenkönig mir leise verspricht? –
Sei ruhig, bleibe ruhig, mein Kind;
In dürren Blättern säuselt der Wind. –

»Willst, feiner Knabe, du mit mir gehn?
Meine Töchter sollen dich warten schön;
Meine Töchter führen den nächtlichen Reihn
Und wiegen und tanzen und singen dich ein.«

Mein Vater, mein Vater, und siehst du nicht dort
Erlkönigs Töchter am düstern Ort? –
Mein Sohn, mein Sohn, ich seh' es genau:
Es scheinen die alten Weiden so grau. –

»Ich liebe dich, mich reizt deine schöne Gestalt;
Und bist du nicht willig, so brauch' ich Gewalt.« –

Mein Vater, mein Vater, jetzt faßt er mich an!
Erlkönig hat mir ein Leids getan! –

Dem Vater grauset's, er reitet geschwind,
Er hält in den Armen das ächzende Kind,
Erreicht den Hof mit Mühe und Not;
In seinen Armen das Kind war tot.

DER SÄNGER

»Was hör' ich draußen vor dem Tor,
Was auf der Brücke schallen?
Laß den Gesang vor unserm Ohr
Im Saale widerhallen!«
Der König sprach's, der Page lief;
Der Knabe kam, der König rief:
»Laßt mir herein den Alten!«

»Gegrüßet seid mir, edle Herrn,
Gegrüßt ihr, schöne Damen!
Welch reicher Himmel! Stern bei Stern!
Wer kennet ihre Namen?
Im Saal voll Pracht und Herrlichkeit
Schließt, Augen, euch; hier ist nicht Zeit,
Sich staunend zu ergetzen.«

Der Sänger drückt' die Augen ein
Und schlug in vollen Tönen;
Die Ritter schauten mutig drein

Und in den Schoß die Schönen.
Der König, dem das Lied gefiel,
Ließ, ihn zu ehren für sein Spiel,
Eine goldne Kette reichen.

»Die goldne Kette gib mir nicht,
Die Kette gib den Rittern,
Vor deren kühnem Angesicht
Der Feinde Lanzen splittern!
Gib sie dem Kanzler, den du hast,
Und laß ihn noch die goldne Last
Zu andern Lasten tragen!

Ich singe, wie der Vogel singt,
Der in den Zweigen wohnet;
Das Lied, das aus der Kehle dringt,
Ist Lohn, der reichlich lohnet.
Doch darf ich bitten, bitt' ich eins:
Laß mir den besten Becher Weins
In purem Golde reichen!«

Er setzt' ihn an, er trank ihn aus:
»O Trank voll süßer Labe!
O wohl dem hochbeglückten Haus,
Wo das ist kleine Gabe!
Ergeht's Euch wohl, so denkt an mich,
Und danket Gott so warm, als ich
Für diesen Trunk Euch danke.«

DER SCHATZGRÄBER

Arm am Beutel, krank am Herzen,
Schleppt' ich meine langen Tage.
Armut ist die größte Plage,
Reichtum ist das höchste Gut!
Und zu enden meine Schmerzen,
Ging ich, einen Schatz zu graben.
»Meine Seele sollst du haben!«
Schrieb ich hin mit eignem Blut.

Und so zog ich Kreis' um Kreise,
Stellte wunderbare Flammen,
Kraut und Knochenwerk zusammen:
Die Beschwörung war vollbracht.
Und auf die gelernte Weise
Grub ich nach dem alten Schatze
Auf dem angezeigten Platze.
Schwarz und stürmisch war die Nacht.

Und ich sah ein Licht von weiten,
Und es kam gleich einem Sterne
Hinten aus der fernsten Ferne,
Eben als es zwölfe schlug.
Und da galt kein Vorbereiten.
Heller ward's mit einem Male
Von dem Glanz der vollen Schale,
Die ein schöner Knabe trug.

Holde Augen sah ich blinken
Unter dichtem Blumenkranze;
In des Trankes Himmelsglanze
Trat er in den Kreis herein.

Und er hieß mich freundlich trinken;
Und ich dacht': es kann der Knabe
Mit der schönen lichten Gabe
Wahrlich nicht der Böse sein.

»Trinke Mut des reinen Lebens!
Dann verstehst du die Belehrung,
Kommst mit ängstlicher Beschwörung
Nicht zurück an diesen Ort.
Grabe hier nicht mehr vergebens!
Tages Arbeit, abends Gäste!
Saure Wochen, frohe Feste!
Sei dein künftig Zauberwort.«

DER ZAUBERLEHRLING

Hat der alte Hexenmeister
Sich doch einmal weggebegeben!
Und nun sollen seine Geister
Auch nach meinem Willen leben!
Seine Wort' und Werke
Merkt' ich und den Brauch,
Und mit Geistesstärke
Tu' ich Wunder auch.

Walle! walle
Manche Strecke,
Daß zum Zwecke
Wasser fließe
Und mit reichem, vollem Schwalle
Zu dem Bade sich ergieße.

Und nun komm, du alter Besen!
Nimm die schlechten Lumpenhüllen!
Bist schon lange Knecht gewesen;
Nun erfülle meinen Willen!
Auf zwei Beinen stehe,
Oben sei ein Kopf,
Eile nun und gehe
Mit dem Wassertopf!

Walle! walle
Manche Strecke,
Daß zum Zwecke
Wasser fließe
Und mit reichem, vollem Schwalle
Zu dem Bade sich ergieße.

Seht, er läuft zum Ufer nieder;
Wahrlich! ist schon an dem Flusse,
Und mit Blitzesschnelle wieder
Ist er hier mit raschem Gusse.
Schon zum zweiten Male!
Wie das Becken schwillt!
Wie sich jede Schale
Voll mit Wasser füllt.

Stehe! stehe!
Denn wir haben
Deiner Gaben
Vollgemessen! –
Ach, ich merk' es! Wehe! wehe!
Hab' ich doch das Wort vergessen!

Ach! das Wort, worauf am Ende
Er das wird, was er gewesen.
Ach, er läuft und bringt behende!
Wärst du doch der alte Besen!
Immer neue Güsse
Bringt er schnell herein,
Ach! und hundert Flüsse
Stürzen auf mich ein.

    Nein, nicht länger
    Kann ich's lassen;
    Will ihn fassen.
    Das ist Tücke!
    Ach! nun wird mir immer bänger!
    Welche Miene! welche Blicke!

O, du Ausgeburt der Hölle!
Soll das ganze Haus ersaufen?
Seh' ich über jede Schwelle
Doch schon Wasserströme laufen.
Ein verruchter Besen,
Der nicht hören will!
Stock, der du gewesen,
Steh doch wieder still!

    Willst's am Ende
    Gar nicht lassen?
    Will dich fassen,
    Will dich halten
    Und das alte Holz behende
    Mit dem scharfen Beile spalten.

Seht, da kommt er schleppend wieder!
Wie ich mich nun auf dich werfe,

Gleich, o Kobold, liegst du nieder;
Krachend trifft die glatte Schärfe!
Wahrlich, brav getroffen!
Seht, er ist entzwei!
Und nun kann ich hoffen,
Und ich atme frei!

Wehe! wehe!
Beide Teile
Stehn in Eile
Schon als Knechte
Völlig fertig in die Höhe!
Helft mir, ach! ihr hohen Mächte!

Und sie laufen! Naß und nässer
Wird's im Saal und auf den Stufen.
Welch entsetzliches Gewässer!
Herr und Meister! hör mich rufen! –
Ach, da kommt der Meister!
Herr, die Not ist groß!
Die ich rief, die Geister,
Werd' ich nun nicht los.

»In die Ecke,
Besen! Besen!
Seid's gewesen!
Denn als Geister
Ruft euch nur zu seinem Zwecke
Erst hervor der alte Meister.«

WIRKUNG IN DIE FERNE

Die Königin steht im hohen Saal,
Da brennen der Kerzen so viele;
Sie spricht zum Pagen: »Du läufst einmal
Und holst mir den Beutel zum Spiele.
Er liegt zur Hand
Auf meines Tisches Rand.«
Der Knabe, der eilt so behende,
War bald an Schlosses Ende.

Und neben der Königin schlürft' zur Stund'
Sorbet die schönste der Frauen.
Da brach ihr die Tasse so hart an dem Mund,
Es war ein Greuel zu schauen.
Verlegenheit! Scham!
Ums Prachtkleid ist's getan!
Sie eilt und fliegt so behende
Entgegen des Schlosses Ende.

Der Knabe zurück zu laufen kam
Entgegen der Schönen in Schmerzen,
Es wußt' es niemand, doch beide zusamm',
Sie hegten einander im Herzen;
Und o des Glücks,
Des günst'gen Geschicks!
Sie warfen mit Brust sich zu Brüsten
Und herzten und küßten nach Lüsten.

Doch endlich beide sich reißen los;
Sie eilt in ihre Gemächer;
Der Page drängt sich zur Königin groß
Durch all die Degen und Fächer.

Die Fürstin entdeckt
Das Westchen befleckt:
Für sie war nichts unerreichbar,
Der Königin von Saba vergleichbar.

Und sie die Hofmeisterin rufen läßt:
»Wir kamen doch neulich zu Streite,
Und Ihr behauptetet steif und fest,
Nicht reiche der Geist in die Weite;
Die Gegenwart nur,
Die lasse wohl Spur;
Doch niemand wirk' in die Ferne,
Sogar nicht die himmlischen Sterne.

Nun seht! Soeben ward mir zur Seit'
Der geistige Süßtrank verschüttet,
Und gleich darauf hat er dort hinten so weit
Dem Knaben die Weste zerrüttet. –
Besorg dir sie neu!
Und weil ich mich freu',
Daß sie mir zum Beweise gegolten,
Ich zahl' sie! sonst wirst du gescholten.«

DER GETREUE ECKART

»O wären wir weiter, o wär' ich zu Haus!
Sie kommen; da kommt schon der nächtliche Graus;
Sie sind's, die unholdigen Schwestern.
Sie streifen heran, und sie finden uns hier,
Sie trinken das mühsam geholte, das Bier,
Und lassen nur leer uns die Krüge.«

So sprechen die Kinder und drücken sich schnell;
Da zeigt sich vor ihnen ein alter Gesell:
»Nur stille, Kind! Kinderlein, stille!
Die Hulden, sie kommen von durstiger Jagd,
Und laßt ihr sie trinken, wie's jeder behagt,
Dann sind sie euch hold, die Unholden.«

Gesagt, so geschehn! und da naht sich der Graus
Und siehet so grau und so schattenhaft aus,
Doch schlürft es und schlampft es aufs beste.
Das Bier ist verschwunden, die Krüge sind leer;
Nun saust es und braust es, das wütige Heer,
Ins weite Getal und Gebirge.

Die Kinderlein ängstlich gen Hause so schnell,
Gesellt sich zu ihnen der fromme Gesell:
»Ihr Püppchen, nur seid mir nicht traurig!« –
»Wir kriegen nun Schelten und Streich' bis aufs Blut.« –
»Nein, keineswegs, alles geht herrlich und gut,
Nur schweiget und horchet wie Mäuslein!

Und der es euch anrät und der es befiehlt,
Er ist es, der gern mit den Kindelein spielt,
Der alte Getreue, der Eckart.
Vom Wundermann hat man euch immer erzählt,
Nur hat die Bestätigung jedem gefehlt;
Die habt ihr nun köstlich in Händen.«

Sie kommen nach Hause, sie setzen den Krug
Ein jedes den Eltern bescheiden genug
Und harren der Schläg' und der Schelten.
Doch siehe, man kostet: ein herrliches Bier!
Man trinkt in die Runde schon dreimal und vier,
Und noch nimmt der Krug nicht ein Ende.

Das Wunder, es dauert zum morgenden Tag.
Doch fraget, wer immer zu fragen vermag:
»Wie ist's mit den Krügen ergangen?«
Die Mäuslein, sie lächeln, im stillen ergetzt;
Sie stammeln und stottern und schwatzen zuletzt,
Und gleich sind vertrocknet die Krüge.

Und wenn euch, ihr Kinder, mit treuem Gesicht
Ein Vater, ein Lehrer, ein Aldermann spricht,
So horchet und folget ihm pünktlich!
Und liegt auch das Zünglein in peinlicher Hut,
Verplaudern ist schädlich, verschweigen ist gut;
Dann füllt sich das Bier in den Krügen.

DIE WANDELNDE GLOCKE

Es war ein Kind, das wollte nie
Zur Kirche sich bequemen,
Und sonntags fand es stets ein Wie,
Den Weg ins Feld zu nehmen.

Die Mutter sprach: »Die Glocke tönt,
Und so ist dir's befohlen,
Und hast du dich nicht hingewöhnt,
Sie kommt und wird dich holen.«

Das Kind, es denkt: die Glocke hängt
Da droben auf dem Stuhle.
Schon hat's den Weg ins Feld gelenkt,
Als lief' es aus der Schule.

Die Glocke, Glocke tönt nicht mehr,
Die Mutter hat gefackelt.
Doch welch ein Schrecken! Hinterher
Die Glocke kommt gewackelt.

Sie wackelt schnell, man glaubt es kaum;
Das arme Kind im Schrecken,
Es läuft, es kommt als wie im Traum;
Die Glocke wird es decken.

Doch nimmt es richtig seinen Husch,
Und mit gewandter Schnelle
Eilt es durch Anger, Feld und Busch
Zur Kirche, zur Kapelle.

Und jeden Sonn- und Feiertag
Gedenkt es an den Schaden,
Läßt durch den ersten Glockenschlag
Nicht in Person sich laden.

BALLADE VOM VERTRIEBENEN
UND ZURÜCKKEHRENDEN GRAFEN

»Herein, o du Guter! du Alter, herein!
Hier unten im Saale, da sind wir allein,
Wir wollen die Pforte verschließen.
Die Mutter, sie betet, der Vater im Hain
Ist gangen, die Wölfe zu schießen.
O sing uns ein Märchen, o sing es uns oft,
Daß ich und der Bruder es lerne;
Wir haben schon längst einen Sänger gehofft.
Die Kinder, sie hören es gerne.«

»Im nächtlichen Schrecken, im feindlichen Graus
Verläßt er das hohe, das herrliche Haus.
Die Schätze, die hat er vergraben.
Der Graf nun so eilig zum Pförtchen hinaus,
Was mag er im Arme denn haben?
Was birget er unter dem Mantel geschwind?
Was trägt er so rasch in die Ferne?
Ein Töchterlein ist es, da schläft nun das Kind.« –
Die Kinder, sie hören es gerne.

»Nun hellt sich der Morgen, die Welt ist so weit,
In Tälern und Wäldern die Wohnung bereit,
In Dörfern erquickt man den Sänger.
So schreitet und heischt er undenkliche Zeit,
Der Bart wächst ihm länger und länger;
Doch wächst in dem Arme das liebliche Kind,
Wie unter dem glücklichsten Sterne,
Geschützt in dem Mantel vor Regen und Wind.« –
Die Kinder, sie hören es gerne.

»Und immer sind weiter die Jahre gerückt,
Der Mantel entfärbt sich, der Mantel zerstückt,
Er könnte sie länger nicht fassen.
Der Vater, er schaut sie, wie ist er beglückt!
Er kann sich für Freude nicht lassen;
So schön und so edel erscheint sie zugleich,
Entsprossen aus tüchtigem Kerne,
Wie macht sie den Vater, den teuren, so reich!« –
Die Kinder, sie hören es gerne.

»Da reitet ein fürstlicher Ritter heran,
Sie recket die Hand aus, der Gabe zu nahn,
Almosen will er nicht geben.

Er fasset das Händchen so kräftiglich an:
›Die will ich‹, so ruft er, ›aufs Leben!‹
›Erkennst du‹, erwidert der Alte, ›den Schatz,
Erhebst du zur Fürstin sie gerne;
Sie sei dir verlobet auf grünendem Platz." –
Die Kinder, sie hören es gerne.

»Sie segnet der Priester am heiligen Ort,
Mit Lust und mit Unlust nun ziehet sie fort,
Sie möchte vom Vater nicht scheiden.
Der Alte, er wandelt nun hier und bald dort,
Er träget in Freuden sein Leiden.
So hab' ich mir Jahre die Tochter gedacht,
Die Enkelein wohl in der Ferne;
Sie segn' ich bei Tage, sie segn' ich bei Nacht.« –
Die Kinder, sie hören es gerne.

Er segnet die Kinder, da poltert's am Tor,
Der Vater, da ist er! Sie springen hervor,
Sie können den Alten nicht bergen –
»Was lockst du die Kinder! Du Bettler! du Tor!
Ergreift ihn, ihr eisernen Schergen!
Zum tiefsten Verlies den Verwegenen fort!«
Die Mutter vernimmt's in der Ferne,
Sie eilet, sie bittet mit schmeichelndem Wort. –
Die Kinder, sie hören es gerne.

Die Schergen, sie lassen den Würdigen stehn,
Und Mutter und Kinder, sie bitten so schön;
Der fürstliche Stolze verbeißet
Die grimmige Wut, ihn entrüstet das Flehn,
Bis endlich sein Schweigen zerreißet:
»Du niedrige Brut! Du vom Bettlergeschlecht!

Verfinsterung fürstlicher Sterne!
Ihr bringt mir Verderben! Geschieht mir doch recht ...« –
Die Kinder, sie hören's nicht gerne.

Noch stehet der Alte mit herrlichem Blick,
Die eisernen Schergen, sie treten zurück,
Es wächst nur das Toben und Wüten:
»Schon lange verflucht' ich mein eh'liches Glück,
Das sind nun die Früchte der Blüten!
Man leugnete stets, und man leugnet mit Recht,
Daß je sich der Adel erlerne,
Die Bettlerin zeugte mir Bettlergeschlecht.« –
Die Kinder, sie hören's nicht gerne.

»Und wenn euch der Gatte, der Vater verstößt,
Die heiligsten Bande verwegentlich löst,
So kommt zu dem Vater, dem Ahnen!
Der Bettler vermag, so ergraut und entblößt,
Euch herrliche Wege zu bahnen.
Die Burg, die ist meine! Du hast sie geraubt,
Mich trieb dein Geschlecht in die Ferne;
Wohl bin ich mit köstlichen Siegeln beglaubt!« –
Die Kinder, sie hören es gerne.

»Rechtmäßiger König, er kehret zurück,
Den Treuen verleiht er entwendetes Glück,
Ich löse die Siegel der Schätze.«
So rufet der Alte mit freundlichem Blick:
»Euch künd' ich die milden Gesetze.
Erhole dich, Sohn! Es entwickelt sich gut,
Heut einen sich selige Sterne,
Die Fürstin, sie zeugte dir fürstliches Blut.« –
Die Kinder, sie hören es gerne.

Friedrich Schiller

1759–1805

GRAF EBERHARD DER GREINER VON WÜRTTEMBERG

Kriegslied

Ihr – ihr dort außen in der Welt,
　　Die Nasen eingespannt!
Auch manchen Mann, auch manchen Held,
Im Frieden gut und stark im Feld,
　　Gebar das Schwabenland.

Prahlt nur mit Karl und Eduard,
　　Mit Friedrich, Ludewig!
Karl, Friedrich, Ludwig, Eduard
Ist uns der Graf, der Eberhard,
　　Ein Wettersturm im Krieg.

Und auch sein Bub, der Ulerich,
　　War gern, wo's eisern klang;
Des Grafen Bub, der Ulerich,
Kein Fußbreit rückwärts zog er sich,
　　Wenn's drauf und drunter sprang.

Die Reutlinger, auf unsern Glanz
　　Erbittert, kochten Gift
Und buhlten um den Siegeskranz
Und wagten manchen Schwertertanz
　　Und gürteten die Hüft'.

Er griff sie an – und siegte nicht
　　Und kam gepantscht nach Haus;

Der Vater schnitt ein falsch Gesicht,
Der junge Kriegsmann floh das Licht,
    Und Tränen drangen 'raus.

Das wurmt' ihn – Ha! ihr Schurken, wart'!
    Und trug's in seinem Kopf.
Auswetzen, bei des Vaters Bart!
Auswetzen wollt' er diese Schart'
    Mit manchem Städtlerschopf.

Und Fehd' entbrannte bald darauf,
    Und zogen Roß und Mann
Bei Döffingen mit hellem Hauf,
Und heller ging's dem Junker auf,
    Und hurra! heiß ging's an.

Und unsers Heeres Losungswort
    War die verlorne Schlacht;
Das riß uns wie die Windsbraut fort
Und schmiß uns tief in Blut und Mord
    Und in die Lanzennacht.

Der junge Graf von Löwengrimm
    Schwung seinen Heldenstab,
Wild vor ihm ging das Ungestüm,
Geheul und Winseln hinter ihm
    Und um ihn her das Grab.

Doch weh! ach weh! ein Säbelhieb
    Sunk schwer auf sein Genick.
Schnell um ihn her der Helden Trieb,
Umsonst! umsonst! erstarret blieb
    Und sterbend brach sein Blick.

Bestürzung hemmt des Sieges Bahn,
    Laut weinte Feind und Freund –
Hoch führt der Graf die Reiter an:
Mein Sohn ist wie ein andrer Mann!
    Marsch, Kinder! In den Feind!

Und Lanzen sausen feuriger,
    Die Rache spornt sie all,
Rasch über Leichen ging's daher,
Die Städtler laufen kreuz und quer
    Durch Wald und Berg und Tal.

Und zogen wir mit Hörnerklang
    Ins Lager froh zurück,
Und Weib und Kind im Rundgesang
Beim Walzer und beim Becherklang
    Lustfeiern unser Glück.

Doch unser Graf – was tät er itzt?
    Vor ihm der tote Sohn,
Allein in seinem Zelte sitzt
Der Graf, und eine Träne blitzt
    Im Aug' auf seinen Sohn.

Drum hangen wir so treu und warm
    Am Grafen, unserm Herrn.
Allein ist er ein Heldenschwarm,
Der Donner rast in seinem Arm,
    Er ist des Landes Stern.

Drum ihr dort außen in der Welt,
    Die Nasen eingespannt!
Auch manchen Mann, auch manchen Held,
Im Frieden gut und stark im Feld,
    Gebar das Schwabenland.

DAS VERSCHLEIERTE BILD ZU SAÏS

Ein Jüngling, den des Wissens heißer Durst
Nach Saïs in Ägypten trieb, der Priester
Geheime Weisheit zu erlernen, hatte
Schon manchen Grad mit schnellem Geist durcheilt;
Stets riß ihn seine Forschbegierde weiter,
Und kaum besänftigte der Hierophant
Den ungeduldig Strebenden. »Was hab' ich,
Wenn ich nicht alles habe?« sprach der Jüngling.
»Gibt's etwa hier ein Weniger und Mehr?
Ist deine Wahrheit, wie der Sinne Glück,
Nur eine Summe, die man größer, kleiner
Besitzen kann und immer doch besitzt?
Ist sie nicht eine einz'ge, ungeteilte?
Nimm einen Ton aus einer Harmonie,
Nimm eine Farbe aus dem Regenbogen –
Und alles, was dir bleibt, ist nichts, solang
Das schöne All der Töne fehlt und Farben.«

Indem sie einst so sprachen, standen sie
In einer einsamen Rotonde still,
Wo ein verschleiert Bild von Riesengröße
Dem Jüngling in die Augen fiel. Verwundert
Blickt er den Führer an und spricht: »Was ist's,
Das hinter diesem Schleier sich verbirgt?«
»Die Wahrheit«, ist die Antwort. – »Wie?« ruft jener,
»Nach Wahrheit streb ich ja allein, und diese
Gerade ist es, die man mir verhüllt?«

»Das mache mit der Gottheit aus«, versetzt
Der Hierophant. »Kein Sterblicher, sagt sie,
Rückt diesen Schleier, bis ich selbst ihn hebe.

Und wer mit ungeweihter, schuld'ger Hand
Den heiligen, verbotnen früher hebt,
Der, spricht die Gottheit —« »Nun?« – »Der *sieht*
                       die Wahrheit.«
»Ein seltsamer Orakelspruch! Du selbst,
Du hättest also niemals ihn gehoben?«
»Ich? Wahrlich nicht! Und war auch nie dazu
Versucht.« – »Das fass' ich nicht. Wenn von der
                       Wahrheit
Nur diese dünne Scheidewand mich trennte —«
»Und ein Gesetz«, fällt ihm sein Führer ein.
»Gewichtiger, mein Sohn, als du es meinst,
Ist dieser dünne Flor – für deine Hand
Zwar leicht, doch zentnerschwer für dein Gewissen.«

Der Jüngling ging gedankenvoll nach Hause.
Ihm raubt des Wissens brennende Begier
Den Schlaf, er wälzt sich glühend auf dem Lager
Und rafft sich auf um Mitternacht. Zum Tempel
Führt unfreiwillig ihn der scheue Tritt.
Leicht ward es ihm, die Mauer zu ersteigen,
Und mitten in das Innre der Rotonde
Trägt ein beherzter Sprung den Wagenden.

Hier steht er nun, und grauenvoll umfängt
Den Einsamen die lebenlose Stille,
Die nur der Tritte hohler Widerhall
In den geheimen Grüften unterbricht.
Von oben durch der Kuppel Öffnung wirft
Der Mond den bleichen, silberblauen Schein.
Und furchtbar wie ein gegenwärt'ger Gott
Erglänzt durch des Gewölbes Finsternisse
In ihrem langen Schleier die Gestalt.

Er tritt hinan mit ungewissem Schritt –
Schon will die freche Hand das Heilige berühren,
Da zuckt es heiß und kühl durch sein Gebein
Und stößt ihn weg mit unsichtbarem Arme.
Unglücklicher, was willst du tun? so ruft
In seinem Innern eine treue Stimme.
Versuchen den Allheiligen willst du?
Kein Sterblicher, sprach des Orakels Mund,
Rückt diesen Schleier, bis ich selbst ihn hebe.
Doch setzte nicht derselbe Mund hinzu:
Wer diesen Schleier hebt, soll Wahrheit schauen?
»Sei hinter ihm, was will! Ich heb' ihn auf –«
(Er ruft's mit lauter Stimm'.) »Ich will sie schauen.«
Schauen!
Gellt ihm ein langes Echo spottend nach.

Er spricht's und hat den Schleier aufgedeckt.
Nun, fragt ihr, und was zeigte sich ihm hier?
Ich weiß es nicht. Besinnungslos und bleich,
So fanden ihn am andern Tag die Priester
Am Fußgestell der Isis ausgestreckt.
Was er allda gesehen und erfahren,
Hat seine Zunge nie bekannt. Auf ewig
War seines Lebens Heiterkeit dahin,
Ihn riß ein tiefer Gram zum frühen Grabe.
»Weh dem«, dies war sein warnungsvolles Wort,
Wenn ungestüme Frager in ihn drangen,
»Weh dem, der zu der Wahrheit geht durch Schuld!
Sie wird ihm nimmermehr erfreulich sein.«

DIE TEILUNG DER ERDE

»Nehmt hin die Welt!« rief Zeus von seinen Höhen
    Den Menschen zu. »Nehmt, sie soll euer sein!
Euch schenk ich sie zum Erb' und ew'gen Lehen,
    Doch teilt euch brüderlich darein.«

Da eilt', was Hände hat, sich einzurichten,
    Es regte sich geschäftig jung und alt.
Der Ackermann griff nach des Feldes Früchten,
    Der Junker birschte durch den Wald.

Der Kaufmann nimmt, was seine Speicher fassen,
    Der Abt wählt sich den edlen Firnewein,
Der König sperrt die Brücken und die Straßen
    Und sprach: »Der Zehente ist mein.«

Ganz spät, nachdem die Teilung längst geschehen,
    Naht der Poet, er kam aus weiter Fern';
Ach! da war überall nichts mehr zu sehen,
    Und alles hatte seinen Herrn!

»Weh mir! so soll denn ich allein von allen
    Vergessen sein, ich, dein getreuster Sohn?«
So ließ er laut der Klage Ruf erschallen
    Und warf sich hin vor Jovis Thron.

»Wenn du im Land der Träume dich verweilet«,
    Versetzt der Gott, »so hadre nicht mit mir.
Wo warst du denn, als man die Welt geteilet?«
    »Ich war«, sprach der Poet, »bei dir.

Mein Auge hing an deinem Angesichte,
    An deines Himmels Harmonie mein Ohr,

Verzeih dem Geiste, der, von deinem Lichte
  Berauscht, das Irdische verlor!«

»Was tun?« spricht Zeus, »die Welt ist weggegeben,
  Der Herbst, die Jagd, der Markt ist nicht mehr mein.
Willst du in meinem Himmel mit mir leben,
  So oft du kommst, er soll dir offen sein.«

DER RING DES POLYKRATES

Er stand auf seines Daches Zinnen,
Er schaute mit vergnügten Sinnen
Auf das beherrschte Samos hin.
»Dies alles ist mir untertänig«,
Begann er zu Ägyptens König,
»Gestehe, daß ich glücklich bin.«

»Du hast der Götter Gunst erfahren!
Die vormals deinesgleichen waren,
Sie zwingt jetzt deines Zepters Macht.
Doch einer lebt noch, sie zu rächen,
Dich kann mein Mund nicht glücklich sprechen,
Solang des Feindes Auge wacht.«

Und eh der König noch geendet,
Da stellt sich, von Milet gesendet,
Ein Bote dem Tyrannen dar:
»Laß, Herr! des Opfers Düfte steigen,
Und mit des Lorbeers muntern Zweigen
Bekränze dir dein festlich Haar.

Getroffen sank dein Feind vom Speere,
Mich sendet mit der frohen Märe
Dein treuer Feldherr Polydor —«
Und nimmt aus einem schwarzen Becken,
Noch blutig, zu der beiden Schrecken,
Ein wohlbekanntes Haupt hervor.

Der König tritt zurück mit Grauen.
»Doch warn ich dich, dem Glück zu trauen«,
Versetzt er mit besorgtem Blick.
»Bedenk, auf ungetreuen Wellen,
Wie leicht kann sie der Sturm zerschellen,
Schwimmt deiner Flotte zweifelnd Glück.«

Und eh er noch das Wort gesprochen,
Hat ihn der Jubel unterbrochen,
Der von der Reede jauchzend schallt.
Mit fremden Schätzen reich beladen,
Kehrt zu den heimischen Gestaden
Der Schiffe mastenreicher Wald.

Der königliche Gast erstaunet:
»Dein Glück ist heute gut gelaunet,
Doch fürchte seinen Unbestand,
Der Kreter waffenkund'ge Scharen
Bedräuen dich mit Kriegsgefahren;
Schon nahe sind sie diesem Strand.«

Und eh ihm noch das Wort entfallen.
Da sieht man's von den Schiffen wallen,
Und tausend Stimmen rufen: »Sieg!
Von Feindesnot sind wir befreiet,
Die Kreter hat der Sturm zerstreuet,
Vorbei, geendet ist der Krieg!«

Das hört der Gastfreund mit Entsetzen:
»Fürwahr, ich muß dich glücklich schätzen,
Doch«, spricht er, »zittr' ich für dein Heil.
Mir grauet vor der Götter Neide,
Des Lebens ungemischte Freude
Ward keinem Irdischen zuteil.

Auch mir ist alles wohlgeraten;
Bei allen meinen Herrschertaten
Begleitet mich des Himmels Huld,
Doch hatt ich einen teuren Erben,
Den nahm mir Gott, ich sah ihn sterben,
Dem Glück bezahlt ich meine Schuld.

Drum, willst du dich vor Leid bewahren,
So flehe zu den Unsichtbaren,
Daß sie zum Glück den Schmerz verleihn.
Noch keinen sah ich fröhlich enden,
Auf den mit immer vollen Händen
Die Götter ihre Gaben streun.

Und wenn's die Götter nicht gewähren,
So acht' auf eines Freundes Lehren
Und rufe selbst das Unglück her;
Und was von allen deinen Schätzen
Dein Herz am höchsten mag ergetzen,
Das nimm und wirf's in dieses Meer!«

Und jener spricht, von Furcht beweget:
»Von allem, was die Insel heget,
Ist dieser Ring mein höchstes Gut.
Ihn will ich den Erinnen weihen,
Ob sie mein Glück mir dann verzeihen –«
Und wirft das Kleinod in die Flut.

Und bei des nächsten Morgens Lichte,
Da tritt mit fröhlichem Gesichte
Ein Fischer vor den Fürsten hin:
»Herr, diesen Fisch hab ich gefangen,
Wie keiner noch ins Netz gegangen,
Dir zum Geschenke bring ich ihn.«

Und als der Koch den Fisch zerteilet,
Kommt er bestürzt herbeigeeilet
Und ruft mit hocherstauntem Blick:
»Sieh, Herr, den Ring, den du getragen,
Ihn fand ich in des Fisches Magen,
Oh, ohne Grenzen ist dein Glück!«

Hier wendet sich der Gast mit Grausen:
»So kann ich hier nicht ferner hausen,
Mein Freund kannst du nicht weiter sein.
Die Götter wollen dein Verderben –
Fort eil ich, nicht mit dir zu sterben.«
Und sprach's und schiffte schnell sich ein.

DIE KRANICHE DES IBYKUS

Zum Kampf der Wagen und Gesänge,
Der auf Korinthus' Landesenge
Der Griechen Stämme froh vereint,
Zog Ibykus, der Götterfreund.
Ihm schenkte des Gesanges Gabe,
Der Lieder süßen Mund Apoll;
So wandert' er, an leichtem Stabe,
Aus Rhegium, des Gottes voll.

Schon winkt auf hohem Bergesrücken
Akrokorinth des Wandrers Blicken,
Und in Poseidons Fichtenhain
Tritt er mit frommem Schauder ein.
Nichts regt sich um ihn her; nur Schwärme
Von Kranichen begleiten ihn,
Die fernhin nach des Südens Wärme
In graulichtem Geschwader ziehn.

»Seid mir gegrüßt, befreundte Scharen!
Die mir zur See Begleiter waren!
Zum guten Zeichen nehm ich euch,
Mein Los, es ist dem euren gleich.
Von fernher kommen wir gezogen
Und flehen um ein wirtlich Dach.
Sei uns der Gastliche gewogen,
Der von dem Fremdling wehrt die Schmach!«

Und munter fördert er die Schritte
Und sieht sich in des Waldes Mitte –
Da sperren, auf gedrangem Steg,
Zwei Mörder plötzlich seinen Weg.
Zum Kampfe muß er sich bereiten,
Doch bald ermattet sinkt die Hand,
Sie hat der Leier zarte Saiten,
Doch nie des Bogens Kraft gespannt.

Er ruft die Menschen an, die Götter,
Sein Flehen dringt zu keinem Retter;
Wie weit er auch die Stimme schickt,
Nichts Lebendes wird hier erblickt.
»So muß ich hier verlassen sterben,
Auf fremdem Boden, unbeweint,

Durch böser Buben Hand verderben,
Wo auch kein Rächer mir erscheint!«

Und schwer getroffen sinkt er nieder,
Da rauscht der Kraniche Gefieder;
Er hört, schon kann er nicht mehr sehn,
Die nahen Stimmen furchtbar krähn.
»Von euch, ihr Kraniche dort oben,
Wenn keine andre Stimme spricht,
Sei meines Mordes Klag erhoben!«
Er ruft es, und sein Auge bricht.

Der nackte Leichnam wird gefunden,
Und bald, obgleich entstellt von Wunden,
Erkennt der Gastfreund in Korinth
Die Züge, die ihm teuer sind.
»Und muß ich so dich wiederfinden,
Und hoffte, mit der Fichte Kranz
Des Sängers Schläfe zu umwinden,
Bestrahlt von seines Ruhmes Glanz!«

Und jammernd hören's alle Gäste,
Versammelt bei Poseidons Feste,
Ganz Griechenland ergreift der Schmerz,
Verloren hat ihn jedes Herz.
Und stürmend drängt sich zum Prytanen
Das Volk, es fordert seine Wut,
Zu rächen des Erschlagnen Manen,
Zu sühnen mit des Mörders Blut.

Doch wo die Spur, die aus der Menge,
Der Völker flutendem Gedränge,
Gelocket von der Spiele Pracht,

Den schwarzen Täter kenntlich macht?
Sind's Räuber, die ihn feig erschlagen?
Tat's neidisch ein verborgner Feind?
Nur Helios vermag's zu sagen,
Der alles Irdische bescheint.

Er geht vielleicht mit frechem Schritte
Jetzt eben durch der Griechen Mitte,
Und während ihn die Rache sucht,
Genießt er seines Frevels Frucht.
Auf ihres eignen Tempels Schwelle
Trotzt er vielleicht den Göttern, mengt
Sich dreist in jene Menschenwelle,
Die dort sich zum Theater drängt.

Denn Bank an Bank gedränget sitzen,
Es brechen fast der Bühne Stützen,
Herbeigeströmt von fern und nah,
Der Griechen Völker wartend da,
Dumpfbrausend wie des Meeres Wogen,
Von Menschen wimmelnd, wächst der Bau
In weiter stets geschweiftem Bogen
Hinauf bis in des Himmels Blau.

Wer zählt die Völker, nennt die Namen,
Die gastlich hier zusammenkamen?
Von Theseus' Stadt, von Aulis' Strand,
Von Phokis, vom Spartanerland,
Von Asiens entlegner Küste,
Von allen Inseln kamen sie
Und horchen von dem Schaugerüste
Des *Chores* grauser Melodie,

Der streng und ernst, nach alter Sitte,
Mit langsam abgemeßnem Schritte
Hervortritt aus dem Hintergrund,
Umwandelnd des Theaters Rund.
So schreiten keine ird'schen Weiber,
Die zeugete kein sterblich Haus!
Es steigt das Riesenmaß der Leiber
Hoch über menschliches hinaus.

Ein schwarzer Mantel schlägt die Lenden,
Sie schwingen in entfleischten Händen
Der Fackel düsterrote Glut,
In ihren Wangen fließt kein Blut;
Und wo die Haare lieblich flattern,
Um Menschenstirnen freundlich wehn,
Da sieht man Schlangen hier und Nattern
Die giftgeschwollnen Bäuche blähn.

Und schauerlich, gedreht im Kreise,
Beginnen sie des Hymnus Weise,
Der durch das Herz zerreißend dringt,
Die Bande um den Frevler schlingt.
Besinnungraubend, herzbetörend
Schallt der Erinnyen Gesang,
Er schallt, des Hörers Mark verzehrend,
Und duldet nicht der Leier Klang:

»Wohl dem, der frei von Schuld und Fehle
Bewahrt die kindlich reine Seele!
Ihm dürfen wir nicht rächend nahn,
Er wandelt frei des Lebens Bahn.
Doch wehe, wehe, wer verstohlen
Des Mordes schwere Tat vollbracht!

Wir heften uns an seine Sohlen,
Das furchtbare Geschlecht der Nacht.

Und glaubt er fliehend zu entspringen,
Geflügelt sind wir da, die Schlingen
Ihm werfend um den flücht'gen Fuß,
Daß er zu Boden fallen muß.
So jagen wir ihn, ohn Ermatten,
Versöhnen kann uns keine Reu,
Ihn fort und fort bis zu den Schatten
Und geben ihn auch dort nicht frei.«

So singend tanzen sie den Reigen,
Und Stille wie des Todes Schweigen
Liegt überm ganzen Hause schwer,
Als ob die Gottheit nahe wär.
Und feierlich, nach alter Sitte
Umwandelnd des Theaters Rund
Mit langsam abgemeßnem Schritte,
Verschwinden sie im Hintergrund.

Und zwischen Trug und Wahrheit schwebet
Noch zweifelnd jede Brust und bebet
Und huldiget der furchtbarn Macht,
Die richtend im Verborgnen wacht,
Die unerforschlich, unergründet
Des Schicksals dunklen Knäuel flicht,
Dem tiefen Herzen sich verkündet,
Doch fliehet vor dem Sonnenlicht.

Da hört man auf den höchsten Stufen
Auf einmal eine Stimme rufen:
»Sieh da! Sieh da, Timotheus,

Die Kraniche des Ibykus!« –
Und finster plötzlich wird der Himmel,
Und über dem Theater hin
sieht man, in schwärzlichem Gewimmel,
Ein Kranichheer vorüberziehn.

»Des Ibykus!« – Der teure Name
Rührt jede Brust mit neuem Grame,
Und wie im Meere Well auf Well,
So läuft's von Mund zu Munde schnell:
»Des Ibykus, den wir beweinen,
Den eine Mörderhand erschlug!
Was ist's mit dem? Was kann er meinen?
Was ist's mit diesem Kranichzug?«

Und immer lauter wird die Frage,
Und ahnend fliegt's mit Blitzesschlage
Durch alle Herzen: »Gebet acht!
Das ist der Eumeniden Macht!
Der fromme Dichter wird gerochen,
Der Mörder bietet selbst sich dar!
Ergreift ihn, der das Wort gesprochen,
Und ihn, an den's gerichtet war.«

Doch dem war kaum das Wort entfahren,
Möcht er's im Busen gern bewahren;
Umsonst, der schreckenbleiche Mund
Macht schnell die Schuldbewußten kund.
Man reißt und schleppt sie vor den Richter,
Die Szene wird zum Tribunal,
Und es gestehn die Bösewichter,
Getroffen von der Rache Strahl.

DER TAUCHER

»Wer wagt es, Rittersmann oder Knapp,
Zu tauchen in diesen Schlund?
Einen goldnen Becher werf ich hinab,
Verschlungen schon hat ihn der schwarze Mund.
Wer mir den Becher kann wiederzeigen,
Er mag ihn behalten, er ist sein eigen.«

Der König spricht es und wirft von der Höh
Der Klippe, die schroff und steil
Hinaushängt in die unendliche See,
Den Becher in der Charybde Geheul.
»Wer ist der Beherzte, ich frage wieder,
Zu tauchen in diese Tiefe nieder?«

Und die Ritter, die Knappen um ihn her
Vernehmen's und schweigen still,
Sehen hinab in das wilde Meer,
Und keiner den Becher gewinnen will.
Und der König zum drittenmal wieder fraget:
»Ist keiner, der sich hinunterwaget?«

Doch alles noch stumm bleibt wie zuvor,
Und ein Edelknecht, sanft und keck,
Tritt aus der Knappen zagendem Chor,
Und den Gürtel wirft er, den Mantel weg,
Und alle die Männer umher und Frauen
Auf den herrlichen Jüngling verwundert schauen.

Und wie er tritt an des Felsen Hang
Und blickt in den Schlund hinab,

Die Wasser, die sie hinunterschlang,
Die Charybde jetzt brüllend wiedergab,
Und wie mit des fernen Donners Getose
Entstürzen sie schäumend dem finstern Schoße.

Und es wallet und siedet und brauset und zischt,
Wie wenn Wasser mit Feuer sich mengt,
Bis zum Himmel spritzet der dampfende Gischt,
Und Flut auf Flut sich ohn Ende drängt,
Und will sich nimmer erschöpfen und leeren,
Als wollte das Meer noch ein Meer gebären.

Doch endlich, da legt sich die wilde Gewalt,
Und schwarz aus dem weißen Schaum
Klafft hinunter ein gähnender Spalt,
Grundlos, als ging's in den Höllenraum,
Und reißend sieht man die brandenden Wogen
Hinab in den strudelnden Trichter gezogen.

Jetzt schnell, eh die Brandung wiederkehrt,
Der Jüngling sich Gott befiehlt,
Und – ein Schrei des Entsetzens wird rings gehört,
Und schon hat ihn der Wirbel hinweggespült,
Und geheimnisvoll über dem kühnen Schwimmer
Schließt sich der Rachen, er zeigt sich nimmer.

Und stille wird's über dem Wasserschlund,
In der Tiefe nur brauset es hohl,
Und bebend hört man von Mund zu Mund:
»Hochherziger Jüngling, fahre wohl!«
Und hohler und hohler hört man's heulen,
Und es harrt noch mit bangem, mit schrecklichem
Weilen.

Und wärfst du die Krone selber hinein
Und sprächst: Wer mir bringet die Kron,
Er soll sie tragen und König sein –
Mich gelüstete nicht nach dem teuren Lohn.
Was die heulende Tiefe da unten verhehle,
Das erzählt keine lebende, glückliche Seele.

Wohl manches Fahrzeug, vom Strudel gefaßt,
Schoß gäh in die Tiefe hinab,
Doch zerschmettert nur rangen sich Kiel und Mast
Hervor aus dem alles verschlingenden Grab. –
Und heller und heller, wie Sturmes Sausen,
hört man's näher und immer näher brausen.

Und es wallet und siedet und brauset und zischt,
Wie wenn Wasser mit Feuer sich mengt,
Bis zum Himmel spritzet der dampfende Gischt,
Und Well auf Well sich ohn Ende drängt,
Und wie mit des fernen Donners Getose
Entstürzt es brüllend dem finstern Schoße.

Und sieh! aus dem finster flutenden Schoß,
Da hebet sich's schwanenweiß,
Und ein Arm und ein glänzender Nacken wird bloß,
Und es rudert mit Kraft und mit emsigem Fleiß,
Und er ist's, und hoch in seiner Linken
Schwingt er den Becher mit freudigem Winken.

Und atmete lang und atmete tief
Und begrüßte das himmlische Licht.
Mit Frohlocken es einer dem andern rief:
»Er lebt! Er ist da! Es behielt ihn nicht!
Aus dem Grab, aus der strudelnden Wasserhöhle
Hat der Brave gerettet die lebende Seele.«

Und er kommt, es umringt ihn die jubelnde Schar,
Zu des Königs Füßen er sinkt,
Den Becher reicht er ihm kniend dar,
Und der König der lieblichen Tochter winkt,
Die füllt ihn mit funkelndem Wein bis zum Rande,
Und der Jüngling sich also zum König wandte:

»Lang lebe der König! Es freue sich,
Wer da atmet im rosigten Licht!
Da unten aber ist's fürchterlich,
Und der Mensch versuche die Götter nicht
Und begehre nimmer und nimmer zu schauen,
Was sie gnädig bedecken mit Nacht und Grauen.

Es riß mich hinunter blitzesschnell –
Da stürzt' mir aus felsigtem Schacht
Wildflutend entgegen ein reißender Quell:
Mich packte des Doppelstroms wütende Macht,
Und wie einen Kreisel mit schwindelndem Drehen
Trieb mich's um, ich konnte nicht widerstehen.

Da zeigte mir Gott, zu dem ich rief
In der höchsten schrecklichen Not,
Aus der Tiefe ragend ein Felsenriff,
Das erfaßt ich behend und entrann dem Tod –
Und da hing auch der Becher an spitzen Korallen,
Sonst wär er ins Bodenlose gefallen.

Denn unter mir lag's noch, bergetief,
In purpurner Finsternis da,
Und ob's hier dem Ohre gleich ewig schlief,
Das Auge mit Schaudern hinuntersah,
Wie's von Salamandern und Molchen und Drachen
Sich regt' in dem furchtbaren Höllenrachen.

Schwarz wimmelten da, in grausem Gemisch,
Zu scheußlichen Klumpen geballt,
Der stachligte Roche, der Klippenfisch,
Des Hammers greuliche Ungestalt,
Und dräuend wies mir die grimmigen Zähne
Der entsetzliche Hai, des Meeres Hyäne.

Und da hing ich und war's mir mit Grausen bewußt,
Von der menschlichen Hilfe so weit,
Unter Larven die einzige fühlende Brust,
Allein in der gräßlichen Einsamkeit,
Tief unter dem Schall der menschlichen Rede
Bei den Ungeheuern der traurigen Öde.

Und schaudernd dacht ich's, da kroch's heran,
Regte hundert Gelenke zugleich,
Will schnappen nach mir – in des Schreckens Wahn
Lass' ich los der Koralle umklammerten Zweig;
Gleich faßt mich der Strudel mit rasendem Toben,
Doch es war mir zum Heil, er riß mich nach oben.«

Der König darob sich verwundert schier
Und spricht: »Der Becher ist dein,
Und diesen Ring noch bestimm ich dir,
Geschmückt mit dem köstlichsten Edelgestein,
Versuchst du's noch einmal und bringst mir Kunde,
Was du sahst auf des Meers tiefunterstem Grunde.«

Das hörte die Tochter mit weichem Gefühl,
Und mit schmeichelndem Munde sie fleht:
»Laßt, Vater, genug sein das grausame Spiel!
Er hat Euch bestanden, was keiner besteht,
Und könnt Ihr des Herzens Gelüsten nicht zähmen,
So mögen die Ritter den Knappen beschämen.«

Drauf der König greift nach dem Becher schnell,
In den Strudel ihn schleudert hinein:
»Und schaffst du den Becher mir wieder zur Stell,
So sollst du der trefflichste Ritter mir sein
Und sollst sie als Ehgemahl heut noch umarmen,
Die jetzt für dich bittet mit zartem Erbarmen.«

Da ergreift's ihm die Seele mit Himmelsgewalt,
Und es blitzt aus den Augen ihm kühn,
Und er siehet erröten die schöne Gestalt
Und sieht sie erbleichen und sinken hin –
Da treibt's ihn, den köstlichen Preis zu erwerben,
Und stürzt hinunter auf Leben und Sterben.

Wohl hört man die Brandung, wohl kehrt sie zurück,
Sie verkündigt der donnernde Schall –
Da bückt sich's hinunter mit liebendem Blick:
Es kommen, es kommen die Wasser all,
Sie rauschen herauf, sie rauschen nieder,
Den Jüngling bringt keines wieder.

DER HANDSCHUH

Vor seinem Löwengarten,
Das Kampfspiel zu erwarten,
Saß König Franz,
Und um ihn die Großen der Krone,
Und rings auf hohem Balkone
Die Damen in schönem Kranz.

Und wie er winkt mit dem Finger,
Auf tut sich der weite Zwinger

Und hinein mit bedächtigem Schritt
Ein Löwe tritt
Und sieht sich stumm
Rings um
Mit langem Gähnen
Und schüttelt die Mähnen
Und streckt die Glieder
Und legt sich nieder.

Und der König winkt wieder,
Da öffnet sich behend
Ein zweites Tor,
Daraus rennt
Mit wildem Sprunge
Ein Tiger hervor.
Wie der den Löwen erschaut,
Brüllt er laut,
Schlägt mit dem Schweif
Einen furchtbaren Reif
Und recket die Zunge,
Und im Kreise scheu
Umgeht er den Leu
Grimmig schnurrend;
Drauf streckt er sich murrend
Zur Seite nieder.

Und der König winkt wieder,
Da speit das doppelt geöffnete Haus
Zwei Leoparden auf einmal aus.
Die stürzen mit mutiger Kampfbegier
Auf das Tigertier;
Das packt sie mit seinen grimmigen Tatzen,
Und der Leu mit Gebrüll

Richtet sich auf – da wird's still;
Und herum im Kreis,
Von Mordsucht heiß,
Lagern sich die greulichen Katzen.

Da fällt von des Altans Rand
Ein Handschuh von schöner Hand
Zwischen den Tiger und den Leun
Mitten hinein.

Und zu Ritter Delorges spottenderweis
Wendet sich Fräulein Kunigund:
»Herr Ritter, ist Eure Lieb so heiß,
Wie Ihr mir's schwört zu jeder Stund,
Ei, so hebt mir den Handschuh auf!«

Und der Ritter, in schnellem Lauf,
Steigt hinab in den furchtbaren Zwinger
Mit festem Schritte,
Und aus der Ungeheuer Mitte
Nimmt er den Handschuh mit keckem Finger.

Und mit Erstaunen und mit Grauen
Sehen's die Ritter und Edelfrauen,
Und gelassen bringt er den Handschuh zurück.
Da schallt ihm sein Lob aus jedem Munde,
Aber mit zärtlichem Liebesblick –
Er verheißt ihm sein nahes Glück –
Empfängt ihn Fräulein Kunigunde.
Und er wirft ihr den Handschuh ins Gesicht:
»Den Dank, Dame, begehr ich nicht!«
Und verläßt sie zur selben Stunde.

DIE BÜRGSCHAFT

Zu Dionys, dem Tyrannen, schlich
Damon, den Dolch im Gewande;
Ihn schlugen die Häscher in Bande.
»Was wolltest du mit dem Dolche, sprich!«
Entgegnet ihm finster der Wüterich.
»Die Stadt vom Tyrannen befreien!«
»Das sollst du am Kreuze bereuen.«

»Ich bin«, spricht jener, »zu sterben bereit
Und bitte nicht um mein Leben;
Doch willst du Gnade mir geben,
Ich flehe dich um drei Tage Zeit,
Bis ich die Schwester dem Gatten gefreit;
Ich lasse den Freund dir als Bürgen,
Ihn magst du, entrinn ich, erwürgen.«

Da lächelt der König mit arger List
Und spricht nach kurzem Bedenken:
»Drei Tage will ich dir schenken.
Doch wisse! Wenn sie verstrichen, die Frist,
Eh du zurück mir gegeben bist,
So muß er statt deiner erblassen,
Doch dir ist die Strafe erlassen.«

Und er kommt zum Freunde: »Der König gebeut,
Daß ich am Kreuz mit dem Leben
Bezahle das frevelnde Streben;
Doch will er mir gönnen drei Tage Zeit,
Bis ich die Schwester dem Gatten gefreit,
So bleib du dem König zum Pfande,
Bis ich komme, zu lösen die Bande.«

Und schweigend umarmt ihn der treue Freund
Und liefert sich aus dem Tyrannen,
Der andere ziehet von dannen.
Und ehe das dritte Morgenrot scheint,
Hat er schnell mit dem Gatten die Schwester
                                    vereint,
Eilt heim mit sorgender Seele,
Damit er die Frist nicht verfehle.

Da gießt unendlicher Regen herab,
Von den Bergen stürzen die Quellen,
Und die Bäche, die Ströme schwellen.
Und er kommt ans Ufer mit wanderndem Stab –
Da reißet die Brücke der Strudel hinab,
Und donnernd sprengen die Wogen
Des Gewölbes krachenden Bogen.

Und trostlos irrt er an Ufers Rand:
Wie weit er auch spähet und blicket
Und die Stimme, die rufende, schicket –
Da stößet kein Nachen vom sichern Strand,
Der ihn setze an das gewünschte Land,
Kein Schiffer lenket die Fähre,
Und der wilde Strom wird zum Meere.

Da sinkt er ans Ufer und weint und fleht,
Die Hände zum Zeus erhoben:
»O hemme des Stromes Toben!
Es eilen die Stunden, im Mittag steht
Die Sonne, und wenn sie niedergeht
Und ich kann die Stadt nicht erreichen,
So muß der Freund mir erbleichen.«

Doch wachsend erneut sich des Stromes Wut,
Und Welle auf Welle zerrinnet,
Und Stunde an Stunde entrinnet.
Da treibt ihn die Angst, da faßt er sich Mut
Und wirft sich hinein in die brausende Flut
Und teilt mit gewaltigen Armen
Den Strom, und ein Gott hat Erbarmen.

Und gewinnt das Ufer und eilet fort
Und danket dem rettenden Gotte;
Da stürzet die raubende Rotte
Hervor aus des Waldes nächtlichem Ort,
Den Pfad ihm sperrend, und schnaubet Mord
Und hemmet des Wanderers Eile
Mit drohend geschwungener Keule.

»Was wollt ihr?« ruft er, vor Schrecken bleich,
»Ich habe nichts als mein Leben,
Das muß ich dem Könige geben!«
Und entreißt die Keule dem nächsten gleich:
»Um des Freundes willen erbarmet euch!«
Und drei mit gewaltigen Streichen
Erlegt er, die andern entweichen.

Und die Sonne versendet glühenden Brand,
Und von der unendlichen Mühe
Ermattet sinken die Knie.
»O hast du mich gnädig aus Räuberhand,
Aus dem Strom mich gerettet ans heilige Land,
Und soll hier verschmachtend verderben
Und der Freund mir, der liebende, sterben!«

Und horch! da sprudelt es silberhell,
Ganz nahe, wie rieselndes Rauschen,

Und stille hält er zu lauschen,
Und sieh, aus dem Felsen, geschwätzig, schnell,
Springt murmelnd hervor ein lebendiger Quell,
Und freudig bückt er sich nieder
Und erfrischet die brennenden Glieder.

Und die Sonne blickt durch der Zweige Grün
Und malt auf den glänzenden Matten
Der Bäume gigantische Schatten;
Und zwei Wanderer sieht er die Straße ziehn,
Will eilenden Laufes vorüberfliehn,
Da hört er die Worte sie sagen:
»Jetzt wird er ans Kreuz geschlagen.«

Und die Angst beflügelt den eilenden Fuß,
Ihn jagen der Sorge Qualen;
Da schimmern in Abendrots Strahlen
Von ferne die Zinnen von Syrakus,
Und entgegen kommt ihm Philostratus,
Des Hauses redlicher Hüter,
Der erkennet entsetzt den Gebieter:

»Zurück! du rettest den Freund nicht mehr,
So rette das eigene Leben!
Den Tod erleidet er eben.
Von Stunde zu Stunde gewartet' er
Mit hoffender Seele der Wiederkehr,
Ihm konnte den mutigen Glauben
Der Hohn des Tyrannen nicht rauben.«

»Und ist es zu spät und kann ich ihm nicht
Ein Retter willkommen erscheinen,

So soll mich der Tod ihm vereinen.
Des rühme der blut'ge Tyrann sich nicht,
Daß der Freund dem Freunde gebrochen die Pflicht;
Er schlachte der Opfer zweie
Und glaube an Liebe und Treue.«

Und die Sonne geht unter, da steht er am Tor
Und sieht das Kreuz schon erhöhet,
Das die Menge gaffend umstehet;
An dem Seile schon zieht man den Freund empor,
Da zertrennt er gewaltig den dichten Chor:
»Mich, Henker!« ruft er, »erwürget!
Da bin ich, für den er gebürget!«

Und Erstaunen ergreifet das Volk umher,
In den Armen liegen sich beide
Und weinen vor Schmerzen und Freude.
Da sieht man kein Auge tränenleer,
Und zum Könige bringt man die Wundermär;
Der fühlt ein menschliches Rühren,
Läßt schnell vor den Thron sie führen –

Und blicket sie lange verwundert an.
Drauf spricht er: »Es ist euch gelungen,
Ihr habt das Herz mir bezwungen,
Und die Treue, sie ist doch kein leerer Wahn –
So nehmet auch mich zum Genossen an,
Ich sei, gewährt mir die Bitte,
In eurem Bunde der dritte.«

KASSANDRA

Freude war in Trojas Hallen,
Eh die hohe Feste fiel,
Jubelhymnen hört man schallen
In der Saiten goldnes Spiel.
Alle Hände ruhen müde
Von dem tränenvollen Streit,
Weil der herrliche Pelide
Priams schöne Tochter freit.

Und geschmückt mit Lorbeerreisern,
Festlich wallet Schar auf Schar
Nach der Götter heil'gen Häusern,
Zu des Thymbriers Altar.
Dumpf erbrausend durch die Gassen
Wälzt sich die bacchant'sche Lust,
Und in ihrem Schmerz verlassen
War nur *eine* traur'ge Brust.

Freudlos in der Freude Fülle,
Ungesellig und allein,
Wandelte Kassandra stille
In Apollos Lorbeerhain.
In des Waldes tiefste Gründe
Flüchtete die Seherin,
Und sie warf die Priesterbinde
Zu der Erde zürnend hin:

»Alles ist der Freude offen,
Alle Herzen sind beglückt,
Und die alten Eltern hoffen,
Und die Schwester steht geschmückt.

Ich allein muß einsam trauern,
Denn mich flieht der süße Wahn,
Und geflügelt diesen Mauern
Seh ich das Verderben nahn.

Eine Fackel seh ich glühen,
Aber nicht in Hymens Hand,
Nach den Wolken seh ich's ziehen,
Aber nicht wie Opferbrand.
Feste seh ich froh bereiten;
Doch im ahnungsvollen Geist
Hör ich schon des Gottes Schreiten,
Der sie jammervoll zerreißt.

Und sie schelten meine Klagen,
Und sie höhnen meinen Schmerz.
Einsam in die Wüste tragen
Muß ich mein gequältes Herz,
Von den Glücklichen gemieden
Und den Fröhlichen ein Spott!
Schweres hast du mir beschieden,
Pythischer, du arger Gott!

Dein Orakel zu verkünden,
Warum warfest du mich hin
In die Stadt der ewig Blinden
Mit dem aufgeschloßnen Sinn?
Warum gabst du mir zu sehen,
Was ich doch nicht wenden kann?
Das Verhängte muß geschehen,
Das Gefürchtete muß nahn.

Frommt's, den Schleier aufzuheben,
Wo das nahe Schrecknis droht?

Nur der Irrtum ist das Leben,
Und das Wissen ist der Tod.
Nimm, o nimm die traur'ge Klarheit,
Mir vom Aug den blut'gen Schein!
Schrecklich ist es, deiner Wahrheit
Sterbliches Gefäß zu sein.

Meine Blindheit gib mir wieder
Und den fröhlich dunkeln Sinn!
Nimmer sang ich freud'ge Lieder,
Seit ich *deine* Stimme bin.
Zukunft hast du mir gegeben,
Doch du nahmst den Augenblick,
Nahmst der Stunde fröhlich Leben –
Nimm dein falsch Geschenk zurück!

Nimmer mit dem Schmuck der Bräute
Kränzt ich mir das duft'ge Haar,
Seit ich deinem Dienst mich weihte
An dem traurigen Altar.
Meine Jugend war nur Weinen,
Und ich kannte nur den Schmerz,
Jede herbe Not der Meinen
Schlug an mein empfindend Herz.

Fröhlich seh ich die Gespielen,
Alles um mich lebt und liebt
In der Jugend Lustgefühlen,
Mir nur ist das Herz getrübt.
Mir erscheint der Lenz vergebens,
Der die Erde festlich schmückt;
Wer erfreute sich des Lebens,
Der in seine Tiefen blickt!

Selig preis ich Polyxenen
In des Herzens trunknem Wahn,
Denn den Besten der Hellenen
Hofft sie bräutlich zu umfahn.
Stolz ist ihre Brust gehoben,
Ihre Wonne faßt sie kaum,
Nicht euch Himmlische dort oben
Neidet sie in ihrem Traum.

Und auch ich hab ihn gesehen,
Den das Herz verlangend wählt,
Seine schönen Blicke flehen,
Von der Liebe Glut beseelt.
Gerne möcht ich mit dem Gatten
In die heim'sche Wohnung ziehn;
Doch es tritt ein styg'scher Schatten
Nächtlich zwischen mich und ihn.

Ihre bleichen Larven alle
Sendet mir Proserpina;
Wo ich wandre, wo ich walle,
Stehen mir die Geister da.
In der Jugend frohe Spiele
Drängen sie sich grausend ein –
Ein entsetzliches Gewühle!
Nimmer kann ich fröhlich sein.

Und den Mordstahl seh ich blinken
Und das Mörderauge glühn;
Nicht zur Rechten, nicht zur Linken
Kann ich vor dem Schrecknis fliehn.
Nicht die Blicke darf ich wenden,
Wissend, schauend, unverwandt

Muß ich mein Geschick vollenden,
Fallend in dem fremden Land.« –

Und noch hallen ihre Worte –
Horch! da dringt verworrner Ton
Fernher aus des Tempels Pforte:
Tot lag Thetis' großer Sohn!
Eris schüttelt ihre Schlangen,
Alle Götter fliehn davon,
Und des Donners Wolken hangen
Schwer herab auf Ilion.

DER GRAF VON HABSBURG

Zu Aachen in seiner Kaiserpracht,
  Im altertümlichen Saale,
Saß König Rudolfs heilige Macht
  Beim festlichen Krönungsmahle.
Die Speisen trug der Pfalzgraf des Rheins,
Es schenkte der Böhme des perlenden Weins,
  Und alle die Wähler, die sieben,
Wie der Sterne Chor um die Sonne sich stellt,
Umstanden geschäftig den Herrscher der Welt,
  Die Würde des Amtes zu üben.

Und rings erfüllte den hohen Balkon
  Das Volk in freud'gem Gedränge,
Laut mischte sich in der Posaunen Ton
  Das jauchzende Rufen der Menge.
Denn geendigt nach langem verderblichen Streit
War die kaiserlose, die schreckliche Zeit,
  Und ein Richter war wieder auf Erden.

Nicht blind mehr waltet der eiserne Speer,
Nicht fürchtet der Schwache, der Friedliche mehr,
　　Des Mächtigen Beute zu werden.

Und der Kaiser ergreift den goldnen Pokal
　　Und spricht mit zufriedenen Blicken:
»Wohl glänzet das Fest, wohl pranget das Mahl,
　　Mein königlich Herz zu entzücken;
Doch den Sänger vermiss' ich, den Bringer der Lust,
Der mit süßem Klang mir bewege die Brust
　　Und mit göttlich erhabenen Lehren.
So hab ich's gehalten von Jugend an,
Und was ich als Ritter gepflegt und getan,
　　Nicht will ich's als Kaiser entbehren.«

Und sieh! in der Fürsten umgebenden Kreis
　　Trat der Sänger im langen Talare,
Ihm glänzte die Locke silberweiß,
　　Gebleicht von der Fülle der Jahre.
»Süßer Wohllaut schläft in der Saiten Gold,
Der Sänger singt von der Minne Sold,
　　Er preiset das Höchste, das Beste,
Was das Herz sich wünscht, was der Sinn begehrt;
Doch sage, was ist des Kaisers wert
　　An seinem herrlichsten Feste?«

»Nicht gebieten werd ich dem Sänger«, spricht
　　Der Herrscher mit lächelndem Munde,
»Er steht in des größeren Herren Pflicht,
　　Er gehorcht der gebietenden Stunde:
Wie in den Lüften der Sturmwind saust,
Man weiß nicht, von wannen er kommt und braust,
　　Wie der Quell aus verborgenen Tiefen,

So des Sängers Lied aus dem Innern schallt
Und wecket der dunkeln Gefühle Gewalt,
　　Die im Herzen wunderbar schliefen.«

Und der Sänger rasch in die Saiten fällt
　　Und beginnt sie mächtig zu schlagen:
»Aufs Weidwerk hinaus ritt ein edler Held,
　　Den flüchtigen Gemsbock zu jagen.
Ihm folgte der Knapp mit dem Jägergeschoß,
Und als er auf seinem stattlichen Roß
　　In eine Au kommt geritten,
Ein Glöcklein hört er erklingen fern,
Ein Priester war's mit dem Leib des Herrn,
　　Voran kam der Mesner geschritten.

Und der Graf zur Erde sich neiget hin,
　　Das Haupt mit Demut entblößet,
Zu verehren mit gläubigem Christensinn,
　　Was alle Menschen erlöset.
Ein Bächlein aber rauschte durchs Feld,
Von des Gießbachs reißenden Fluten geschwellt,
　　Das hemmte der Wanderer Tritte,
Und beiseit legt jener das Sakrament,
Von den Füßen zieht er die Schuhe behend,
　　Damit er das Bächlein durchschritte.

›Was schaffst du?‹ redet der Graf ihn an,
　　Der ihn verwundert betrachtet.
›Herr, ich walle zu einem sterbenden Mann,
　　Der nach der Himmelskost schmachtet.
Und da ich mich nahe des Baches Steg,
Da hat ihn der strömende Gießbach hinweg
　　Im Strudel der Wellen gerissen.

Drum daß dem Lechzenden werde sein Heil,
So will ich das Wässerlein jetzt in Eil
   Durchwaten mit nackenden Füßen.‹

Da setzt ihn der Graf auf sein ritterlich Pferd
   Und reicht ihm die prächtigen Zäume,
Daß er labe den Kranken, der sein begehrt,
   Und die heilige Pflicht nicht versäume.
Und er selber auf seines Knappen Tier
Vergnüget noch weiter des Jagens Begier,
   Der andre die Reise vollführet,
Und am nächsten Morgen, mit dankendem Blick,
Da bringt er dem Grafen sein Roß zurück,
   Bescheiden am Zügel geführet.

›Nicht wolle das Gott‹, rief mit Demutsinn
   Der Graf, ›daß zum Streiten und Jagen
Das Roß ich beschritte fürderhin,
   Das meinen Schöpfer getragen!
Und magst du's nicht haben zu eignem Gewinst,
So bleib es gewidmet dem göttlichen Dienst,
   Denn ich hab es dem ja gegeben,
Von dem ich Ehre und irdisches Gut
Zu Lehen trage und Leib und Blut
   Und Seele und Atem und Leben.‹

›So mög Euch Gott, der allmächtige Hort,
   Der das Flehen der Schwachen erhöret,
Zu Ehren auch bringen hier und dort,
   So wie Ihr jetzt ihn geehret.
Ihr seid ein mächtiger Graf, bekannt
Durch ritterlich Walten im Schweizerland;
   Euch blühn sechs liebliche Töchter.

So mögen sie‹, rief er begeistert aus,
›Sechs Kronen Euch bringen in Euer Haus
 Und glänzen die spät’sten Geschlechter!‹«

Und mit sinnendem Haupt saß der Kaiser da,
 Als dächt er vergangener Zeiten,
Jetzt, da er dem Sänger ins Auge sah,
 Da ergreift ihn der Worte Bedeuten.
Die Züge des Priesters erkennt er schnell
Und verbirgt der Tränen stürzenden Quell
 In des Mantels purpurnen Falten.
Und alles blickte den Kaiser an
Und erkannte den Grafen, der das getan,
 Und verehrte das göttliche Walten.

Ernst Moritz Arndt
1769–1860

DER KÖNIG VON BURGUND

Es reit't mit stolzem Prangen
Der König von Burgund,
Da kommt ein Knab gegangen
Und grüßt mit süßem Mund.

Er spricht: Gott grüß dich, König,
Du Schöner von Burgund!
Mach deine Feinde wenig,
Dich groß zu jeder Stund!

Er spricht: Gott lenk dir, König,
Zu mir den hohen Sinn,
Der ich an Taten wenig,
Doch groß an Treue bin.

Der König spricht zum Knaben:
Was willst du in dem Krieg,
Wo Geier nur und Raben
Erfreut der blut'ge Sieg?

Was wagst du, holder Knabe,
An Jahren jung und zart?
Das Feld wird dir zum Grabe,
Der Weg ist dir zu hart.

Geh mit den feinen Füßen
Zurück ins Blumental,
Und horche dort dem süßen
Gesang der Nachtigall.

Pfleg mit den feinen Händen
Den blüh'nden Rosenstock,
Und netz des Linnens Enden
Für einen Schäferrock.

O König, zart von Leibe
Ist meine Jugend wohl;
Doch sie nicht von dir treibe,
Sie fühlt sich Mutes voll.

Wohl viele Tausend sitzen,
So stolz um dich zu Roß,
Viel tausend Schwerter blitzen
Und Köcher voll Geschoß;

Doch von den allen keiner
Ist mehr dir zugetan
Als ich, hinfort dein kleiner
Dir dienender Kumpan;

Doch von den allen keinen
Bekümmert so dein Streit
Als deinen zarten Kleinen,
Der dir den Gruß entbeut.

O Knabe, deine Rede
Klingt wohl an Tugend reich,
Doch wiss', die harte Fehde
Macht rote Wangen bleich;

Die schönen blauen Augen
Versöhnen keinen Feind,
Denn die da Schwerter brauchen,
Sind feindlich auch gemeint.

O Herr, klingt meine Rede
An Mut und Tugend reich,
So wiss', in deiner Fehde
Tut mir's kein Knappe gleich.

Laß sich den Schein entfärben,
Der diese Wangen schmückt,
Ja, laß mich für dich sterben,
So dünk ich mich beglückt.

O Knab, soll ich dich nehmen,
So melde, ob du kannst,
Womit zur Zeit der Schemen
Du mir die Sorgen bannst;

Womit im Brand der Sonne
Du mir die Schläfe kühlst
Und für der Träume Wonne
Mich sanft in Schlummer spielst.

Herr König, zwar geringe
Ist meiner Gaben Los,
Doch macht zu jedem Dinge
Die fromme Treue groß.

Ich kann die Laute schlagen,
Ich kann das Harfenspiel,
Womit seit manchen Tagen
Ich vielen wohlgefiel.

Auch kann ich lustig singen
Und zwitschern munter drein,
Wie auf den leichten Schwingen
Die Frühlingsvögelein.

Auch kann ich künstlich tanzen
Auf meinen Füßen flink
Durch Schwerter und durch Lanzen
Und in dem Reigenring.

Auch weiß ich Wundermären
Aus alter grauer Zeit,
Die Sorgen wegzukehren
Stracks durch Geschwätzigkeit.

Auch richt ich schnelle Falken
Zum Vogelfange zu,
Und von den Mareschallen
Hast keinen flinkern du.

Der König nimmt den Knaben
Und kleidet ihn in Stahl
Und läßt ihn bei sich traben
In Sonn- und Mondenstrahl.

Er muß sein Schwert ihm tragen,
Ihm zäumen früh sein Roß,
Ist ihm in wenig Tagen
Der Liebst' im ganzen Troß.

Er muß beim Mahl ihm singen
Zum goldnen Harfenspiel
Und oft von alten Dingen
Erzählen lang und viel.

Und wann von seinen Braven
Ein jeder heimwärts geht,
Dann muß der Knabe schlafen
Zunächst an seinem Bett.

So zieht er als Begleiter
Des Zuges mit hinab,
Da kommt die Lust der Streiter,
Des Feindes Vordertrab.

Im Glanz der Waffen sprengen
Die Reisigen voran,
Und Heldenherzen drängen
Sich frisch zum Kampf heran;

Und König Rudolfs Rechte
Stößt manches tapfre Herz
Hinab zur Nacht der Nächte
Im kühnen Lanzenscherz;

Und Mütter müssen weinen
Und Bräute, jung und hold,
Den Tag, der zu bescheinen
Die Toten aufwärts rollt.

Da faßt ein starker Reiter
Den König mit dem Speer,
Zersprengt den Schild in Scheiter,
Zersplittert seine Wehr;

Trifft ihn mit stolzem Grimme –
Das Feld ist Königsgrab –
Und ohne Hauch und Stimme
Stürzt er vom Roß hinab.

Erbleichend hält der Knabe
Und spannet sein Geschoß.
»Nimm letzte Liebesgabe.«
Er schießt den Mann vom Roß.

Wirft dann mit heißen Tränen
Sich auf des Königs Leib,
Und offenbart in Tönen
Des Jammers laut das Weib;

Reißt von den goldnen Locken
Des Helmes Decke schnell,
Damit das Blut zu stocken,
Das rinnt vom Panzer hell;

Reißt mit den blutigen Händen
Des Hemdes weißes Lein,
Die Treue zu vollenden,
Von seines Busens Schrein.

Doch sieh! des Königs Wangen
Färbt neues Lebensrot –
Sein Atem lag gefangen,
Die Kraft war nimmer tot.

Und sieh! mit frohem Beben
Sieht er des Weibes Trug,
Das Lieb auf Tod und Leben
Für ihn in Schlachten trug;

Und faßt sie gar behende
Und drückt sie an sein Herz
Und ruft: Hier, Treue, ende
Dein banger süßer Schmerz!

Und wärst in Bettlerhütten
Die kleinste Magd im Land,
Du bist durch Mut und Sitten
Mit Königsglanz verwandt.

Mein König – stammelt leise
Das holdverschämte Weib –,
Vergib mir meine Weise,
Mir hinfort gnädig bleib!

Nicht in der Bettlerhütte
Wuchs deine Magd heran,
Wohl aus der Fürsten Mitte
Erköre sie ein Mann.

Mein Vater heißt Graf Walter,
Wohnt im Ardennerwald;
Doch zog mein junges Alter
Der Liebe Allgewalt.

Du weißt, wie ich gedienet,
Wozu bei Tag und Nacht
Sich Liebesmut erkühnet
In wilder Knabentracht.

Ich weiß es, es soll wissen
Das ganze Männerheer –
Du schläfst auf deinem Kissen
Hinfort nicht einsam mehr.

In deinen süßen Armen,
Du süße Königin,
Laß ewig mich erwarmen
Im frommen Liebessinn.

Die mir das Roß gezäumet
Und nach dem Sattel sprang,
Nun bei mir schläft und träumet
All, all mein Lebenlang.

DAS LIED VOM SCHILL

Es zog aus Berlin ein tapferer Held,
Er führte sechshundert Reiter ins Feld,
Sechshundert Reiter mit redlichem Mut,
Die dürsteten alle Franzosenblut.

Auch zogen mit Reitern und Rossen im Schritt
Wohl tausend der tapfersten Schützen mit.
Ihr Schützen, gesegn' euch Gott jeglichen Schuß,
Durch welchen ein Franzmann erblassen muß!

So zieht der tapfre, der mutige Schill,
Der mit den Franzosen schlagen sich will;
Ihn sendet kein Kaiser, kein König aus,
Ihn sendet die Freiheit, das Vaterland aus.

Bei Dodendorf färbten die Männer gut
Das Magdeburger Land mit französischem Blut,
Zweitausend zerhieben die Säbel blank,
Die übrigen machten die Beine lang.

Drauf stürmten sie Dömitz, das feste Haus,
Und jagten die Schelmenfranzosen heraus,
Dann zogen sie lustig ins Pommerland ein,
Da soll kein Franzose sein Kiwi! mehr schrein.

Auf Stralsund stürmte der reisige Zug –
O Franzosen, verständet ihr Vogelflug!
O wüchsen euch Federn und Flügel geschwind!
Es nahet der Schill, und er reitet wie Wind.

Er reitet wie Wetter hinein in die Stadt,
Die der Wallenstein weiland belagert hat,

Wo der Zwölfte Karolus im Tore schlief.
Jetzt liegen ihre Mauern und Türme tief.

O weh euch, Franzosen! jetzt seid ihr tot,
Ihr färbet die Säbel der Reiter rot,
Die Reiter, sie fühlen das deutsche Blut,
Franzosen zu säbeln, das deucht ihnen gut.

O Schill! o Schill! du tapferer Held!
Was sind dir für bübische Netze gestellt!
Viele ziehen zu Lande, es schleichet vom Meer
Der Däne, die tückische Schlange, daher.

O Schill! o Schill! du tapferer Held!
Was sprengst du nicht mit den Reitern ins Feld?
Was schließest in Mauern die Tapferkeit ein?
In Stralsund, da sollst du begraben sein.

O Stralsund, du trauriges Stralsund!
In dir geht das tapferste Herz zugrund,
Eine Kugel durchbohret das treueste Herz,
Und Buben, sie treiben mit Helden Scherz.

Da schreiet ein frecher Franzosenmund:
»Man soll ihn begraben wie einen Hund,
Wie einen Schelm, der an Galgen und Rad
Schon fütterte Krähen und Raben satt.«

So trugen sie ihn ohne Sang und Klang,
Ohne Pfeifenspiel und ohne Trommelklang,
Ohne Kanonenmusik und Flintengruß,
Womit man die Tapfern begraben muß.

Sie schnitten den Kopf von dem Rumpf ihm ab
Und warfen den Leib in ein schlechtes Grab.
Da schläft er nun bis an den jüngsten Tag,
Wo Gott ihn zu Freuden erwecken mag.

Da schläft der fromme, der tapfre Held,
Ihm ward kein Stein zum Gedächtnis gestellt;
Doch hat er auch keinen Ehrenstein,
Sein Name wird nimmer vergessen sein.

Denn zäumet ein Reiter sein schnelles Pferd
Und schwinget ein Reiter sein blankes Schwert,
So rufet er immer: »Herr Schill! Herr Schill!
Ich an den Franzosen Euch rächen will.«

Novalis (Friedrich von Hardenberg)
1772–1801

ICH WEISS NICHT WAS

Jüngst als Lisettchen im Fenster saß,
Da kam Herr Filidor
Und küßte sie,
Umschlang ihr weiches, weißes Knie;
Und sagt' ihr was ins Ohr,
Ich weiß nicht was.

Dann gingen beide fort, er und sie,
Und lagerten sich hier
Im hohen Gras
Und trieben's frei in Scherz und Spaß;
Er spielte viel mit ihr,
Ich weiß nicht wie.

Zum Spiele hatt' er viel Genie,
Er trieb's gar mancherlei,
Bald so, bald so,
Da war's das gute Mädel froh,
Doch seufzte sie dabei,
Ich weiß nicht wie?

Das Ding behagt' dem Herren baß,
Oft ging's *da capo* an?
Doch hieß es drauf,
Nach manchem, manchem Mondenlauf,
Er hab ihr was getan;
Ich weiß nicht was.

Samuel Christian Pape

1774–1817

DIE KLEINE

Sie weinte bitterlich,
Die liebe, gute Kleine:
»Da geh ich hier und weine
Und denke nur den ganzen Tag,
Wann doch mein Wilhelm kommen mag?
Ach, käme nur ein Wandersmann
Und sagte mir was Gutes an
Von meines Trauten Leben,
Ich wollt ihm alles geben
Und einen Kuß dazu!«

Sie weinte bitterlich
Und blickt' ins Feld hinüber.
Und, sieh! da ritt vorüber
Ein Mann mit einem langen Bart,
Daß auch dem Mädlein bange ward,
Ein Jäger, blank von Haupt zu Fuß,
Der bot ihr einen schönen Gruß
So wohlgemut und munter
Von seinem Roß herunter –
Und einen Kuß dazu.

Sie weinte bitterlich
Vor lauter Herzenssehnen;
Sie trocknete die Tränen
Mit ihrem schönen seidnen Tuch,
Daß ihr das Herz im Busen schlug.
Da nahte sich der blanke Mann.
»Du liebe Kleine!« hub er an,

»Das Tuch kannst du mir schenken
Zum süßen Angedenken
Und einen Kuß dazu!«

Sie weinte bitterlich:
»Ei sieh! was mich doch wundert!
Warum nicht lieber hundert?
Ein fremder Mann, ich weiß nicht, wer?
Ja, käme so mein Wilhelm her
Und forderт' er, ich weiß nicht, was?
Und sagte mir nur dies und das:
Wenn er nicht haben sollte,
Was er nur haben wollte –
Und einen Kuß dazu!«

Sie weinte bitterlich.
Da hub er an: »O weine
Nicht so, du liebe Kleine!
Sieh her! An dieser rechten Hand,
Siehst du das Ringlein mit Demant?
Das war an seinem Hochzeitstag,
Da schenkt' er mir den Ring und sprach:
Den gab mir einst im Städtchen
Ein kleines eitles Mädchen –
Und einen Kuß dazu!«

Sie weinte bitterlich:
»Ei sieh! was ich wohl dächte!
Du bist mir auch der Rechte.
Ja, ja! Als er zu Felde ging,
Da gab ich ihm den schönen Ring.
Allein das andre ist nicht wahr;
Das lügst du, Jäger, offenbar.
Du willst mich nur betrügen,

Mein schönes Tuch zu kriegen
Und einen Kuß dazu!«

Sie weinte bitterlich.
»O doch, du liebe Kleine!
Du weißt wohl, was ich meine.
Es sind der schönen Mädchen mehr,
Die locken hin, die locken her.
Dein Trauter ist ein wackres Blut;
Der ist den schönen Mädchen gut.
Da ließ er sich nun fangen
Durch rosenrote Wangen
Und einen Kuß dazu!«

Sie weinte bitterlich:
»Das hätt er lassen müssen!
Er konnte mich ja küssen!
Nicht wahr? So hatt er mich nur lieb,
Solang er immer bei mir blieb!
Gewiß! das hat er schlecht gemacht;
Das hätt ich nimmermehr gedacht!
Da läßt er sich nun fangen
Durch rosenrote Wangen
Und einen Kuß dazu!«

Sie weinte bitterlich;
Sie bat ihn auf und nieder:
»Gib mir das Ringlein wieder!
Ich bitte dich, soviel ich kann,
Du lieber, lieber, schöner Mann!« –
»Nein, Mädlein, nein! ich bin kein Tor.
Willst du, so mußt du mir zuvor
Zum süßen Angedenken

Das Tuch von Seide schenken
Und einen Kuß dazu!«

Sie weinte bitterlich:
»Ach, hier ist was zu küssen!
Soll ich mit Tränengüssen
Dich harten Mann noch länger flehn?
So magst du meinetwegen gehn!
Ich kaufe nicht um solchen Preis:
Allein ich weiß wohl, was ich weiß:
Den Ring hast du gestohlen;
Nun willst du dies noch holen
Und einen Kuß dazu!«

Sie weinte bitterlich.
Da bog er sich hinüber;
Die Augen gingen über,
Daß er in Tränen sich ergoß.
Er sprang herab von seinem Roß.
Herab die Maske vom Gesicht:
»Und kennst du deinen Wilhelm nicht? –
Da hast du meine Treue
Und meine Hand aufs neue
Und einen Kuß dazu!«

Sie weinte bitterlich.
Sie schrie vor lauter Wonne;
Die goldne Abendsonne
Umglänzte sie mit Himmelslicht
Wie eines Engels Angesicht. –
Er stand nach einem halben Jahr
Mit seiner Kleinen am Altar.
Sie gab ihm, was er wollte
Und was er haben sollte,
Und einen Kuß dazu!

Friedrich de la Motte Fouqué

1777–1843

NACH DER SCHLACHT BEI LÜTZEN

Wer reitet so frisch und singt so hell
Dem rühmlichen Kampf entgegen?
Die Krieger, die kenn ich als keck und schnell,
Vor keiner Gefahr verlegen;
Das ist meine reitende Jägerschar,
Die so kühn und freudig bei Lützen war.

Hurra, hurra! so riefen sie laut,
Und rasch in den Feind geritten,
Den Tod gegrüßt wie die blühende Braut,
Gejauchzt in der Waffen Mitten;
Dann wieder geruhig den ganzen Tag
Geschaut in der Kugeln Hagelschlag.

Was hat ein Held, ein russischer Mann,
Von euch, ihr Jäger, gesprochen?
Der auch seitdem mit blutigem Bann
Am stolzen Feind sich gerochen. –
»Gegrüßt«, sprach der, »meine Jäger mir,
Bei Lützen fochtet wie Engel ihr!«

Und Gott hat der jungen fröhlichen Schar
Auch schützende Engel gesendet
Und vielen die finstre Todesgefahr
Vom blühenden Haupte gewendet.
Ihr strittet vergnügt im lächelnden Mai
Und lächelt meist alle noch frisch dabei.

Frisch auf, du rüstige Jägerschwadron,
Hilf ferner dem Könige siegen;
Der Feind, er staunet, er stutzet schon,
Bald wird er nun ganz erliegen.
Dann herzen euch Mutter und Schwester und Braut,
Und wir preisen den gütigen Herrgott laut!

Clemens Brentano
1778–1842

AUF DEM RHEIN

Ein Fischer saß im Kahne,
Ihm war das Herz so schwer,
Sein Lieb war ihm gestorben,
Das glaubt er nimmermehr.

Und bis die Sternlein blinken
Und bis zum Mondenschein
Harrt er, sein Lieb zu fahren
Wohl auf dem tiefen Rhein.

Da kömmt sie bleich geschlichen
Und schwebet in den Kahn
Und schwanket in den Knien,
Hat nur ein Hemdlein an.

Sie schwimmen auf den Wellen
Hinab in tiefer Ruh',
Da zittert sie und wanket.
Feinsliebchen, frierest du?

Dein Hemdlein spielt im Winde,
Das Schifflein treibt so schnell,
Hüll dich in meinen Mantel,
Die Nacht ist kühl und hell.

Stumm streckt sie nach den Bergen
Die weißen Arme aus
Und lächelt, da der Vollmond
Aus Wolken blickt heraus.

Und nickt den alten Türmen
Und will den Sternenschein
Mit ihren starren Händlein
Erfassen in dem Rhein.

O halte dich doch stille,
Herzallerliebstes Gut!
Dein Hemdlein spielt im Winde
Und reißt dich in die Flut.

Da fliegen große Städte
An ihrem Kahn vorbei,
Und in den Städten klingen
Wohl Glocken mancherlei.

Da kniet das Mägdlein nieder
Und faltet seine Händ',
Aus seinen hellen Augen
Ein tiefes Feuer brennt.

Feinsliebchen bet hübsch stille,
Schwank nit so hin und her,
Der Kahn möcht' uns versinken,
Der Wirbel reißt so sehr.

In einem Nonnenkloster,
Da singen Stimmen fein,
Und aus dem Kirchenfenster
Bricht her der Kerzenschein.

Da singt Feinslieb gar helle
Die Metten in dem Kahn
Und sieht dabei mit Tränen
Den Fischerknaben an.

Da singt der Knab' gar traurig
Die Metten in dem Kahn
Und sieht dazu Feinsliebchen
Mit stummen Blicken an.

Und rot und immer röter
Wird nun die tiefe Flut,
Und bleich und immer bleicher
Feinsliebchen werden tut.

Der Mond ist schon zerronnen,
Kein Sternlein mehr zu sehn,
Und auch dem lieben Mägdlein
Die Augen schon vergehn.

Lieb Mägdlein, guten Morgen,
Lieb Mägdlein, gute Nacht!
Warum willst du nun schlafen,
Da schon der Tag erwacht?

Die Türme blinken sonnig,
Es rauscht der grüne Wald,
Vor wildentbrannten Weisen
der Vogelsang erschallt.

Da will er sie erwecken,
Daß sie die Freude hör',
Er schaut zu ihr hinüber
Und findet sie nicht mehr.

Ein Schwälblein strich vorüber
Und netzte seine Brust,
Woher, wohin geflogen,
Das hat kein Mensch gewußt.

Der Knabe liegt im Kahne,
Läßt alles Rudern sein
Und treibet weiter, weiter
Bis in die See hinein.

Ich schwamm im Meeresschiffe
Aus fremder Welt einher
Und dacht an Lieb und Leben
Und sehnte mich so sehr.

Ein Schwälblein flog vorüber,
Der Kahn schwamm still einher,
Der Fischer sang dies Liedchen,
Als ob ich's selber wär'.

ZU BACHARACH AM RHEINE

Zu Bacharach am Rheine
Wohnt' eine Zauberin,
Die war so schön und feine
Und riß viel Herzen hin.

Und machte viel zuschanden
Der Männer rings umher,
Aus ihren Liebesbanden
War keine Rettung mehr.

Der Bischof ließ sie laden
Vor geistliche Gewalt –
Und mußte sie begnaden,
So schön war ihr' Gestalt,

Er sprach zu ihr gerühret:
»Du arme Lore Lay!
Wer hat dich denn verführet
Zu böser Zauberei?«

»Herr Bischof, laßt mich sterben,
Ich bin des Lebens müd',
Weil jeder muß verderben,
Der meine Augen sieht.

Die Augen sind zwei Flammen,
Mein Arm ein Zauberstab,
O schickt mich in die Flammen,
O brechet mir den Stab.«

»Den Stab kann ich nicht brechen,
Du schöne Lore Lay,
Ich müßte dann zerbrechen
Mein eigen Herz entzwei.

Ich kann dich nicht verdammen,
Bis du mir erst bekennt,
Warum in deinen Flammen
Mein eignes Herz schon brennt.«

»Herr Bischof, mit mir Armen
Treibt nicht so bösen Spott,
Und bittet um Erbarmen
Für mich den lieben Gott!

Ich darf nicht länger leben,
Ich lieb' kein Leben mehr,
Den Tod sollt Ihr mir geben,
Drum kam ich zu Euch her.

Ein Mann hat mich betrogen,
Hat sich von mir gewandt,
Ist fort von mir gezogen,
Fort in ein andres Land.

Die Blicke sanft und wilde,
Die Wangen rot und weiß,
Die Worte still und milde,
Die sind mein Zauberkreis.

Ich selbst muß drin verderben,
Das Herz tut mir so weh,
Vor Jammer möcht' ich sterben,
Wenn ich zum Spiegel seh.

Drum laßt mein Recht mich finden,
Mich sterben wie ein Christ,
Denn alles muß verschwinden,
Weil er mir treulos ist.«

Drei Ritter ließ er holen:
»Bringt sie ins Kloster hin!
Geh Lore! Gott befohlen
Sei dein berückter Sinn.

Du sollst ein Nönnchen werden,
Ein Nönnchen schwarz und weiß.
Bereite dich auf Erden
Zum Tod mit Gottes Preis.«

Zum Kloster sie nun ritten,
Die Ritter alle drei,
Und traurig in der Mitten
Die schöne Lore Lay.

»O Ritter, laßt mich gehen
Auf diesen Felsen groß,
Ich will noch einmal sehen
Nach meines Buhlen Schloß.

Ich will noch einmal sehen
Wohl in den tiefen Rhein
Und dann ins Kloster gehen
Und Gottes Jungfrau sein.«

Der Felsen ist so jähe,
So steil ist seine Wand,
Sie klommen in die Höhe,
Da trat sie an den Rand.

Und sprach: »Willkomm, da wehet
Ein Segel auf dem Rhein,
Der in dem Schifflein stehet,
Der soll mein Liebster sein.

Mein Herz wird mir so munter,
Er muß der Liebste sein!«
Da lehnt sie sich hinunter
Und stürzet in den Rhein.

Es fuhr mit Kreuz und Fahne
Das Schifflein an das Land,
Der Bischof saß im Kahne,
Sie hat ihn wohl erkannt.

Daß er das Schwert gelassen,
Dem Zauber zu entgehn,
Daß er zum Kreuz tät fassen,
Das konnt' sie nicht verstehn.

Wer hat dies Lied gesungen?
Ein Priester auf dem Rhein,
Und immer hat's geklungen
Vom hohen Felsenstein:

Lore Lay
Lore Lay
Lore Lay.

Als wären es meiner drei.

ICH TRÄUMTE HINAB
IN DAS DUNKLE TAL

Ich träumte hinab in das dunkle Tal
Auf engen Felsenstufen
Und hab' mein Liebchen ohne Zahl
Bald hier, bald da gerufen.
Treulieb, Treulieb ist verloren!

Mein lieber Hirt, nun sage mir,
Hast du Treulieb gesehen,
Sie wollte zu den Lämmern hier
Und dann zum Brunnen gehen.
Treulieb, Treulieb ist verloren!

Treulieb in meinem Schoße saß
Dort oben an den Klippen,
Und weil die Wangen ihr so blaß,
So küßt' ich ihre Lippen.
Treulieb, Treulieb ist verloren!

Ich blies die Flöte, ich flocht den Kranz,
Ich ging ihr Blumen zu pflücken,
Ich wollte sie zum Abendtanz
Als meine Buhle schmücken.
Treulieb, Treulieb ist verloren!

Da hört' sie ein schallendes Jägerhorn,
Da tat sie die Öhrlein stellen
Und schwang sich hinüber durch Distel und Dorn
Und folgte dem Waldgesellen.
Treulieb, Treulieb ist verloren!

Ich träumte hinab in den dunklen Wald
Auf engen Felsenstufen
Und habe mein Liebchen, daß es schallt,
Bald hier, bald da gerufen.
Treulieb, Treulieb ist verloren!

Mein lieber Jäger, nun sage mir,
Hast du mein Lieb gesehen,
Sie wollte in das Waldrevier
Zu Hirsch und Rehen gehen.
Treulieb, Treulieb ist verloren!

Treulieb lag heut in meinem Arm
Im Schatten kühler Eichen,
Wir herzten uns, es ward ihr warm,
Sie ging ins Bad zu steigen.
Treulieb, Treulieb ist verloren!

Der Mühlbursch hell ein Liedlein pfiff,
Da tauchte Treulieb unter
Und tauchte auf, sprang in sein Schiff,

Ohn' Hemd, doch frisch und munter.
Treulieb, Treulieb ist verloren!

Ich träumte hin an Mühlbachs Rand
Auf engen Felsenstufen
Und habe in schallender Klippenwand
Mein Liebchen oft gerufen.
Treulieb, Treulieb ist verloren!

Nun, lieber Müller, nun sage mir,
Hast du mein Lieb gesehen?
Ich gab ihr Korn, sie wollte hier
Bei dir zur Mühle gehen.
Treulieb, Treulieb ist verloren!

Treulieb ist heut auf weichem Pfühl
In meinem Arm entschlafen,
Es klang die Schelle, es klappte die Mühl',
Das Auffüllen hab' ich verschlafen.
Treulieb, Treulieb ist verloren!

Und als mich morgens die Reuter geweckt,
Die hier vorbeigezogen,
Hat sie der Trompeter in Mantel gesteckt
Und mich um sie betrogen.
Treulieb, Treulieb ist verloren!

Ich träumte hin auf der Reuter Zug,
In Staub erkannt' ich die Hufen,
Und wo das Herz mir lauter schlug,
Hab' Treulieb ich gerufen.
Treulieb, Treulieb ist verloren!

Mein lieber Reuter, willst du mir,
Wo Liebchen ist, wohl sagen,
Ich weiß, sie hat geholfen dir,
Dein Zeltlein aufzuschlagen.
Treulieb, Treulieb ist verloren!

Treulieb bei mir im Zelte lag,
Das Pulver hat sie gerochen
Die ganze Nacht, doch früh am Tag,
Da ist sie aufgebrochen.
Treulieb, Treulieb ist verloren!

Es zog der Bettelstudent vorbei
Und spielte auf der Leier.
Sie guckt hinaus, was es wohl sei,
Und folgt dem neuen Freier.
Treulieb, Treulieb ist verloren!

Ich träumte, ich folg' der Leier Klang
Hinab viel Felsenstufen
Und habe auf dem bittren Gang
Mein Liebchen noch oft gerufen.
Treulieb, Treulieb ist verloren!

Mein lieber Schüler, sage mir,
Hast du Treulieb gesehen?
Sie wollt', ich weiß es wohl, bei dir
Zur Singeschule gehen.
Treulieb, Treulieb ist verloren!

Treulieb fraß mit mir auf einmal
Wohl Bettelbrot zwei Pfunde.

Den Wein, den sie dem Reuter stahl,
Trank ich aus ihrem Munde.
Treulieb, Treulieb ist verloren!

Doch als ich an der Schmiede stand,
Ums Abendbrot zu singen,
Viel größre Freude sie empfand
An kräft'gem Hammerschwingen.
Treulieb, Treulieb ist verloren!

Mein lieber Meister Wohlgestalt,
Sprach sie zum ruß'gen Mohren,
Beschlag mich lieber warm als kalt;
Viel Eisen hab' ich verloren.
Treulieb, Treulieb ist verloren!

Ich träumt zur Schmiede den schwarzen Gang
Hinab so viele Stufen,
Und lauter als der Hammer klang,
Hab ich Treulieb gerufen.
Treulieb, Treulieb ist verloren!

Der Meister sprach, sie hat der Knecht,
Der Knecht, sie hat der Bube.
Der Bube wies mich dann zu Recht –
Zu Totengräbers Stube.
Treulieb, Treulieb ist verloren!

Ich träumt' hinab ins Totental
Wohl tausend dunkle Stufen
Und hab' mein Lieb wohl tausendmal
Mit bittrer Angst gerufen.
Treulieb, Treulieb ist verloren!

Mein Totengräber, nun sage mir,
Hast du mein Lieb gesehen?
Auf ihrer Mutter Grab allhier
Wollt' sie die Blumen säen.
Treulieb, Treulieb ist verloren!

Treulieb lag bei mir manche Nacht
Und sang mir freche Lieder,
Und wenn ich ein Fräulein zu Grab gebracht,
Da stahl sie ihr den Mieder.
Treulieb, Treulieb ist verloren!

Sie stiehlt der Braut den Jungfernkranz.
Die schwarzen Totenschuhe,
Die zieht sie an und ging zum Tanz –
Und nimmt den Leichen die Ruhe.
Treulieb, Treulieb ist verloren!

Und als sie nach goldnen Ringen sucht'
Und in den Sarg tat langen,
Der tote Jude, der tief verflucht,
Hat zärtlich sie umfangen.
Treulieb, Treulieb ist verloren!

Und wo des toten Juden Grab,
Wo ruht der böse Bube?
Der Totengräber zur Antwort gab:
Geh nach der Schindergrube.
Treulieb, Treulieb ist verloren!

Ich träumte zum dunklen Galgen hin
Hinauf viel tausend Stufen

Und hab' mein Lieb mit wildem Sinn
Wie Raben und Geier gerufen.
Treulieb, Treulieb ist verloren!

Nun, toter Jude, sage mir,
Hast du Treulieb gesehen?
Sie wollte ganz allein zu dir,
Um dich zu taufen, gehen.
Treulieb, Treulieb ist verloren!

Sie lag bei mir zur zwölften Stund
Und hat mir's nicht gedanket.
Es heulte zum Mond des Schinders Hund,
Der Gehenkte im Galgen schwanket.
Treulieb, Treulieb ist verloren!

Da läßt sie die edle vertrauliche Gruft
Und stiehlt mir meine Geschmeider
Und steigt herauf zu dem luftigen Schuft,
Auf der dünnen Galgenleiter.
Treulieb, Treulieb ist verloren!

Ich träumte hinauf ins leere Schloß
Wohl auf der Leiter Stufen
Und habe auf jeder Galgenspross'
Nach meinem Lieb gerufen.
Treulieb, Treulieb ist verloren!

Nun sag mir, mein gehenkter Schuft,
Hast du Treulieb gesehen?
Sie schöpfte hier wohl frische Luft
Und wollte um sich sehen.
Treulieb, Treulieb ist verloren!

Sie hat mit mir im Mondenschein
Ein Stündchen sich geschaukelt,
Da hob sich Lärm und wildes Schrein,
Da kam es herangegaukelt.
Treulieb, Treulieb ist verloren!

Zuerst der Hexen Troß voran,
Auf Gabeln und auf Besen,
Und dann der Meister Urian,
Der hat sie sich erlesen.
Treulieb, Treulieb ist verloren!

Er faßt' die Jungfer sich aufs Korn
Mit angenehmen Sitten,
Sie faßt' den Teufel bei dem Horn,
Zum Blocksberg sie dann ritten.
Treulieb, Treulieb ist verloren!

Ich träumte hinauf in die steile Höh'
Auf engen Felsenstufen
Und hab' mit Ach und hab' mit Weh
Nach meinem Liebchen gerufen.
Treulieb, Treulieb ist verloren!

Nun, lieber Teufel, sage mir,
Hast du Treulieb gesehen?
Sie kam allein herauf zu dir,
Dich kämpfend zu bestehen.
Treulieb, Treulieb ist verloren!

Treulieb, sie küßte mich unterm Schwanz,
Ich war ihr wohlgewogen,

Doch hat sie mir beim wilden Tanz
Ein Ohr schier abgelogen.
Treulieb, Treulieb ist verloren!

Geh, nimm sie wieder. Da sitzet sie,
Auf einem Katzendrecke.
Bist du Treulieb? ich laut aufschrie,
Als ich das Luder entdecke.
Treulieb, Treulieb ist verloren!

Mein lieb Treulieb, nun sage mir,
Hast du Treulieb gesehen?
Sie soll nun mir in dir allhier
Wahrhaftiglich bestehen.
Treulieb, Treulieb ist verloren!

Treulieb, Treulieb, sie sitzt allhie
Auf mir dem falschen Schwure.
Treulieb ist Dichterphantasie,
Und ich bin deine Hure.
Treulieb, Treulieb ist verloren!

Friedrich Gottlob Wetzel

1780–1819

DER SPIELMANN

Es steht ein Spielmann vor der Tür:
    Ruft ihn herein zum Feste!
Er tritt wohl in den Saal herfür
    Und grüßt die muntren Gäste:
Kennt ihr das Lied vom Rotbart nicht?
Spricht er mit ernstem Angesicht,
    Das Lied will ich euch singen.

Der Kaiser kam an einen Fluß
    Im heil'gen Krieg gezogen,
Sein Heer wagt nicht hinein den Fuß,
    Er stürzt sich in die Wogen –
Da sank er in der Rüstung schwer.
Es führt ein Schiff den Leichnam her,
    Zum Land der Väter über.

Und wie der Sarg, darin er ruht,
    Berührt den teuren Boden,
Da regt sich drinnen neue Glut
    Und frischer Lebensodem;
Der Träger Schar erschrocken flieht,
Und als man nach dem Sarge sieht,
    Der Leichnam ist verschwunden.

Auf einem Berg, wie Sage geht,
    In Thürings güldner Auen,
Da ist des Kaisers Majestät
    In einer Kluft zu schauen.
Sein Bart durchwuchs den steinern Tisch,

Sein Angesicht ist rot und frisch,
    Das Aug' im Traum geschlossen.

Und nun vernehmt ein teures Wort,
    Bewahrt's in Herzens Grunde,
Ein grauer Spielmann hört' es dort
    Aus Kaisers eignem Munde:
Wenn siebenhundert Jahr' vorbei,
Dann lassen mich die Geister frei,
    Mein Volk aufs neu zu grüßen.

Als Spielmann zieh' ich dann umher,
    Mich soll kein Aug' entdecken,
Ich singe manche gute Mär,
    Den alten Geist zu wecken.
Durch Liedes Kraft und Gottes Hand
Erbau' ich neu das Vaterland,
    Eine Burg auf ew'ge Zeiten.

Und wenn das edle Werk vollbracht,
    Nimm dann den Lebensmüden,
O Erd', in deine kühle Nacht
    Und gib ihm endlich Frieden!
Doch meinem Volk, dem gib mein Schwert,
Im heil'gen Kriege wohlbewährt,
    Zu neuen heil'gen Kriegen.

Der Spielmann hebt den Römer auf
    Und reicht ihn allen Gästen:
Nehmt hin, das ist mein Geist! wohlauf,
    Und denket mein im Besten!
Und alle sehn, indem er spricht,
Verwandelt leuchten sein Gesicht –
    Und flugs war er von hinnen.

Achim von Arnim

1781–1831

DER KÖNIG OHNE VOLK

Ein König auf dem Throne
Mit seinem Szepter von Gold
Den Rat oft schlug zum Hohne,
War keinem Menschen hold.

Den Hunden an dem Tische
Der Rat die Teller hält,
Er füttert gut die Fische,
Sein Volk in Hunger fällt.

Sein Völkchen war beritten,
Er ärgert sie so baß,
Daß alle sind fortgeritten,
Da ward der König blaß.

Er konnte sie nicht halten,
Sein ganzes Volk ritt fort,
Er konnt' allein nun walten
An seinem Hundeort.

»Wenn mir die Hunde bleiben,
So bin ich dennoch reich,
Die Zeit mir zu vertreiben,
Das andre gilt mir gleich.«

Die Hunde, schlecht bedienet,
Die wurden falsch und wild,
Und als er sich erkühnet,
Zerrissen sie sein Schild;

Zerrissen seinen Mantel,
Da stand er nackt und bloß,
Da sah man bei dem Handel,
Er hätt' einen Buckel groß.

Du mußt die Lehre fassen,
Mein edler Fürstensohn,
Den schon die Besten verlassen,
Der sitzt nicht fest auf dem Thron.

Adelbert von Chamisso

1781–1838

DIE SONNE BRINGT ES AN DEN TAG

Gemächlich in der Werkstatt saß
Zum Frühtrunk Meister Nikolas,
Die junge Hausfrau schenkt' ihm ein,
Es war im heitern Sonnenschein. –
Die Sonne bringt es an den Tag.

Die Sonne blinkt von der Schale Rand,
Malt zitternde Kringel an die Wand,
Und wie den Schein er ins Auge faßt,
So spricht er für sich, indem er erblaßt:
»Du bringst es doch nicht an den Tag.«

»Wer nicht? was nicht?« die Frau fragt gleich,
»Was stierst du so an? was wirst du so bleich?«
Und er darauf: »Sei still, nur still!
Ich's doch nicht sagen kann noch will.
Die Sonne bringt's nicht an den Tag.«

Die Frau nur dringender forscht und fragt,
Mit Schmeicheln ihn und Hadern plagt,
Mit süßem und mit bitterm Wort;
Sie fragt und plagt ihn fort und fort:
»Was bringt die Sonne nicht an den Tag?«

»Nein, nimmermehr!« – »Du sagst es mir noch.« –
»Ich sag es nicht.« – »Du sagst es mir doch.« –
Da ward zuletzt er müd und schwach
Und gab der Ungestümen nach. –
Die Sonne bringt es an den Tag.

»Auf der Wanderschaft, 's sind zwanzig Jahr,
Da traf es mich einst gar sonderbar;
Ich hatt' nicht Geld, nicht Ranzen, noch Schuh,
War hungrig und durstig und zornig dazu. –
Die Sonne bringt's nicht an den Tag.

Da kam mir just ein Jud' in die Quer,
Ringsher war's still und menschenleer:
›Du hilfst mir, Hund, aus meiner Not!
Den Beutel her, sonst schlag ich dich tot!‹
Die Sonne bringt's nicht an den Tag.

Und er: ›Vergieße nicht mein Blut,
Acht Pfennige sind mein ganzes Gut!‹
Ich glaubt' ihm nicht und fiel ihn an;
Er war ein alter, schwacher Mann –
Die Sonne bringt's nicht an den Tag.

So rücklings lag er blutend da;
Sein brechendes Aug' in die Sonne sah;
Noch hob er zuckend die Hand empor,
Noch schrie er röchelnd mir ins Ohr:
›Die Sonne bringt es an den Tag!‹

Ich macht' ihn schnell noch vollends stumm
Und kehrt' ihm die Taschen um und um:
Acht Pfenn'ge, das war das ganze Geld.
Ich scharrt' ihn ein auf selbigem Feld –
Die Sonne bringt's nicht an den Tag.

Dann zog ich weit und weiter hinaus,
Kam hier ins Land, bin jetzt zu Haus. –
Du weißt nun meine Heimlichkeit,

So halte den Mund und sei gescheit!
Die Sonne bringt's nicht an den Tag.

Wann aber sie so flimmernd scheint,
Ich merk' es wohl, was sie da meint,
Wie sie sich müht und sich erbost.
Du, schau nicht hin und sei getrost:
Sie bringt es doch nicht an den Tag.«

So hatte die Sonn' eine Zunge nun,
Der Frauen Zungen ja nimmer ruhn.
»Gevatterin, um Jesus Christ!
Laßt Euch nicht merken, was Ihr nun wißt!« –
Nun bringt's die Sonne an den Tag.

Die Raben ziehen krächzend zumal
Nach dem Hochgericht, zu halten ihr Mahl.
Wen flechten sie aufs Rad zur Stund'?
Was hat er getan? Wie ward es kund?
Die Sonne bracht' es an den Tag.

DER BETTLER UND SEIN HUND

Drei Taler erlegen für meinen Hund!
So schlage das Wetter mich gleich in den Grund!
Was denken die Herrn von der Polizei?
Was soll nun wieder die Schinderei?

Ich bin ein alter, ein kranker Mann,
Der keinen Groschen verdienen kann;
Ich habe nicht Geld, ich habe nicht Brot,
Ich lebe ja nur von Hunger und Not.

Und wann ich erkrankt und wann ich verarmt,
Wer hat sich da noch meiner erbarmt?
Wer hat, wann ich auf Gottes Welt
Allein mich fand, zu mir sich gesellt?

Wer hat mich geliebt, wann ich mich gehärmt?
Wer, wann ich fror, hat mich gewärmt?
Wer hat mit mir, wann ich hungrig gemurrt,
Getrost gehungert und nicht geknurrt?

Es geht zur Neige mit uns zwein,
Es muß, mein Tier, geschieden sein;
Du bist, wie ich, nun alt und krank;
Ich soll dich ersäufen, das ist der Dank.

Das ist der Dank, das ist der Lohn!
Dir geht's wie manchem Erdensohn.
Zum Teufel! ich war bei mancher Schlacht;
Den Henker hab ich noch nicht gemacht.

Das ist der Strick, das ist der Stein,
Das ist das Wasser – es muß ja sein.
Komm her, du Köter, und sieh mich nicht an,
Noch nur ein Fußstoß, so ist es getan!

Wie er in die Schlinge den Hals ihm gesteckt,
Hat wedelnd der Hund die Hand ihm geleckt;
Da zog er die Schlinge sogleich zurück
Und warf sie schnell um sein eigen Genick.

Und tat einen Fluch, gar schauderhaft,
Und raffte zusammen die letzte Kraft
Und stürzt' in die Flut sich, die tönend stieg,
Im Kreise sich zog und über ihm schwieg.

Wohl sprang der Hund zur Rettung hinzu,
Wohl heult' er die Schiffer aus ihrer Ruh',
Wohl zog er sie winselnd und zerrend her,
Wie sie ihn fanden, da war er nicht mehr.

Er ward verscharret in stiller Stund',
Es folgt' ihm winselnd nur der Hund;
Der hat, wo den Leib die Erde deckt,
Sich hingestreckt und ist verreckt.

EIN LIED VON DER WEIBERTREUE

> S'il est un conte usé, commun et rebattu,
> C'est celui qu'en ces vers j'accomode à ma guise.
> *Lafontaine*

Sie haben zwei Tote zur Ruhe gebracht;
Der Hauptmann fiel in rühmlicher Schlacht,
Mit Ehren ward er beigesetzt;
Und der, den jüngst er wacker gehetzt,
Der Räuber hängt am Galgen.

Da hält die Wacht als Schildergast
Ein junger Landsknecht, verdrießlich fast;
Die Nacht ist kalt, er flucht und friert,
Und wird ihm geraubt, der den Galgen ziert,
So muß er für ihn hangen.

Im Grabgewölb bei des Hauptmanns Leib
Verweilt verzweiflungsvoll sein Weib;
Sie hat geschworen in bittrer Not,

Für ihn zu sterben den Hungertod,
Die Amme zur Gesellschaft.

Die Amme spricht: »Gebieterin!
Ich habe geschworen nach Eurem Sinn;
Beklagt und lobt den sel'gen Herrn!
Da stimm ich mit ein von Herzen gern;
Doch plagt mich sehr der Hunger.

Er war, so alt er war, gar gut,
Nicht eifersüchtig, von sanftem Mut;
Ach, edle Frau, Ihr findet zwar
Den zweiten nicht, wie der erste war;
Doch plagt mich sehr der Hunger.

Euch war's, es ist mir wohlbewußt,
Ein harter Schlag, ein großer Verlust;
Doch seid Ihr noch schön, doch seid Ihr noch jung
Und könntet noch haben der Freude genung;
Es plagt mich sehr der Hunger.«

Die Amme so; und stumm beharrt
Die edle Frau, im Schmerz erstarrt;
Erloschen scheint der Augen Licht;
Sie klaget nicht, sie weinet nicht;
Es plagt sie sehr der Hunger.

Und draußen bläst der Wind gar scharf;
Der Landsknecht läuft, so weit er darf,
Indem er sich zu erwärmen sucht;
Und wie er läuft und wie er flucht,
So sieht ein Licht er schimmern.

Von wannen mag der Schimmer sein?
Er schleicht hinzu, er tritt hinein:

»Gegrüßet mir, ihr edle Fraun;
Wie muß ich hier im Grabe schaun
So hoher Schönheit Schimmer!«

So staunend er; und stumm beharrt
Die edle Frau, im Schmerz erstarrt;
Erloschen scheint der Augen Licht,
Sie klaget nicht, sie weinet nicht;
Es plagt sie sehr der Hunger.

Die Amme drauf: »Das seht Ihr ja,
Wir trauern um den Toten da;
Wir haben geschworen in bittrer Not,
Für ihn zu sterben den Hungertod;
Es plagt mich sehr der Hunger.«

Drauf er: »Das ist nicht wohlgetan
Und hilft zu nichts dem toten Mann.
So schön! so jung! Ihr seid nicht klug,
Es hat die Welt der Freude genug!
Entsetzlich nagt der Hunger!

Ich sage nur, ihr Frauen sollt
Mich essen sehn, dann tun, was ihr wollt.
Hier hab ich Brot, hier hab ich Wurst,
Hier eine Flasche für den Durst;
Es plagt auch mich der Hunger.«

Und wie er tut, was er gesagt,
Und ihm so wohl das Essen behagt,
Da sinkt der Alten ganz der Mut:
»Ach! edle Frau, das schmeckt so gut!
Und ach, mich plagt der Hunger!«

Drauf er: »So eßt, ich habe für zwei
Genug und habe genug für drei;
Ich esse sonst allein für vier;
So eßt und trinkt getrost mit mir!
Das hilft schon für den Hunger.«

Die Amme versucht auf gutes Glück
Ein Stückchen erst und dann ein Stück;
Sie sieht der Herrin ins Angesicht:
Sie klaget nicht, sie weinet nicht;
Es plagt sie sehr der Hunger.

»Ach, edle Frau, das schmeckt so gut!
Ihr wißt schon, wie der Hunger tut;
Was hat davon Euer Herr Gemahl?
Es sei genug für dieses Mal!
Entsetzlich nagt der Hunger.«

Er tritt zu ihr: »Versucht es nur!«
Sie aber spricht: »Mein Schwur! mein Schwur!«
Und stößt ihn dennoch nicht zurück;
Sie nimmt ein Stückchen und dann ein Stück;
Das hilft denn für den Hunger.

Er fällt vor ihr auf seine Knie:
»Ich sah ein schöneres Weib noch nie!
Nur sollt Ihr hinfort mir klüger sein.
Nun muß ich gehen. Gedenket mein!
Ich komme morgen wieder;

Nichts da von Lebensüberdruß!«
Er spricht's und raubt ihr einen Kuß
Und stürzt hinaus, er ist schon fort;
Die Alte ruft: »So halt auch Wort,
Du lieber, lieber Landsknecht!«

Und ferner spricht sie zu der Frau:
»Bedenk ich, Herrin, die Sache genau,
Er hat es gar nicht schlecht gemacht
Und uns auf guten Weg gebracht,
Der liebe, liebe Landsknecht!«

Sie sagt nicht nein, sie sagt nicht ja;
Sie steht betroffen, errötend da,
Gibt ihren Tränen freien Lauf
Und seufzet leis eratmend auf:
»Du lieber, lieber Landsknecht!«

Der Landsknecht aber verwundert sich sehr;
Er steht vor dem Galgen, und der steht leer.
»Blitz Hagel! Das war mein Henkersschmaus!
Den Platz da füll ich morgen noch aus,
Ich armer, armer Landsknecht!«

Er läuft zurück: »Nun schafft auch Rat!
Sonst muß ich hangen, ich kam zu spat.«
Sie fragen ihn aus; wie er alles gesagt,
Da weint die edle Frau und klagt:
»Du armer, lieber Landsknecht!«

Die Alte spricht: »Geduld! Geduld!
Ich wasch ihn rein von aller Schuld;
Er hat uns errettet, das wißt Ihr doch?
Versteh mich, Frau! Was zaudern wir noch?
Du lieber, lieber Landsknecht!

Man hat ihm seinen Toten geraubt:
Wir haben auch einen; wenn Ihr es erlaubt,
Gebt ihm den unsern, gebt Euren Schatz,

Der füllt wie einer seinen Platz.
Du lieber, lieber Landsknecht!

Und wer betrachtet's scharf genug,
Daß er entdeckte den Betrug?
Frisch angefaßt und schnell ans Werk!
Daß keiner dort den Mangel merk!
Du lieber, lieber Landsknecht!«

Wie er die Hand an den Toten legt,
Da ruft der Landsknecht tief bewegt:
»Mein Hauptmann! Was? du bist es fürwahr!
Nun bring ich dich an den Galgen gar!
Du lieber, guter Hauptmann!«

Die Frau versetzt: »Was zauderst du?
Geschwind! sonst kommen noch Leute dazu;
Geschwind! ich helfe, was ich kann;
Geschwind! geschwind, du lieber Mann!
Du lieber, lieber Landsknecht!«

Und er darauf: »Es geht nicht an;
Dem Räuber fehlt ein Vorderzahn.«
Da nimmt sie selber einen Stein
Und schlägt den Zahn dem Toten ein:
Du lieber, lieber Landsknecht!

So schleifen hinaus ihn alle drei
Und hängen ihn an den Galgen frei;
Und streift nun der Wind die Heide entlang,
So geben die Knochen gar guten Klang
Zum Lied von der Weibertreue.

DER RECHTE BARBIER

»Und soll ich nach Philisterart
Mir Kinn und Wange putzen,
So will ich meinen langen Bart
Den letzten Tag noch nutzen.
Ja, ärgerlich, wie ich nun bin,
Vor meinem Groll, vor meinem Kinn
Soll mancher noch erzittern!

Holla! Herr Wirt, mein Pferd! macht fort!
Ihm wird der Hafer frommen.
Habt Ihr Barbierer hier im Ort?
Laßt gleich den rechten kommen.
Waldaus, waldein, verfluchtes Land!
Ich ritt die Kreuz und Quer und fand
Doch nirgends noch den rechten.

Tritt her, Bartputzer, aufgeschaut!
Du sollst den Bart mir kratzen;
Doch kitzlig sehr ist meine Haut,
Ich biete hundert Batzen;
Nur, machst du nicht die Sache gut
Und fließt ein einz'ges Tröpflein Blut,
Fährt dir mein Dolch ins Herze.«

Das spitze, kalte Eisen sah
Man auf dem Tische blitzen
Und dem verwünschten Ding gar nah
Auf seinem Schemel sitzen
Den grimm'gen, schwarzbehaarten Mann
Im schwarzen kurzen Wams, woran
Noch schwärzre Troddeln hingen.

Dem Meister wird's zu grausig fast:
Er will die Messer wetzen,
Er sieht den Dolch, er sieht den Gast,
Es packt ihn das Entsetzen;
Er zittert wie das Espenlaub,
Er macht sich plötzlich aus dem Staub
Und sendet den Gesellen.

»Einhundert Batzen mein Gebot,
Falls du die Kunst besitzest;
Doch, merk es dir, dich stech ich tot,
So du die Haut mir ritzest.«
Und der Gesell: »Den Teufel auch!
Das ist des Landes nicht der Brauch.«
Er läuft und schickt den Jungen.

»Bist du der Rechte, kleiner Molch?
Frisch auf! fang an zu schaben;
Hier ist das Geld, hier ist der Dolch,
Das beides ist zu haben!
Und schneidest, ritzest du mich bloß,
So geb ich dir den Gnadenstoß;
Du wärest nicht der erste.«

Der Junge denkt der Batzen, druckst
Nicht lang und ruft verwegen:
»Nur still gesessen! nicht gemuckst!
Gott geb Euch seinen Segen!«
Er seift ihn ein ganz unverdutzt,
Er wetzt, er stutzt, er kratzt, er putzt:
»Gottlob! nun seid Ihr fertig.«

»Nimm, kleiner Knirps, dein Geld nur hin;
Du bist ein wahrer Teufel!

Kein andrer mochte den Gewinn,
Du hegtest keinen Zweifel;
Es kam das Zittern dich nicht an,
Und wenn ein Tröpflein Blutes rann,
So stach ich dich doch nieder.«

»Ei! guter Herr, so stand es nicht,
Ich hielt Euch an der Kehle;
Verzucktet Ihr nur das Gesicht
Und ging der Schnitt mir fehle,
So ließ ich Euch dazu nicht Zeit;
Entschlossen war ich und bereit,
Die Kehl' Euch abzuschneiden.«

»So, so! ein ganz verwünschter Spaß!«
Dem Herrn ward's unbehäglich;
Er wurd' auf einmal leichenblaß
Und zitterte nachträglich:
»So, so! das hatt' ich nicht bedacht,
Doch hat es Gott noch gut gemacht;
Ich will's mir aber merken.«

Justinus Kerner

1786–1862

DIE TRAURIGE HOCHZEIT

Zu Augsburg in dem hohen Saal
Herr Fugger hielt sein Hochzeitsmahl.

Kunigunde hieß die junge Braut,
Saß krank und bleich, gab keinen Laut.

Zwölf goldne Becher gingen herum,
Nichts trank Herr Fugger, so bleich und stumm.

Zwölf Blumenkörbe bot man umher,
Die Braut verlangte kein Blümlein mehr.

Zwölf Harfner lockten zum Fackeltanz,
Die Fackeln gaben so matten Glanz.

Die Gäste tanzten in langen Reih'n,
Zwo weiße Gestalten hinterdrein.

Die Gäste tanzten zum Saal hinaus,
Sie tanzten und tanzten wohl aus dem Haus.

Die Saiten der Harfen sprangen zumal,
Stumm schlichen die Harfner sich aus dem Saal.

Im Saale vernahm man keinen Laut,
Tot saßen im Dunkel Bräut'gam und Braut.

DIE MÜHLE STEHT STILLE

Herr Irrwing reitet nachts durchs Tal der Mühle,
Ein Lichtstrahl folgt ihm und ein Windhauch kühle.
Herr Irrwing denkt: das ist des Mondes Licht;
Da haucht es hohl: »Der Mondstrahl redet nicht!«
Die Mühle steht stille.

Herr Irrwing denkt: das ist des Baches Tönen!
Da haucht es hohl: »Vom Bach aus Blut und Tränen!«
Herr Irrwing spornt sein Roß zu schnellem Lauf,
Doch plötzlich geht ihm innres Schauern auf.
Die Mühle steht stille.

»Das ist nicht Mondenstrahl, nicht Baches Wogen,
Gespenstig kömmt ein Weib mir nachgeflogen,
Vom Leichentuch getragen, bleich und wund,
Ein kalter Hauch entströmet ihrem Mund.«
Die Mühle steht stille.

Herr Irrwing läßt dem scheuen Roß die Zügel,
Der Geist doch auf des Leichentuches Flügel
Ereilt ihn bald und hauchet in die Luft:
»Schnell wie kein Vogel fliegt ein Geist der Gruft.«
Die Mühle steht stille.

Und wie Herr Irrwing schaut, sieht er gespalten
Des Geistes Haupt, er siehet in den kalten,
Gespenst'gen Schädel, tief bis auf den Grund,
Da haucht also des Geistes kalter Mund:
Die Mühle steht stille.

»Schau, diese Spalte, draus entfloh mein Leben,
Sie hat mein Mann, John Mulling, mir gegeben,

Der Müller dort, den Sarg schlug selbst er zu
Und sprach: ›Ein Schlag gab ihr die ew'ge Ruh!‹«
Die Mühle steht stille.

»Nun irr' ich ungerochnes Weib als Schatte,
Johannens jüngern Leib umfängt mein Gatte,
Die trägt den Goldkranz mein im Haare dicht,
Der trinkt er zu mein röm'sches Glas so licht.«
Die Mühle steht stille.

»Die schläft im Bette mein, hat all mein Habe,
Hungrig mein Knäblein weint auf meinem Grabe.
Herr Irrwing! daß Ihr meinen Worten glaubt,
Werft Euren Goldring mir ins offne Haupt!«
Die Mühle steht stille.

Herr Irrwing spricht: »In Jesu Christi Namen
Werf' ich den Goldring mein ins Haupt dir, Amen!«
Er wirft den Goldring in der Spalte Blut,
Zu klappt der Schädel laut, der Wurf war gut.
Die Mühle steht stille.

Der Geist verschwindet, aus löscht alle Helle,
Ein kalter Graus Herrn Irrwing packt zur Stelle,
Er braucht zu spornen nicht sein weißes Roß,
Von selber rennt es vor des Richters Schloß.
Die Mühle steht stille.

»Herr Richter«, spricht er, »eine Bitt' ich habe,
Kommt auf den Kirchhof mit zu Elsbeths Grabe!«
Sie graben lange da, sie graben tief,
Bis zu dem Sarge, drin Frau Elsbeth schlief.
Die Mühle steht stille.

Sie brechen auf den Deckel, daß es schallte,
Da liegt die Leiche mit des Schädels Spalte.
Herr Irrwing spricht: »So war's!« Und plötzlich rollt
Hell aus der Spalte Irrwings Ring von Gold.
Die Mühle steht stille.

Was sammeln sich die Raben dort in Banden?
John Mulling hat die blut'ge Tat gestanden:
Hoch auf dem Berge bleichet sein Gebein,
Frau Elsbeth ging in Gottes Himmel ein.
Die Mühle steht stille.

Ludwig Uhland

1787–1862

VOM TREUEN WALTHER

Der treue Walther ritt vorbei
An Unsrer Frau Kapelle;
Da kniete gar in tiefer Reu'
Ein Mägdlein an der Schwelle:
»Halt an, halt an, mein Walther traut!
Kennst du nicht mehr der Stimme Laut,
Die du so gerne hörtest?« –

»Wen seh' ich hier? Die falsche Maid,
Ach, weiland, ach, die Meine.
Wo ließest du dein seiden Kleid,
Wo Gold und Edelsteine?« –
»O daß ich von der Treue ließ!
Verloren ist mein Paradies,
Bei dir nur find' ich's wieder.«

Er hub zu Roß das schöne Weib,
Er trug ein sanft Erbarmen;
Sie schlang sich fest um seinen Leib
Mit weißen, weichen Armen:
»Ach, Walther traut, mein liebend Herz,
Es schlägt an kaltes, starres Erz,
Es klopft nicht an dem deinen.«

Sie ritten ein in Walthers Schloß,
Das Schloß war öd' und stille.
Sie band den Helm dem Ritter los;
Hin war der Schönheit Fülle:

161

»Die Wangen bleich, die Augen trüb,
Sie sind dein Schmuck, du treues Lieb!
Du warst mir nie so lieblich.«

Die Rüstung löst die fromme Maid
Dem Herrn, den sie betrübet:
»Was seh' ich? Ach, ein schwarzes Kleid!
Wer starb, den du geliebet?« –
»Die Liebste mein betraur' ich sehr,
Die ich auf Erden nimmermehr
Noch überm Grabe finde.«

Sie sinkt zu seinen Füßen hin
Mit ausgestreckten Armen:
»Da lieg' ich arme Büßerin,
Dich fleh' ich um Erbarmen.
Erhebe mich zu neuer Lust!
Laß mich an deiner treuen Brust
Von allem Leid genesen!«

»Steh auf, steh auf, du armes Kind!
Ich kann dich nicht erheben;
Die Arme mir verschlossen sind,
Die Brust ist ohne Leben.
Sei traurig stets, wie ich es bin!
Die Lieb' ist hin, die Lieb' ist hin
Und kehret niemals wieder.«

DER WIRTIN TÖCHTERLEIN

Es zogen drei Bursche wohl über den Rhein,
Bei einer Frau Wirtin, da kehrten sie ein:

»Frau Wirtin, hat Sie gut Bier und Wein?
Wo hat Sie ihr schönes Töchterlein?«

»Mein Bier und Wein ist frisch und klar,
Mein Töchterlein liegt auf der Totenbahr'.«

Und als sie traten zur Kammer hinein,
Da lag sie in einem schwarzen Schrein.

Der erste, der schlug den Schleier zurück
Und schaute sie an mit traurigem Blick:

»Ach, lebtest du noch, du schöne Maid!
Ich würde dich lieben von dieser Zeit.«

Der zweite deckte den Schleier zu
Und kehrte sich ab und weinte dazu:

»Ach, daß du liegst auf der Totenbahr'!
Ich hab' dich geliebet so manches Jahr.«

Der dritte hub ihn wieder sogleich
Und küßte sie an den Mund so bleich:

»Dich liebt' ich immer, dich lieb' ich noch heut'
Und werde dich lieben in Ewigkeit.«

SIEGFRIEDS SCHWERT

Jung Siegfried war ein stolzer Knab,
Ging von des Vaters Burg herab.

Wollt' rasten nicht in Vaters Haus,
Wollt' wandern in alle Welt hinaus.

Begegnet' ihm manch Ritter wert
Mit festem Schild und breitem Schwert.

Siegfried nur einen Stecken trug;
Das war ihm bitter und leid genug.

Und als er ging im finstern Wald,
Kam er zu einer Schmiede bald.

Da sah er Eisen und Stahl genug;
Ein lustig Feuer Flammen schlug.

»O Meister, liebster Meister mein,
Laß du mich deinen Gesellen sein!

Und lehr du mich mit Fleiß und Acht,
Wie man die guten Schwerter macht!«

Siegfried den Hammer wohl schwingen kunnt',
Er schlug den Amboß in den Grund;

Er schlug, daß weit der Wald erklang
Und alles Eisen in Stücke sprang.

Und von der letzten Eisenstang'
Macht' er ein Schwert so breit und lang:

»Nun hab' ich geschmiedet ein gutes Schwert,
Nun bin ich wie andre Ritter wert;

Nun schlag' ich wie ein andrer Held
Die Riesen und Drachen in Wald und Feld.«

GRAF EBERSTEIN

Zu Speyer im Saale, da hebt sich ein Klingen,
Mit Fackeln und Kerzen ein Tanzen und Springen.
    Graf Eberstein
    Führet den Reih'n
Mit des Kaisers holdseligem Töchterlein.

Und als er sie schwingt nun im luftigen Reigen,
Da flüstert sie leise (sie kann's nicht verschweigen):
    »Graf Eberstein,
    Hüte dich fein!
Heut nacht wird dein Schlößlein gefährdet sein.«

»Ei!« denket der Graf, »Euer kaiserlich Gnaden,
So habt Ihr mich darum zum Tanze geladen?«
    Er sucht sein Roß,
    Läßt seinen Troß
Und jagt nach seinem gefährdeten Schloß.

Um Ebersteins Feste, da wimmelt's von Streitern,
Sie schleichen im Nebel mit Haken und Leitern.
    Graf Eberstein
    Grüßet sie fein,
Er wirft sie vom Wall in die Gräben hinein.

Als nun der Herr Kaiser am Morgen gekommen,
Da meint er, es seie die Burg schon genommen.
    Doch auf dem Wall
    Tanzen mit Schall
Der Graf und seine Gewappneten all:

»Herr Kaiser, beschleicht Ihr ein andermal Schlösser,
Tut's not, Ihr versteht aufs Tanzen Euch besser.
    Euer Töchterlein
    Tanzet so fein,
Dem soll meine Feste geöffnet sein.«

Im Schlosse des Grafen, da hebt sich ein Klingen,
Mit Fackeln und Kerzen ein Tanzen und Springen:
    Graf Eberstein
    Führet den Reih'n
Mit des Kaisers holdseligem Töchterlein.

Und als er sie schwingt nun im bräutlichen Reigen,
Da flüstert er leise (nicht kann er's verschweigen):
    »Schön Jungfräulein,
    Hüte dich fein!
Heut' nacht wird ein Schlößlein gefährdet sein.«

DES SÄNGERS FLUCH

Es stand in alten Zeiten ein Schloß so hoch und hehr,
Weit glänzt' es über die Lande bis an das blaue Meer,
Und rings von duft'gen Gärten ein blütenreicher Kranz,
Drin sprangen frische Brunnen in Regenbogenglanz.

Dort saß ein stolzer König, an Land und Siegen reich,
Er saß auf seinem Throne so finster und so bleich;
Denn was er sinnt, ist Schrecken, und was er blickt, ist Wut,
Und was er spricht, ist Geißel, und was er schreibt, ist Blut.

Einst zog nach diesem Schlosse ein edles Sängerpaar,
Der ein' in goldnen Locken, der andre grau von Haar;
Der Alte mit der Harfe, der saß auf schmuckem Roß,
Es schritt ihm frisch zur Seite der blühende Genoß.

Der Alte sprach zum Jungen: »Nun sei bereit, mein Sohn!
Denk unsrer tiefsten Lieder, stimm an den vollsten Ton!
Nimm alle Kraft zusammen, die Lust und auch den Schmerz!
Es gilt uns heut' zu rühren des Königs steinern Herz.«

Schon stehn die beiden Sänger im hohen Säulensaal,
Und auf dem Throne sitzen der König und sein Gemahl;
Der König furchtbar prächtig wie blut'ger Nordlichtschein,
Die Königin süß und milde, als blickte Vollmond drein.

Da schlug der Greis die Saiten, er schlug sie wundervoll,
Daß reicher, immer reicher der Klang zum Ohre schwoll,
Dann strömte himmlisch helle des Jünglings Stimme vor,
Des Alten Sang dazwischen wie dumpfer Geisterchor.

Sie singen von Lenz und Liebe, von sel'ger, goldner Zeit,
Von Freiheit, Männerwürde, von Treu und Heiligkeit;
Sie singen von allem Süßen, was Menschenbrust durchbebt,
Sie singen von allem Hohen, was Menschenherz erhebt.

Die Höflingsschar im Kreise verlernet jeden Spott,
Des Königs trotz'ge Krieger, sie beugen sich vor Gott;
Die Königin, zerflossen in Wehmut und in Lust,
Sie wirft den Sängern nieder die Rose von ihrer Brust.

»Ihr habt mein Volk verführet, verlockt ihr nun mein Weib?«
Der König schreit es wütend, er bebt am ganzen Leib.
Er wirft sein Schwert, das blitzend des Jünglings Brust
                                    durchdringt,
Draus statt der goldnen Lieder ein Blutstrahl hoch aufspringt.

Und wie vom Sturm zerstoben ist all der Hörer Schwarm,
Der Jüngling hat verröchelt in seines Meisters Arm.
Der schlägt um ihn den Mantel und setzt ihn auf das Roß,
Er bind't ihn aufrecht feste, verläßt mit ihm das Schloß.

Doch vor dem hohen Tore, da hält der Sängergreis,
Da faßt er seine Harfe, sie, aller Harfen Preis;
An einer Marmorsäule, da hat er sie zerschellt,
Dann ruft er, daß es schaurig durch Schloß und Gärten gellt:

»Weh euch, ihr stolzen Hallen! Nie töne süßer Klang
Durch eure Räume wieder, nie Saite noch Gesang,
Nein! Seufzer nur und Stöhnen und scheuer Sklavenschritt,
Bis euch zu Schutt und Moder der Rachegeist zertritt!

Weh euch, ihr duft'gen Gärten im holden Maienlicht!
Euch zeig' ich dieses Toten entstelltes Angesicht,
Daß ihr darob verdorret, daß jeder Quell versiegt,
Daß ihr in künft'gen Tagen versteint, verödet liegt.

Weh dir, verruchter Mörder, du Fluch des Sängertums!
Umsonst sei all dein Ringen nach Kränzen blut'gen Ruhms,
Dein Name sei vergessen, in ew'ge Nacht getaucht,
Sei, wie ein letztes Röcheln, in leere Luft verhaucht!«

Der Alte hat's gerufen, der Himmel hat's gehört,
Die Mauern liegen nieder, die Hallen sind zerstört,
Noch eine hohe Säule zeugt von verschwundner Pracht:
Auch diese, schon geborsten, kann stürzen über Nacht.

Und rings statt duft'ger Gärten ein ödes Heideland,
Kein Baum verstreuet Schatten, kein Quell durchdringt
den Sand,
Des Königs Namen meldet kein Lied, kein Heldenbuch;
Versunken und vergessen! Das ist des Sängers Fluch.

SCHWÄBISCHE KUNDE

Als Kaiser Rotbart lobesam
Zum heil'gen Land gezogen kam,
Da mußt' er mit dem frommen Heer
Durch ein Gebirge wüst und leer.
Daselbst erhub sich große Not,
Viel Steine gab's und wenig Brot,
Und mancher deutsche Reitersmann
Hat dort den Trunk sich abgetan.
Den Pferden war's so schwach im Magen,
Fast mußt' der Reiter die Mähre tragen.
Nun war ein Herr aus Schwabenland,
Von hohem Wuchs und starker Hand,
Des Rößlein war so krank und schwach,
Er zog es nur am Zaume nach,
Er hätt' es nimmer aufgegeben,
Und kostet's ihn das eigne Leben.
So blieb er bald ein gutes Stück
Hinter dem Heereszug zurück;
Da sprengten plötzlich in die Quer
Fünfzig türkische Reiter daher;
Die huben an, auf ihn zu schießen,
Nach ihm zu werfen mit den Spießen.
Der wack're Schwabe forcht' sich nit,

Ging seines Weges Schritt vor Schritt,
Ließ sich den Schild mit Keilen spicken
Und tat nur spöttisch um sich blicken,
Bis einer, dem die Zeit zu lang,
Auf ihn den krummen Säbel schwang.
Da wallt dem Deutschen auch sein Blut,
Er trifft des Türken Pferd so gut,
Er haut ihm ab mit einem Streich
Die beiden Vorderfüß' zugleich.
Als er das Tier zu Fall gebracht,
Da faßt er erst sein Schwert mit Macht;
Er schwingt es auf des Reiters Kopf,
Haut durch bis auf den Sattelknopf,
Haut auch den Sattel noch zu Stücken
Und tief noch in des Pferdes Rücken;
Zur Rechten sieht man wie zur Linken
Einen halben Türken heruntersinken.
Da packt die andern kalter Graus:
Sie fliehen in alle Welt hinaus,
Und jedem ist's, als würd' ihm mitten
Durch Kopf und Leib hindurchgeschnitten.
Drauf kam des Wegs 'ne Christenschar,
Die auch zurückgeblieben war;
Die sahen nun mit gutem Bedacht,
Was Arbeit unser Held gemacht.
Von denen hat's der Kaiser vernommen.
Der ließ den Schwaben vor sich kommen,
Er sprach: »Sag an, mein Ritter wert!
Wer hat dich solche Streich' gelehrt?«
Der Held bedacht' sich nicht zu lang:
»Die Streiche sind bei uns im Schwang;
Sie sind bekannt im ganzen Reiche,
Man nennt sie halt nur Schwabenstreiche.«

DAS GLÜCK VON EDENHALL

Von Edenhall der junge Lord
Läßt schmettern Festdrommetenschall;
Er hebt sich an des Tisches Bord
Und ruft in trunkner Gäste Schwall:
»Nun her mit dem Glücke von Edenhall!«

Der Schenk vernimmt ungern den Spruch,
Des Hauses ältester Vasall,
Nimmt zögernd aus dem seidnen Tuch
Das hohe Trinkglas von Kristall;
Sie nennen's das Glück von Edenhall.

Darauf der Lord: »Dem Glas zum Preis
Schenk Roten ein aus Portugal!«
Mit Händezittern gießt der Greis,
Und purpurn Licht wird überall;
Es strahlt aus dem Glücke von Edenhall.

Da spricht der Lord und schwingt's dabei:
»Dies Glas von leuchtendem Kristall
Gab meinem Ahn am Quell die Fei;
Drein schrieb sie: ›Kommt dies Glas zu Fall,
Fahr wohl dann, o Glück von Edenhall!‹

Ein Kelchglas ward zum Los mit Fug
Dem freud'gen Stamm von Edenhall;
Wir schlürfen gern in vollem Zug,
Wir läuten gern mit lautem Schall;
Stoßt an mit dem Glücke von Edenhall!«

Erst klingt es milde, tief und voll,
Gleich dem Gesang der Nachtigall,

Dann wie des Waldstroms laut Geroll;
Zuletzt erdröhnt wie Donnerhall
Das herrliche Glück von Edenhall.

»Zum Horte nimmt ein kühn Geschlecht
Sich den zerbrechlichen Kristall;
Er dauert länger schon als recht.
Stoßt an! mit diesem kräft'gen Prall
Versuch' ich das Glück von Edenhall.«

Und als das Trinkglas gellend springt,
Springt das Gewölb mit jähem Knall,
Und aus dem Riß die Flamme dringt;
Die Gäste sind zerstoben all
Mit dem brechenden Glücke von Edenhall.

Einstürmt der Feind mit Brand und Mord,
Der in der Nacht erstieg den Wall;
Vom Schwerte fällt der junge Lord,
Hält in der Hand noch den Kristall,
Das zersprungene Glück von Edenhall.

Am Morgen irrt der Schenk allein,
Der Greis, in der zerstörten Hall';
Er sucht des Herrn verbrannt Gebein,
Er sucht im grausen Trümmerfall
Die Scherben des Glücks von Edenhall.

»Die Steinwand«, spricht er, »springt zu Stück,
Die hohe Säule muß zu Fall,
Glas ist der Erde Stolz und Glück,
In Splitter fällt der Erdenball
Einst gleich dem Glück von Edenhall.«

Joseph von Eichendorff
1788–1857

DAS ZERBROCHENE RINGLEIN

In einem kühlen Grunde,
Da geht ein Mühlenrad,
Mein Liebste ist verschwunden,
Die dort gewohnet hat.

Sie hat mir Treu versprochen,
Gab mir ein'n Ring dabei,
Sie hat die Treu gebrochen,
Mein Ringlein sprang entzwei.

Ich möcht als Spielmann reisen
Weit in die Welt hinaus
Und singen meine Weisen
Und gehn von Haus zu Haus.

Ich möcht als Reiter fliegen
Wohl in die blut'ge Schlacht,
Um stille Feuer liegen
Im Feld bei dunkler Nacht.

Hör ich das Mühlrad gehen:
Ich weiß nicht, was ich will –
Ich möcht am liebsten sterben;
Da wär's auf einmal still!

DIE HOCHZEITSNACHT

Nachts durch die stille Runde
Rauschte des Rheines Lauf,
Ein Schifflein zog im Grunde,
Ein Ritter stand darauf.

Die Blicke irre schweifen
Von seines Schiffes Rand,
Ein blutigroter Streifen
Sich um das Haupt ihm wand.

Der sprach: »Da oben stehet
Ein Schlößlein überm Rhein,
Die an dem Fenster stehet,
Das ist die Liebste mein.

Sie hat mir Treu versprochen,
Bis ich gekommen sei,
Sie hat die Treu gebrochen,
Und alles ist vorbei.«

Viel Hochzeitleute drehen
Sich oben laut und bunt,
Sie bleibet einsam stehen
Und lauschet in den Grund.

Und wie sie tanzen munter
Und Schiff und Schiffer schwand,
Stieg sie vom Schloß herunter,
Bis sie im Garten stand.

Die Spielleut musizierten,
Sie sann gar mancherlei,

Die Töne sie so rührten,
Als müßt das Herz entzwei.

Da trat ihr Bräut'gam süße
Zu ihr aus stiller Nacht,
So freundlich er sie grüßte,
Daß ihr das Herze lacht.

Er sprach: »Was willst du weinen,
Weil alle fröhlich sein?
Die Stern so helle scheinen,
So lustig geht der Rhein.

Das Kränzlein in den Haaren
Steht dir so wunderfein,
Wir wollen etwas fahren
Hinunter auf dem Rhein.«

Zum Kahn folgt' sie behende,
Setzt' sich ganz vorne hin,
Er setzt' sich an das Ende
Und ließ das Schifflein ziehn.

Sie sprach: »Die Töne kommen
Verworren durch den Wind,
Die Fenster sind verglommen,
Wir fahren so geschwind.

Was sind das für so lange
Gebirge weit und breit?
Mir wird auf einmal bange
In dieser Einsamkeit!

Und fremde Leute stehen
Auf mancher Felsenwand,
Und stehen still und sehen
So schwindlig übern Rand.«

Der Bräut'gam schien so traurig
Und sprach kein einzig Wort,
Schaut' in die Wellen schaurig
Und rudert' immerfort.

Sie sprach: »Schon seh' ich Streifen
So rot im Morgen stehn,
Und Stimmen hör' ich schweifen,
Vom Ufer Hähne krähn.

Du siehst so still und wilde,
So bleich wird dein Gesicht,
Mir graut vor deinem Bilde,
Du bist mein Bräut'gam nicht!«

Da stand er auf – das Sausen
Hielt an in Flut und Wald –,
Es rührt' mit Lust und Grausen
Das Herz ihr die Gestalt.

Und wie mit steinern Armen
Hob er sie auf voll Lust,
Drückt' ihren schönen, warmen
Leib an die eis'ge Brust. –

Licht wurden Wald und Höhen,
Der Morgen schien blutrot,
Das Schifflein sah man gehen,
Die schöne Braut drin tot.

WALDGESPRÄCH

Es ist schon spät, es wird schon kalt,
Was reit'st du einsam durch den Wald?
Der Wald ist lang, du bist allein,
Du schöne Braut! Ich führ dich heim!

»Groß ist der Männer Trug und List,
Vor Schmerz mein Herz gebrochen ist,
Wohl irrt das Waldhorn her und hin,
O flieh! Du weißt nicht, wer ich bin.«

So reich geschmückt ist Roß und Weib,
So wunderschön der junge Leib,
Jetzt kenn ich dich – Gott steh mir bei!
Du bist die Hexe Lorelei.

»Du kennst mich wohl – von hohem Stein
Schaut still mein Schloß tief in den Rhein.
Es ist schon spät, es wird schon kalt,
Kommst nimmermehr aus diesem Wald!«

DER REITERSMANN

Hoch über den stillen Höhen
Stand in dem Wald ein Haus.
Dort war's so einsam zu sehen
Weit übern Wald hinaus.

Drin saß ein Mädchen am Rocken
Den ganzen Abend lang,

Der wurden die Augen nicht trocken,
Sie spann und sann und sang:

»Mein Liebster, der war ein Reiter,
Dem schwur ich Treu' bis in Tod,
Der zog über Land und weiter,
Zu Krieges Lust und Not.

Und als ein Jahr war vergangen,
Und wieder blühte das Land,
Da stand ich voller Verlangen
Hoch an des Waldes Rand.

Und zwischen den Bergesbogen,
Wohl über den grünen Plan
Kam mancher Reiter gezogen,
Der meine kam nicht mit an.

Und zwischen den Bergesbogen,
Wohl über den grünen Plan,
Ein Jägersmann kam geflogen,
Der sah mich so mutig an.

So lieblich die Sonne schiene,
Das Waldhorn scholl weit und breit,
Da führt' er mich in das Grüne,
Das war eine schöne Zeit! –

Der hat so lieblich gelogen
Mich aus der Treue heraus,
Der Falsche hat mich betrogen,
Zog weit in die Welt hinaus.«

Sie konnte nicht weiter singen,
Vor bittrem Schmerz und Leid,
Die Augen ihr übergingen
In ihrer Einsamkeit.

Die Muhme, die saß beim Feuer
Und wärmet sich am Kamin,
Es flackert' und sprüht' das Feuer,
Hell über die Stube es schien.

Sie sprach: »Ein Kränzlein in Haaren,
Das stünde dir heute gar schön,
Willst draußen auf dem See nicht fahren?
Hohe Blumen am Ufer dort stehn.«

»Ich kann nicht holen die Blumen,
Im Hemdlein weiß am Teich
Ein Mädchen hütet die Blumen,
Die sieht so totenbleich.«

»Und hoch auf des Sees Weite,
Wenn alles finster und still,
Da rudern zwei stille Leute,
Der eine dich haben will«.

»Sie schauen wie alte Bekannte,
Still, ewig stille sie sind,
Doch einmal der eine sich wandte,
Da faßt' mich ein eiskalter Wind.

Mir ist zu wehe zum Weinen –
Die Uhr so gleichförmig pickt,
Das Rädlein, das schnurrt so in einem.
Mir ist, als wär ich verrückt. –

Ach Gott! wann wird sich doch röten
Die fröhliche Morgenstund!
Ich möchte hinausgehn und beten,
Und beten aus Herzensgrund!

So bleich schon werden die Sterne,
Es rührt sich stärker der Wald,
Schon krähen die Hähne von ferne,
Mich friert, es wird so kalt!

Ach, Muhme! was ist Euch geschehen?
Die Nase wird Euch so lang,
Die Augen sich seltsam verdrehen –
Wie wird mir vor Euch so bang!« –

Und wie sie so grauenvoll klagte,
Klopft's draußen ans Fensterlein,
Ein Mann aus der Finsternis ragte,
Schaut' still in die Stube herein.

Die Haare wild umgehangen,
Von blutigen Tropfen naß,
Zwei blutige Streifen sich schlangen
Wie Kränzlein ums Antlitz blaß.

Er grüßt' sie so fürchterlich heiter,
Seine Braut wohl heißet er sie,
Da kannt sie mit Schaudern den Reiter,
Fällt nieder auf ihre Knie.

Er zielt' mit dem Rohre durchs Gitter
Auf die schneeweiße Brust hin;
»Ach, wie ist das Sterben so bitter,
Erbarm dich, weil ich so jung noch bin!« –

Stumm blieb sein steinerner Wille,
Es blitzte so rosenrot,
Da wurd' es auf einmal stille
Im Walde und Haus und Hof. –

Frühmorgens, da lag so schaurig
Verfallen im Walde das Haus,
Ein Waldvöglein sang so traurig,
Flog fort über den See hinaus.

DIE SPÄTE HOCHZEIT

Der Mond ging unter – jetzt ist's Zeit. –
Der Bräut'gam steigt vom Roß,
Er hat so lange schon gefreit –
Da tut sich auf das Schloß,
Und in der Halle sitzt die Braut
Auf diamantnem Sitz,
Von ihrem Schmuck tut's durch den Bau
Ein'n langen roten Blitz. –

Blass' Knaben warten schweigend auf.
Still' Gäste stehn herum,
Da richt't die Braut sich langsam auf,
So hoch und bleich und stumm.
Sie schlägt zurück ihr Goldgewand,
Da schaudert ihn vor Lust,
Sie langt mit kalter, weißer Hand
Das Herz ihm aus der Brust.

LETZTE HEIMKEHR

Der Wintermorgen glänzt so klar,
Ein Wandrer kommt von ferne,
Ihn schüttelt Frost, es starrt sein Haar,
Ihm log die schöne Ferne;
Nun endlich will er rasten hier,
Er klopft an seines Vaters Tür.

Doch tot sind, die sonst aufgetan,
Verwandelt Hof und Habe,
Und fremde Leute sehn ihn an,
Als käm er aus dem Grabe;
Ihn schaudert tief im Herzensgrund,
Ins Feld eilt er zur selben Stund'.

Da sang kein Vöglein weit und breit,
Er lehnt' an einem Baume,
Der schöne Garten lag verschneit,
Es war ihm wie im Traume,
Und wie die Morgenglocke klingt,
Im stillen Feld er niedersinkt.

Und als er aufsteht vom Gebet,
Nicht weiß, wohin sich wenden,
Ein schöner Jüngling bei ihm steht,
Faßt mild ihn bei den Händen:
»Komm mit, sollst ruhn nach kurzem Gang.«
Er folgt, ihn rührt der Stimme Klang.

Nun durch die Bergeseinsamkeit
Sie wie zum Himmel steigen,
Kein Glockenklang mehr reicht so weit,

Sie sehn im öden Schweigen
Die Länder hinter sich verblühn,
Schon Sterne durch die Wipfel glühn.

Der Führer jetzt die Fackel sacht
Erhebt und schweigend schreitet,
Bei ihrem Schein die stille Nacht
Gleich wie ein Dom sich weitet,
Wo unsichtbare Hände baun.
Den Wandrer faßt ein heimlich Graun.

Er sprach: »Was bringt der Wind herauf
So fremden Laut getragen,
Als hört ich ferner Ströme Lauf,
Dazwischen Glocken schlagen?«
»Das ist des Nachtgesanges Wehn,
Sie loben Gott in stillen Höhn.«

Der Wandrer drauf: »Ich kann nicht mehr.
Ist's Morgen, der so blendet?
Was leuchten dort für Länder her?«
Sein Freund die Fackel wendet:
»Nun ruh zum letzten Male aus,
Wenn du erwachst, sind wir zu Haus.«

DER SCHATZGRÄBER

Wenn alle Wälder schliefen,
Er an zu graben hub,
Rastlos in Berges Tiefen
Nach einem Schatz er grub.

Die Engel Gottes sangen
Derweil in stiller Nacht,
Wie rote Augen drangen
Metalle aus dem Schacht.

»Und wirst doch mein!« Und grimmer
Wühlt er und wühlt hinab,
Da stürzen Steine und Trümmer
Über dem Narren herab.

Hohnlachen wild erschallte
Aus der verfallnen Kluft,
Der Engelsang verhallte
Wehmütig in der Luft.

DIE RIESEN

Hoch über blauen Bergen,
Da steht ein schönes Schloß,
Das hütet von Gezwergen
Ein wunderlicher Troß.

Da ist ein Lautenschlagen
Und Singen insgemein,
Die Lüfte es vertragen
Weit in das Land hinein.

Und wenn die Länder schweigen,
Funkelnd im Abendtau,
Soll manchmal dort sich zeigen
Eine wunderschöne Frau.

Da schworen alle Riesen,
Zu holen sie als Braut,
Mit Leitern da und Spießen
Sie stapften gleich durchs Kraut.

Da krachte manche Leiter,
Sie wunderten sich sehr:
Die Wildnis wuchs, je weiter
Je höher, rings umher.

Sie waren recht bei Stimme
Und zankten um ihren Schatz
Und fluchten in großem Grimme
Und fanden nicht den Platz.

Und bei dem Lärm sie stunden
In Wolken bis an die Knie,
Das Schloß, das war verschwunden,
Und wußten gar nicht wie. –

Aber wie ein Regenbogen
Glänzt's droben durch die Luft,
Sie hatt' indes gezogen
Neue Gärten in den Duft.

DER KEHRAUS

Es fiedeln die Geigen,
Da tritt in den Reigen
Ein seltsamer Gast,
Kennt keiner den Dürren,
Galant aus dem Schwirren
Die Braut er sich faßt.

Hebt an, sich zu schwenken
In allen Gelenken.
Das Fräulein im Kranz:
»Euch knacken die Beine —«
»Bald rasseln auch deine.
Frisch auf, spielt zum Tanz!«

Die Spröde hinterm Fächer,
Der Zecher vom Becher,
Der Dichter so lind
Muß auch mit zum Tanze,
Daß die Lorbeern vom Kranze
Fliegen im Wind.

So schnurret der Reigen
Zum Saal 'raus ins Schweigen
Der prächtigen Nacht.
Die Klänge verwehen,
Die Hähne schon krähen,
Da verstieben sie sacht. –

So ging's schon vor Zeiten
Und geht es noch heute,
Und hörest du hell
Aufspielen zum Reigen,
Wer weiß, wem sie geigen –
Hüt dich, Gesell!

DONNA ALDA

In Paris saß Donna Alda,
Rolands Braut, im hohen Saal
Und mit ihr dreihundert Damen,
Ihrer Gespielinnen Schar;
Alle waren gleich beschuhet,
Alle trugen gleich Gewand,
Aßen rund um eine Tafel
Von demselben Brot zumal,
Donna Alda ausgenommen,
Weil sie ihre Herrin war.
Hundert spannen goldne Fäden,
Hundert woben Tepp'che zart;
Hundert aber musizierten,
Sie zu trösten mit Gesang.

Donna Alda war entschlummert
Bei der Instrumente Klang,
Plötzlich fuhr sie auf, laut schreiend,
Daß man's hört' bis in die Stadt.

Zu ihr sprachen da die Jungfraun:
»Wer tat Euch was Schlimmes an?« –
»Einen Traum hatt' ich, ihr Mädchen,
Der mir großen Schrecken gab:
Einsam im Gebirge stand ich,
Durch die Öde flog ein Falk,
Hinterdrein ein junger Adler,
Drängend ihn in wilder Jagd.
So geängstigt stürzt' der Falke
Flüchtend sich in mein Gewand,
Doch der Aar mit seinen Fängen

187

Hatt' ihn zornig schon umkrallt,
Riß den Falken mir in Stücke,
Streut' die Federn übern Plan.«

Drauf zu der erschrocknen Herrin
Eins der Kammerfräulein sprach:
»Diesen Traum will ich Euch deuten:
Euer Bräut'gam ist der Falk,
Der sich übers Meer verflogen,
Eure Schönheit ist der Aar,
Der den wilden Edelfalken
Sich im Flug gefangen hat,
Und das Hochgebirg die Kirche,
Wo man traut Euch am Altar.« –
»Reichlich wohl will ich dir's lohnen,
Liebes Mädchen, sprichst du wahr.«

Kam ein Brief am andern Morgen,
Drin mit Blut geschrieben war,
Daß ihr Roland war gefallen
In der Schlacht von Roncesval.

Friedrich Rückert
1788–1866

LIEBESROMANZE VON FRÄULEIN LUFT
UND JUNKER DUFT

Es kam das zarte Fräulein Luft,
   Vom Himmel her entstiegen,
   Und sah in Blumenwiegen
   Den zarten Knaben liegen,
   Den zarten Knaben Duft.

Es sah das zarte Fräulein Luft
   So hold und so verschwiegen
   Die Blättlein her sich schmiegen,
   Sich um das Kind her biegen,
   So zierlich abgestuft.

Da rief das zarte Fräulein Luft
   Und ließ sein Stimmlein fliegen:
   »Zu dir komm' ich gestiegen;
   Wie lange willst du liegen
   In deiner stummen Gruft?«

Da sprach der zarte Knabe Duft,
   Der bis daher geschwiegen;
   Still blieb er dabei liegen
   In seinen sanften Wiegen
   Und sprach: »Wer ist's, der ruft?«

»Ich bin das edle Fräulein Luft,
   Es sei dir nicht verschwiegen;
   Ich, die kann gehn und fliegen

Und mich auf Flügeln wiegen,
Ich bin's, mein Junker Duft.«

Da lächelte der Knabe Duft
  Und blieb nicht ruhig liegen
  In seinen engen Wiegen;
  Sein Haupt tat er vorbiegen:
  »Was willst du, Fräulein Luft?«

»Ich will, o süßer Junker Duft,
  Aus deinen engen Wiegen
  Will ich dich lehren fliegen,
  Und Flügel sollst du kriegen
  Wie ich, das Fräulein Luft.«

Da lächelte der lose Duft
  So fein und hold-verschwiegen:
  »Ich habe längst vom Fliegen
  Geträumt, vom Flügelkriegen,
  In meiner stillen Gruft.«

Voll Lüsternheit der Knabe Duft
  War seinen blum'gen Wiegen
  Mit halbem Leib entstiegen;
  Es dachte schon zu siegen
  Das list'ge Fräulein Luft.

Da duckte doch der kleine Schuft
  Zurück sich in die Wiegen,
  Sich tiefer drein zu schmiegen:
  »Und willst du mich betrügen,
  O holdes Fräulein Luft?

In meiner engen stillen Gruft
  Konnt' ich so ruhig liegen,
  Mich sanft auf Blättlein wiegen;
  Wohin soll ich nun fliegen
  Mit dir, o Fräulein Luft?«

»Durch Feld und Wald, durch Berg und Kluft,
  Wo schöne Schätze liegen,
  Die Brünnlein nie versiegen;
  Dahin nun sollst du fliegen
  Mit mir, o Junker Duft.

Da sollst du, holder Junker Duft,
  Zum Himmel hoch gestiegen,
  Zu sehn, zu hören kriegen,
  Was ewig hier verschwiegen
  Dir blieb' in deiner Gruft.

So folge mir, die dich beruft,
  Und laß dein furchtsam Schmiegen;
  Sonst muß ich weiter fliegen,
  Und du mußt ewig liegen
  In deiner Gruft, o Duft!«

Hold schmeichelte das Fräulein Luft
  Und ließ ein Seufzen fliegen:
  »Ich will dich nicht betrügen;
  O komm aus deinen Wiegen,
  Sonst sterb' ich, süßer Duft!«

Doch sträubte sich der Knabe Duft,
  Da ging es an ein Kriegen;
  Es stritten um die Wiegen,

Darin er wollte liegen,
Sich Duft und Fräulein Luft.

Da wehrte noch der kleine Schuft
So streng sich und gediegen;
Er mußte doch erliegen,
Es wußt' ihn zu besiegen
Das starke Fräulein Luft.

In Blättlein hoch und tief gestuft,
Wie er sich mochte schmiegen,
Sie wußte sich zu biegen
Und ihn hervorzukriegen
Aus der geheimen Schluft.

Da faßte sich ein Herz der Duft:
»Nun lebet wohl, ihr Wiegen!
Sollt' ich im Kuß versiegen,
Keck will ich jetzt mich schmiegen
An meine Freundin Luft.«

Ihn küßt' und nahm in Arm die Luft,
Stolz war sie auf ihr Siegen;
Doch traurig mußten liegen
Die Blättlein, deren Wiegen
Entnommen war der Duft.

Hinflogen freudig Duft und Luft;
Und es ist uns verschwiegen,
Ob sie zum Himmel stiegen,
Ob noch zusammen fliegen
Durch Feld und Wald und Kluft.

BARBAROSSA

Der alte Barbarossa,
Der Kaiser Friederich,
Im unterird'schen Schlosse
Hält er verzaubert sich.

Er ist niemals gestorben,
Er lebt darin noch jetzt;
Er hat im Schloß verborgen
Zum Schlaf sich hingesetzt.

Er hat hinabgenommen
Des Reiches Herrlichkeit
Und wird einst wiederkommen
Mit ihr, zu seiner Zeit.

Der Stuhl ist elfenbeinern,
Darauf der Kaiser sitzt;
Der Tisch ist marmelsteinern,
Worauf sein Haupt er stützt.

Sein Bart ist nicht von Flachse,
Er ist von Feuersglut,
Ist durch den Tisch gewachsen,
Worauf sein Kinn ausruht.

Er nickt als wie im Traume,
Sein Aug' halb offen zwinkt;
Und je nach langem Raume
Er einem Knaben winkt.

Er spricht im Schlaf zum Knaben:
Geh hin vors Schloß, o Zwerg,

Friedrich Rückert

Und sieh, ob noch die Raben
Herfliegen um den Berg.

Und wenn die alten Raben
Noch fliegen immerdar,
So muß ich auch noch schlafen
Verzaubert hundert Jahr.

DIE DREI GESELLEN

Es waren drei Gesellen,
Die stritten widern Feind
Und täten stets sich stellen
In jedem Kampf vereint.
Der ein' ein Österreicher,
Der andr' ein Preuße hieß,
Davon sein Land mit gleicher
Gewalt ein jeder pries.
Woher war denn der dritte?
Nicht her von Östreichs Flur,
Auch nicht von Preußens Sitte,
Von Deutschland war er nur.

Und als die drei einst wieder
Standen im Kampf vereint,
Da warf in ihre Glieder
Kartätschensaat der Feind;
Da fielen alle dreie
Auf einen Schlag zugleich.
Der eine rief mit Schreie:
Hoch lebe Österreich!

Der andre, sich entfärbend,
Rief: Preußen lebe hoch!
Der dritte, ruhig sterbend,
Was rief der dritte doch?

Er rief: Deutschland soll leben!
Da hörten es die zwei,
Wie rechts und links daneben
Sie sanken nah dabei;
Da richteten im Sinken
Sich beide nach ihm hin,
Zur Rechten und zur Linken,
Und lehnten sich an ihn.
Da rief der in der Mitten
Noch einmal: Deutschland hoch!
Und beide mit dem dritten
Riefen's, und lauter noch.

Da ging ein Todesengel
Im Kampfgewühl vorbei
Mit einem Palmenstengel
Und liegen sah die drei.
Er sah auf ihrem Munde
Die Spur des Wortes noch,
Wie sie im Todesbunde
Gerufen: Deutschland hoch!
Da schlug er seine Flügel
Um alle drei zugleich
Und trug zum höchsten Hügel
Sie auf in Gottes Reich.

Theodor Körner

1791–1813

LÜTZOWS WILDE JAGD

Was glänzt dort vom Walde im Sonnenschein?
Hör's näher und näher brausen.
Es zieht sich herunter in düsteren Reihn,
Und gellende Hörner schallen darein
Und erfüllen die Seele mit Grausen.
Und wenn ihr die schwarzen Gesellen fragt:
Das ist Lützows wilde verwegene Jagd.

Was zieht dort rasch durch den finstern Wald
Und streift von Bergen zu Bergen?
Es legt sich in nächtlichen Hinterhalt;
Das Hurra jauchzt, und die Büchse knallt,
Es fallen die fränkischen Schergen.
Und wenn ihr die schwarzen Jäger fragt:
Das ist Lützows wilde verwegene Jagd.

Wo die Reben dort glühen, dort braust der Rhein,
Der Wütrich geborgen sich meinte,
Da naht es schnell mit Gewitterschein
Und wirft sich mit rüst'gen Armen hinein
Und springt ans Ufer der Feinde.
Und wenn ihr die schwarzen Schwimmer fragt:
Das ist Lützows wilde verwegene Jagd.

Was braust dort im Tale die laute Schlacht,
Was schlagen die Schwerter zusammen?
Wildherzige Reiter schlagen die Schlacht,
Und der Funke der Freiheit ist glühend erwacht

Und lodert in blutigen Flammen.
Und wenn ihr die schwarzen Reiter fragt:
Das ist Lützows wilde verwegene Jagd.

Wer scheidet dort röchelnd vom Sonnenlicht,
Unter winselnde Feinde gebettet?
Es zuckt der Tod auf dem Angesicht,
Doch die wackern Herzen erzittern nicht;
Das Vaterland ist ja gerettet!
Und wenn ihr die schwarzen Gefallnen fragt:
Das war Lützows wilde verwegene Jagd.

Die wilde Jagd und die deutsche Jagd
Auf Henkersblut und Tyrannen!
Drum, die ihr uns liebt, nicht geweint und geklagt!
Das Land ist ja frei, und der Morgen tagt,
Wenn wir's auch nur sterbend gewannen!
Und von Enkeln zu Enkeln sei's nachgesagt:
Das war Lützows wilde verwegene Jagd.

Gustav Schwab

1792–1850

DER REITER UND DER BODENSEE

Der Reiter reitet durchs helle Tal,
Auf Schneefeld schimmert der Sonne Strahl.

Er trabet im Schweiß durch den kalten Schnee,
Er will noch heut an den Bodensee;

Noch heut mit dem Pferd in den sichern Kahn,
Will drüben landen vor Nacht noch an.

Auf schlimmem Weg, über Dorn und Stein,
Er braust auf rüstigem Roß feldein.

Aus den Bergen heraus, ins ebene Land,
Da sieht er den Schnee sich dehnen wie Sand.

Weit hinter ihm schwinden Dorf und Stadt,
Der Weg wird eben, die Bahn wird glatt.

In weiter Fläche kein Bühl, kein Haus.
Die Bäume gingen, die Felsen aus;

So flieget er hin eine Meil' und zwei,
Er hört in den Lüften der Schneegans Schrei;

Es flattert das Wasserhuhn empor,
Nicht anderen Laut vernimmt sein Ohr;

Keinen Wandersmann sein Auge schaut,
Der ihm den rechten Pfad vertraut.

Fort geht's, wie auf Samt, auf dem weichen Schnee,
Wann rauscht das Wasser, wann glänzt der See?

Da bricht der Abend, der frühe, herein:
Von Lichtern blinket ein ferner Schein.

Es hebt aus dem Nebel sich Baum an Baum,
Und Hügel schließen den weiten Raum.

Er spürt auf dem Boden Stein und Dorn,
Dem Rosse gibt er den scharfen Sporn.

Und Hunde bellen empor am Pferd,
Und es winkt im Dorf ihm der warme Herd.

»Willkommen am Fenster, Mägdelein,
An den See, an den See, wie weit mag's sein?«

Die Maid, sie staunet den Reiter an:
»Der See liegt hinter dir und der Kahn,

Und deckt' ihn die Rinde von Eis nicht zu,
Ich spräch', aus dem Nachen stiegest du.«

Der Fremde schaudert, er atmet schwer:
»Dort hinten die Eb'ne, die ritt ich her!«

Da recket die Magd die Arm' in die Höh':
»Herr Gott! so rittest du über den See:

An den Schlund, an die Tiefe bodenlos,
Hat gepocht des rasenden Hufes Stoß!

Und unter dir zürnten die Wasser nicht?
Nicht krachte hinunter die Rinde dicht?

Und du warst nicht die Speise der stummen Brut?
Der hungrigen Hecht' in der kalten Flut?«

Sie rufet das Dorf herbei zu der Mär,
Es stellen die Knaben sich um ihn her;

Die Mütter, die Greise, sie sammeln sich:
»Glückseliger Mann, ja, segne du dich!

Herein zum Ofen, zum dampfenden Tisch,
Brich mit uns das Brot und iß vom Fisch!«

Der Reiter erstarret auf seinem Pferd,
Er hat nur das erste Wort gehört.

Es stocket sein Herz, es sträubt sich sein Haar,
Dicht hinter ihm grinst noch die grause Gefahr.

Es siehet sein Blick nur den gräßlichen Schlund,
Sein Geist versinkt in den schwarzen Grund.

Im Ohr ihm donnert's, wie krachend Eis,
Wie die Well' umrieselt ihn kalter Schweiß.

Da seufzt er, da sinkt er vom Roß herab,
Da ward ihm am Ufer ein trocken Grab.

DAS GEWITTER

Urahne, Großmutter, Mutter und Kind
In dumpfer Stube beisammen sind;
Es spielet das Kind, die Mutter sich schmückt,
Großmutter spinnet, Urahne gebückt
Sitzt hinter dem Ofen im Pfühl –
Wie wehen die Lüfte so schwül!

Das Kind spricht: »Morgen ist's Feiertag,
Wie will ich spielen im grünen Hag,
Wie will ich springen durch Tal und Höhn,
Wie will ich pflücken viel Blumen schön;
Dem Anger, dem bin ich hold!« –
Hört ihr's, wie der Donner grollt?

Die Mutter spricht: »Morgen ist's Feiertag,
Da halten wir alle fröhlich Gelag.
Ich selber, ich rüste mein Feierkleid;
Das Leben, es hat auch Lust nach Leid,
Dann scheint die Sonne wie Gold!« –
Hört ihr's, wie der Donner grollt?

Großmutter spricht: »Morgen ist's Feiertag,
Großmutter hat keinen Feiertag.
Sie kochet das Mahl, sie spinnet das Kleid,
Das Leben ist Sorg' und viel Arbeit;
Wohl dem, der tat, was er sollt'!« –
Hört ihr's, wie der Donner grollt?

Urahne spricht: »Morgen ist's Feiertag,
Am liebsten morgen ich sterben mag:
Ich kann nicht singen und scherzen mehr,

Ich kann nicht sorgen und schaffen schwer,
Was tu' ich noch auf der Welt?« –
Seht ihr, wie der Blitz dort fällt?

Sie hören's nicht, sie sehen's nicht,
Es flammet die Stube wie lauter Licht:
Urahne, Großmutter, Mutter und Kind
Vom Strahl miteinander getroffen sind,
Vier Leben endet ein Schlag –
Und morgen ist's Feiertag.

Wilhelm Müller

1794–1827

DER GLOCKENGUSS ZU BRESLAU

War einst ein Glockengießer
Zu Breslau in der Stadt,
Ein ehrenwerter Meister,
Gewandt in Rat und Tat.

Er hatte schon gegossen
Viel Glocken, gelb und weiß,
Für Kirchen und Kapellen
Zu Gottes Lob und Preis.

Und seine Glocken klangen
So voll, so hell, so rein:
Er goß auch Lieb' und Glauben
Mit in die Form hinein.

Doch aller Glocken Krone,
Die er gegossen hat,
Das ist die Sünderglocke
Zu Breslau in der Stadt.

Im Magdalenenturme,
Da hängt das Meisterstück,
Rief schon manch starres Herze
Zu seinem Gott zurück.

Wie hat der gute Meister
So treu das Werk bedacht!
Wie hat er seine Hände
Gerührt bei Tag und Nacht!

Und als die Stunde kommen,
Daß alles fertig war,
Die Form ist eingemauert,
Die Speise gut und gar,

Da ruft er seinen Buben
Zur Feuerwacht herein:
Ich lass' auf kurze Weile
Beim Kessel dich allein.

Will mich mit einem Trunke
Noch stärken zu dem Guß;
Das gibt der zähen Speise
Erst einen vollen Fluß.

Doch hüte dich und rühre
Den Hahn mir nimmer an:
Sonst wär' es um dein Leben,
Fürwitziger, getan!

Der Bube steht am Kessel,
Schaut in die Glut hinein:
Das wogt und wallt und wirbelt
Und will entfesselt sein –

Und zischt ihm in die Ohren
Und zuckt ihm durch den Sinn
Und zieht an allen Fingern
Ihn nach dem Hahne hin.

Er fühlt ihn in den Händen,
Er hat ihn umgedreht:
Da wird ihm angst und bange,
Er weiß nicht, was er tät –

Und läuft hinaus zum Meister,
Die Schuld ihm zu gestehn,
Will seine Knie umfassen
Und ihn um Gnade flehn.

Doch wie er nur vernommen
Des Knaben erstes Wort,
Da reißt die kluge Rechte
Der jähe Zorn ihm fort.

Er stößt sein scharfes Messer
Dem Buben in die Brust,
Dann stürzt er nach dem Kessel,
Sein selber nicht bewußt.

Vielleicht, daß er noch retten,
Den Strom noch hemmen kann –
Doch sieh, der Guß ist fertig,
Es fehlt kein Tropfen dran.

Da eilt er, abzuräumen,
Und sieht, und will's nicht sehn,
Ganz ohne Fleck und Makel
Die Glocke vor sich stehn.

Der Knabe liegt am Boden,
Er schaut sein Werk nicht mehr.
Ach, Meister, wilder Meister,
Du stießest gar zu sehr!

Er stellt sich dem Gerichte,
Er klagt sich selber an.
Es tut den Richtern wehe
Wohl um den wackern Mann.

Doch kann ihn keiner retten,
Und Blut will wieder Blut.
Er hört sein Todesurteil
Mit ungebeugtem Mut.

Und als der Tag gekommen,
Daß man ihn führt hinaus,
Da wird ihm angeboten
Der letzte Gnadenschmaus.

Ich dank' euch, spricht der Meister,
Ihr Herren lieb und wert,
Doch eine andre Gnade
Mein Herz von euch begehrt.

Laßt mich nur einmal hören
Der neuen Glocke Klang!
Ich hab' sie ja bereitet,
Möcht' wissen, ob's gelang.

Die Bitte ward gewähret,
Sie schien den Herrn gering;
Die Glocke ward geläutet,
Als er zum Tode ging.

Der Meister hört sie klingen,
So voll, so hell, so rein!
Die Augen gehn ihm über,
Es muß vor Freude sein.

Und seine Blicke leuchten,
Als wären sie verklärt;
Er hat in ihrem Klange
Wohl mehr als Klang gehört.

Hat auch geneigt den Nacken
Zum Streich voll Zuversicht;
Und was der Tod versprochen,
Das bricht das Leben nicht.

Das ist der Glocken Krone,
Die er gegossen hat,
Die Magdalenenglocke
Zu Breslau in der Stadt.

Die ward zur Sünderglocke
Seit jenem Tag geweiht;
Weiß nicht, ob's anders worden
In dieser neuen Zeit.

August von Platen

1796–1835

DAS GRAB IM BUSENTO

Nächtlich am Busento lispeln, bei Cosenza, dumpfe Lieder;
Aus den Wassern schallt es Antwort, und in Wirbeln klingt
es wider!

Und den Fluß hinauf, hinunter ziehn die Schatten tapfrer
Goten,
Die den Alarich beweinen, ihres Volkes besten Toten.

Allzufrüh und fern der Heimat mußten hier sie ihn begraben,
Während noch die Jugendlocken seine Schulter blond
umgaben.

Und am Ufer des Busento reihten sie sich um die Wette,
Um die Strömung abzuleiten, gruben sie ein frisches Bette.

In der wogenleeren Höhlung wühlten sie empor die Erde,
Senkten tief hinein den Leichnam, mit der Rüstung, auf
dem Pferde;

Deckten dann mit Erde wieder ihn und seine stolze Habe,
Daß die hohen Stromgewächse wüchsen aus dem Heldengrabe.

Abgelenkt zum zweiten Male, ward der Fluß herbeigezogen;
Mächtig in ihr altes Bette schäumten die Busentowogen.

Und es sang ein Chor von Männern: »Schlaf in deinen
Heldenehren!
Keines Römers schnöde Habsucht soll dir je dein Grab
versehren!«

Sangen's, und die Lobgesänge tönten fort im Gotenheere;
Wälze sie, Busentowelle, wälze sie von Meer zu Meere!

LUCA SIGNORELLI

Die Abendstille kam herbei,
Der Meister folgt dem allgemeinen Triebe;
Verlassend seine Staffelei,
Blickt er das Bild noch einmal an mit Liebe.

Da pocht es voll Tumult am Haus,
Und ehe Luca fähig ist zu fragen,
Ruft einer seiner Schüler aus:
»Dein einziger Sohn, o Meister, ist erschlagen!

In holder Blüte sank dahin
Der schönste Jüngling, den die Welt erblickte:
Es war die Schönheit sein Ruin,
Die oft in Liebeshändel ihn verstrickte.

Vor eines Nebenbuhlers Kraft
Sank er zu Boden, fast in unsrer Mitte;
Ihn trägt bereits die Brüderschaft
Zur Totenkirche, wie es heischt die Sitte.«

Und Luca spricht: »O mein Geschick!
So lebt' ich denn, so strebt' ich denn vergebens?
Zunichte macht' ein Augenblick
Die ganze Folge meines reichen Lebens!

Was half es, daß in Farb' und Licht
Als Meister ich Cortonas Volk entzückte,
Mit meinem jüngsten Weltgericht
Orvietos hohe Tempelhallen schmückte?

Nicht Ruhm und nicht der Menschen Gunst
Beschützte mich und nicht des Geistes Feuer:

Nun ruf' ich erst, geliebte Kunst,
Nun ruf' ich dich, du warst mir nie so teuer!«

Er spricht's, und seinen Schmerz verrät
Kein andres Wort. Rasch eilt er zur Kapelle,
Indem er noch das Malgerät
Den Schülern reicht, und diese folgen schnelle.

Zur Kirche tritt der Greis hinein,
Wo seine Bilder ihm entgegentreten,
Und bei der ewigen Lampe Schein
Sieht er den Sohn, um den die Mönche beten.

Nicht klagt er oder stöhnt und schreit,
Kein Seufzer wird zum leeren Spiel des Windes.
Er setzt sich hin und konterfeit
Den schönen Leib des vielgeliebten Kindes.

Und als er ihn so Zug für Zug
Gebildet, spricht er gegen seinen Knaben:
»Der Morgen graut, es ist genug,
Die Priester mögen meinen Sohn begraben.«

WIEGENLIED
EINER POLNISCHEN MUTTER

Schlaf ein, du weißt ja nicht, o Herz,
Warum du weinst;
Schlaf ein, ich will den wahren Schmerz
Dich lehren einst.

Schlaf ein, o Herz, was kümmert dich
Der Feinde Sieg?
Dein Vater fiel für dich und mich
Im Heldenkrieg.

Dich wird erziehn dereinst der Zar
Zur Sklaverei:
Doch als ich dich, o Kind, gebar,
War Polen frei.

O weh des Fluchs, der, teures Land,
Dich jetzt ergreift!
Es wird bereits durch Polenhand
Die Stadt geschleift.

Mit Schaufeln naht dem Wall sich schon
Der Männer Gang;
Sie murmeln sacht, mit halbem Ton
Den Rachesang.

O großer Gott, mißhöre nicht
Den leisen Chor,
Und rufe laut vor dein Gericht
Den Würger vor!

Es zehre Krieg und Pestilenz
An seinem Reich,
Ihm scheine freudenlos der Lenz,
Die Rose bleich!

Das eigne Weib gewähre nie
Ihm sein Gesuch,

Und aus dem Bett verjage sie
Der Blutgeruch!

Und wenn sich je sein falscher Mund
Verzieht und lacht,
Tu' ihm der Geist die Waisen kund,
Die er gemacht!

Und träumt er sich ein leichtes Ziel
Auf glatter Bahn,
So denk' er, wie sein Vater fiel
Und wie sein Ahn!

Und stirbt er auch, empfind' er doch
Der Hölle Graus:
Meineidigen wächst der Finger noch
Zum Grab heraus.

Was wir begehrten, war ja nur,
Was uns gehört,
Was jener Mann sogar beschwur,
Der uns zerstört.

Gott gab, so rühmt er, ihm das Reich,
Das kühn er lenkt;
Oh, hätte Gott ihm auch zugleich
Ein Herz geschenkt!

Und du, o Säugling, atme leis
Im Schoß der Schmach,
Ahn aber einst im Männerkreis
Dem Vater nach!

Du werdest noch der Stolz der Fraun,
Des Landes Zier,
Um einst die Tatzen abzuhaun
Dem Tigertier!

Schlaf ein, du weißt ja nicht, o Herz,
Warum du weinst;
Schlaf ein, ich will den wahren Schmerz
Dich lehren einst.

Annette von Droste-Hülshoff

1797–1848

DAS FEGEFEUER
DES WESTFÄLISCHEN ADELS

Wo der selige Himmel, das wissen wir nicht,
Und nicht, wo der greuliche Höllenschlund,
Ob auch die Wolke zittert im Licht,
Ob siedet und qualmet Vulkanes Mund;
Doch wo die westfälischen Edeln müssen
Sich sauber brennen ihr rostig Gewissen,
Das wissen wir alle, das ward uns kund.

Grau war die Nacht, nicht öde und schwer,
Ein Aschenschleier hing in der Luft;
Der Wanderbursche schritt flink einher,
Mit Wollust saugend den Heimatduft;
O bald, bald wird er schauen sein Eigen,
Schon sieht am Lutterberge er steigen,
Sich leise schattend, die schwarze Kluft.

Er richtet sich, wie Trompetenstoß
Ein Holla ho! seiner Brust entsteigt.
Was ihm im Nacken? ein schnaubend Roß,
An seiner Schulter es rasselt, keucht,
Ein Rappe – grünliche Funken irren
Über die Flanken, die knistern und knirren,
Wie wenn man den murrenden Kater streicht.

»Jesus Maria!« – er setzt seitab,
Da langt vom Sattel es überzwerch –
Ein eherner Griff, und in wüstem Trab

Wie Wind und Wirbel zum Lutterberg!
An seinem Ohre hört er es raunen
Dumpf und hohl, wie gedämpfte Posaunen,
So an ihm raunt der gespenstige Scherg:

»Johannes Deweth! ich kenne dich!
Johann! du bist uns verfallen heut!
Bei deinem Heile, nicht lach noch sprich,
Und rühre nicht an, was man dir beut;
Vom Brote nur magst du brechen in Frieden,
Ewiges Heil ward dem Brote beschieden,
Als Christus in froner Nacht es geweiht!« –

Ob mehr gesprochen, man weiß es nicht,
Da seine Sinne der Bursche verlor,
Und spät erst hebt er sein bleiches Gesicht
Vom Estrich einer Halle empor;
Um ihn Gesumme, Geschwirr, Gemunkel,
Von tausend Flämmchen ein mattes Gefunkel
Und drüber schwimmend ein Nebelflor.

Er reibt die Augen, er schwankt voran;
An hundert Tischen, die Halle entlang,
All edle Geschlechter, so Mann an Mann;
Es rühren die Gläser sich sonder Klang,
Es regen die Messer sich sonder Klirren,
Wechselnde Reden summen und schwirren
Wie Glockengeläut, ein wirrer Gesang.

Ob jedem Haupte des Wappens Glast,
Das langsam schwellende Tropfen speit,
Und wenn sie fallen, dann zuckt der Gast
Und drängt sich einen Moment zur Seit;

Und lauter, lauter dann wird das Rauschen,
Wie Stürme die zornigen Seufzer tauschen,
Und wirrer summet das Glockengeläut.

Strack steht Johann wie ein Lanzenknecht,
Nicht möchte der gleißenden Wand er traun,
Noch wäre der glimmende Sitz ihm recht,
Wo rutschen die Knappen mit zuckenden Braun.
Da muß, o Himmel, wer soll es denken!
Den frommen Herrn, den Friedrich von Brenken,
Den alten stattlichen Ritter, er schaun.

»Mein Heiland, mach ihn der Sünden bar!«
Der Jüngling seufzet in schwerem Leid;
Er hat ihm gedient ein ganzes Jahr;
Doch ungern kredenzt er den Becher ihm heut!
Bei jedem Schlucke sieht er ihn schüttern,
Ein blaues Wölkchen dem Schlund entzittern,
Wie wenn auf Kohlen man Weihrauch streut.

O manche Gestalt noch dämmert ihm auf,
Dort sitzt sein Pate, der Metternich,
Und eben durch den wimmelnden Hauf
Johann von Spiegel, der Schenke, strich;
Prälaten auch, je viere und viere,
Sie blättern und rispeln im grauen Breviere,
Und zuckend krümmen die Finger sich.

Und unten im Saale, da knöcheln frisch
Schaumburger Grafen um Leut und Land,
Graf Simon schüttelt den Becher risch
Und reibt mitunter die knisternde Hand;
Ein Knappe nahet, er surret leise –

Ha, welches Gesumse im weiten Kreise,
Wie hundert Schwärme am Klippenrand!

»Geschwind den Sessel, den Humpen wert,
Den schleichenden Wolf geschwinde herbei!«
Horch, wie es draußen rasselt und fährt!
Barhaupt stehet die Massonei,
Hundert Lanzen drängen nach binnen,
Hundert Lanzen, und mitten darinnen
Der Asseburger, der blutige Weih!

Und als ihm alles entgegen zieht,
Da spricht Johannes ein Stoßgebet:
Dann risch hinein! sein Ärmel sprüht,
Ein Funken über die Finger ihm geht.
Voran – da, »sieben« schwirren die Lüfte,
»Sieben, sieben, sieben« die Klüfte,
»In sieben Wochen, Johann Deweth!«

Der sinkt auf schwellenden Rasen hin
Und schüttelt gegen den Mond die Hand,
Drei Finger, die bröckeln und stäuben hin,
Zu Asch' und Knöchelchen abgebrannt.
Er rafft sich auf, er rennt, er schießet,
Und, ach, die Vaterklause begrüßet
Ein grauer Mann, von keinem gekannt.

Der nimmer lächelt, nur des Gebets
Mag pflegen drüben im Klosterchor,
Denn »sieben, sieben« flüstert es stets
Und »sieben Wochen« ihm in das Ohr.
Und als die siebente Woche verronnen,
Da ist er versiegt wie ein dürrer Bronnen –
Gott hebe die arme Seele empor!

DER KNABE IM MOOR

O schaurig ist's, übers Moor zu gehn,
Wenn es wimmelt vom Heiderauche,
Sich wie Phantome die Dünste drehn
Und die Ranke häkelt am Strauche,
Unter jedem Tritte ein Quellchen springt,
Wenn aus der Spalte es zischt und singt,
O schaurig ist's, übers Moor zu gehn,
Wenn das Röhricht knistert im Hauche!

Fest hält die Fibel das zitternde Kind
Und rennt, als ob man es jage;
Hohl über die Fläche sauset der Wind –
Was raschelt drüben am Hage?
Das ist der gespenstische Gräberknecht,
Der dem Meister die besten Torfe verzecht;
Hu, hu, es bricht wie ein irres Rind!
Hinducket das Knäblein zage.

Vom Ufer starret Gestumpf hervor,
Unheimlich nicket die Föhre,
Der Knabe rennt, gespannt das Ohr,
Durch Riesenhalme wie Speere;
Und wie es rieselt und knittert darin!
Das ist die unselige Spinnerin,
Das ist die gebannte Spinnlenor',
Die den Haspel dreht im Geröhre!

Voran, voran! nur immer im Lauf,
Voran, als wollt' es ihn holen!
Vor seinem Fuße brodelt es auf,
Es pfeift ihm unter den Sohlen

Wie eine gespenstige Melodei;
Das ist der Geigenmann ungetreu,
Das ist der diebische Fiedler Knauf,
Der den Hochzeitheller gestohlen!

Da birst das Moor, ein Seufzer geht
Hervor aus der klaffenden Höhle;
Weh, weh, da ruft die verdammte Margret:
»Ho, ho, meine arme Seele!«
Der Knabe springt wie ein wundes Reh;
Wär' nicht Schutzengel in seiner Näh',
Seine bleichenden Knöchelchen fände spät
Ein Gräber im Moorgeschwele.

Da mählich gründet der Boden sich,
Und drüben, neben der Weide,
Die Lampe flimmert so heimatlich,
Der Knabe steht an der Scheide.
Tief atmet er auf, zum Moor zurück
Noch immer wirft er den scheuen Blick:
Ja, im Geröhre war's fürchterlich,
O schaurig war's in der Heide!

DER HEIDEMANN

»Geht, Kinder, nicht zu weit ins Bruch,
Die Sonne sinkt, schon surrt den Flug
Die Biene matter, schlafgehemmt,
Am Grunde schwimmt ein blasses Tuch,
Der Heidemann kömmt!« –

Die Knaben spielen fort am Raine,
Sie rupfen Gräser, schnellen Steine,
Sie plätschern in des Teiches Rinne,
Erhaschen die Phalän' am Ried
Und freun sich, wenn die Wasserspinne
Langbeinig in die Binsen flieht.

»Ihr Kinder, legt euch nicht ins Gras! –
Seht, wo noch grad die Biene saß,
Wie weißer Rauch die Glocken füllt.
Scheu aus dem Busche glotzt der Has',
Der Heidemann schwillt!« –

Kaum hebt ihr schweres Haupt die Schmele
Noch aus dem Dunst, in seine Höhle
Schiebt sich der Käfer, und am Halme
Die träge Motte höher kreucht,
Sich flüchtend vor dem feuchten Qualme,
Der unter ihre Flügel steigt.

»Ihr Kinder, haltet euch bei Haus!
Lauft ja nicht in das Bruch hinaus;
Seht, wie bereits der Dorn ergraut,
Die Drossel ächzt zum Nest hinaus,
Der Heidemann braut!« –

Man sieht des Hirten Pfeife glimmen
Und vor ihm her die Herde schwimmen,
Wie Proteus seine Robbenscharen
Heimschwemmt im grauen Ozean.
Am Dach die Schwalben zwitschernd fahren,
Und melancholisch kräht der Hahn.

»Ihr Kinder, bleibt am Hofe dicht!
Seht, wie die feuchte Nebelschicht
Schon an des Pförtchens Klinke reicht;
Am Grunde schwimmt ein falsches Licht,
Der Heidemann steigt!« –

Nun strecken nur der Föhren Wipfel
Noch aus dem Dunste grüne Gipfel,
Wie übern Schnee Wacholderbüsche;
Ein leises Brodeln quillt im Moor,
Ein schwaches Schrillen, ein Gezische
Dringt aus der Niederung hervor.

»Ihr Kinder kommt, kommt schnell herein!
Das Irrlicht zündet seinen Schein,
Die Kröte schwillt, die Schlang' im Ried;
Jetzt ist's unheimlich draußen sein,
Der Heidemann zieht!« –

Nun sinkt die letzte Nadel, rauchend
Zergeht die Fichte, langsam tauchend
Steigt Nebelschemen aus dem Moore,
Mit Hünenschritten gleitet's fort;
Ein irres Leuchten zuckt im Rohre,
Der Krötenchor beginnt am Bord.

Und plötzlich scheint ein schwaches Glühen
Des Hünen Glieder zu durchziehen;
Es siedet auf, es färbt die Wellen,
Der Nord, der Nord entzündet sich –
Glutpfeile, Feuerspeere schnellen,
Der Horizont ein Lavastrich!

»Gott gnad uns! wie es zuckt und dräut,
Wie's schwelet an der Dünenscheid!
Ihr Kinder, faltet eure Händ,
Das bringt uns Pest und teure Zeit –
Der Heidemann brennt!« –

DIE VERGELTUNG

1.

Der Kapitän steht an der Spiere,
Das Fernrohr in gebräunter Hand,
Dem schwarzgelockten Passagiere
Hat er den Rücken zugewandt.
Nach einem Wolkenstreif in Sinnen
Die beiden wie zwei Pfeiler sehn,
Der Fremde spricht: »Was braut da drinnen?« –
»Der Teufel«, brummt der Kapitän.

Da hebt von morschen Balkens Trümmer
Ein Kranker seine feuchte Stirn,
Des Äthers Blau, der See Geflimmer,
Ach, alles quält sein fiebernd Hirn!
Er läßt die Blicke, schwer und düster,
Entlängs dem harten Pfühle gehn,
Die eingegrabnen Worte liest er:
»Batavia. Fünfhundertzehn.«

Die Wolke steigt, zur Mittagsstunde
Das Schiff ächzt auf der Wellen Höhn,

Gezisch, Geheul aus wüstem Grunde,
Die Bohlen weichen mit Gestöhn.
»Jesus, Marie! wir sind verloren!«
Vom Mast geschleudert der Matros,
Ein dumpfer Krach in aller Ohren,
Und langsam löst der Bau sich los.

Noch liegt der Kranke am Verdecke,
Um seinen Balken festgeklemmt,
Da kommt die Flut, und eine Strecke
Wird er ins wüste Meer geschwemmt.
Was nicht geläng der Kräfte Sporne,
Das leistet ihm der starre Krampf,
Und wie ein Narwal mit dem Horne
Schießt fort er durch der Wellen Dampf.

Wie lange so? – er weiß es nimmer,
Dann trifft ein Strahl des Auges Ball,
Und langsam schwimmt er mit der Trümmer
Auf ödem, glitzerndem Kristall.
Das Schiff! – die Mannschaft! – sie versanken.
Doch nein, dort auf der Wasserbahn,
Dort sieht den Passagier er schwanken
In einer Kiste morschem Kahn.

Armsel'ge Lade! sie wird sinken,
Er strengt die heisre Stimme an:
»Nur grade! Freund, du drückst zur Linken!«
Und immer näher schwankt's heran,
Und immer näher treibt die Trümmer,
Wie ein verwehtes Möwennest;
»Courage!« ruft der kranke Schwimmer,
»Mich dünkt, ich sehe Land im West!«

Nun rühren sich der Fähren Ende,
Er sieht des fremden Auges Blitz,
Da plötzlich fühlt er starke Hände,
Fühlt wütend sich gezerrt vom Sitz.
»Barmherzigkeit! ich kann nicht kämpfen.«
Er klammert dort, er klemmt sich hier;
Ein heisrer Schrei, den Wellen dämpfen,
Am Balken schwimmt der Passagier.

Dann hat er kräftig sich geschwungen
Und schaukelt durch das öde Blau,
Er sieht das Land wie Dämmerungen
Enttauchen und zergehn in Grau.
Noch lange ist er so geschwommen,
Umflattert von der Möwe Schrei,
Dann hat ein Schiff ihn aufgenommen,
Viktoria! nun ist er frei!

2.

Drei kurze Monde sind verronnen,
Und die Fregatte liegt am Strand,
Wo mittags sich die Robben sonnen,
Und Bursche klettern übern Rand,
Den Mädchen ist's ein Abenteuer,
Es zu erschaun vom fernen Riff,
Denn noch zerstört ist nicht geheuer
Das greuliche Korsarenschiff.

Und vor der Stadt, da ist ein Waten,
Ein Wühlen durch das Kiesgeschrill,
Da die verrufenen Piraten
Ein jeder sterben sehen will.

Aus Strandgebälken, morsch, zertrümmert,
Hat man den Galgen, dicht am Meer,
In wüster Eile aufgezimmert.
Dort dräut er von der Düne her!

Welch ein Getümmel an den Schranken!
»Da kommt der Frei – der Hessel jetzt –
Da bringen sie den schwarzen Franken,
Der hat geleugnet bis zuletzt.« –
»Schiffbrüchig sei er hergeschwommen«,
Höhnt eine Alte, »ei, wie kühn!
Doch keiner sprach zu seinem Frommen,
Die ganze Bande gegen ihn.«

Der Passagier, am Galgen stehend,
Hohläugig, mit zerbrochnem Mut,
Zu jedem Räuber flüstert flehend:
»Was tat dir mein unschuldig Blut?
Barmherzigkeit! – so muß ich sterben
Durch des Gesindels Lügenwort,
O mög die Seele euch verderben!«
Da zieht ihn schon der Scherge fort.

Er sieht die Menge wogend spalten –
Er hört das Summen im Gewühl –
Nun weiß er, daß des Himmels Walten
Nur seiner Pfaffen Gaukelspiel!
Und als er in des Hohnes Stolze
Will starren nach den Ätherhöhn,
Da liest er an des Galgens Holze:
»Batavia. Fünfhundertzehn.«

DIE SCHWESTERN

1.

Sacht pochet der Käfer im morschen Schrein,
Der Mond steht über den Fichten.
»Jesus Maria, wo mag sie sein!
Hin will meine Angst mich richten.
Helene, Helene, was ließ ich dich gehn
Allein zur Stadt mit den Hunden,
Du armes Kind, das sterbend mir
Auf die Seele die Mutter gebunden!«

Und wieder rennt Gertrude den Weg
Hinauf bis über die Steige.
Hier ist ein Tobel – sie lauscht am Steg,
Ein Strauch – sie rüttelt am Zweige.
Da drunten summet es elf im Turm,
Gertrude kniet an der Halde:
»Du armes Blut, du verlassener Wurm!
Wo magst du irren im Walde!«

Und zitternd löst sie den Rosenkranz
Von ihres Gürtels Gehänge,
Ihr Auge starret in trübem Glanz,
Ob es die Dämmerung sprenge.
»Ave Maria – ein Licht, ein Licht!
Sie kommt, 's ist ihre Laterne!
– Ach Gott, es ist nur ein Hirtenfeu'r,
Jetzt wirft es flatternde Sterne.

»Vater unser, der du im Himmel bist,
Geheiliget werde dein Name ...«

Es rauscht am Hange, »Heiliger Christ!«
Es bricht und knistert im Brahme,
Und drüber streckt sich ein schlanker Hals,
Zwei glänzende Augen starren.
»Ach Gott, es ist eine Hinde nur,
Jetzt setzt sie über die Farren.«

Gertrude klimmt die Halde hinauf,
Sie steht an des Raines Mitte.
Da – täuscht ihr Ohr? – ein flüchtiger Lauf,
Behend galoppierende Tritte,
Und um sie springt es in wüstem Kreis
Und funkelt mit freud'gem Gestöhne.
»Fidel, Fidel!« so flüstert sie leis,
Dann ruft sie schluchzend: »Helene!«

»Helene!« schallt es am Felsenhang,
»Helen'!« von des Waldes Kante,
Es war ein einsamer, trauriger Klang,
Den heimwärts die Echo sandte.
Wo drunten im Tobel das Mühlrad wacht,
Die staubigen Knecht' an der Wanne,
Die haben gehorcht die ganze Nacht
Auf das irre Gespenst im Tanne.

Sie hörten sein Rufen von Stund zu Stund,
Sahn seiner Laterne Geflimmer
Und schlugen ein Kreuz auf Brust und Mund,
Zog über den Tobel der Schimmer.
Und als die Müllerin Reisig las
Frühmorgens an Waldes Saume,
Da fand sie die arme Gertrud im Gras,
Die ängstlich zuckte im Traume.

2.

Wie rollt in den Gassen das Marktgebraus!
Welch ein Getümmel, Geblitze!
Hanswurst schaut über die Bude hinaus
Und winkt mit der klingelnden Mütze;
Karossen rasseln, der Trinker jucht,
Und Mädchen schrein im Gedränge,
Drehorgeln pfeifen, der Kärrner flucht,
O Babels würdige Klänge!

Da tritt ein Weib aus der Ladentür,
Eine schlichte Frau von den Flühen,
Die stieß an den klingenden Harlekin schier
Und hat nicht gelacht noch geschrien.
Ihr mattes Auge sucht auf dem Grund,
Als habe sie etwas verloren,
Und hinter ihr trabt ein zottiger Hund,
Verdutzt, mit hängenden Ohren.

»Zurück, Verwegne! siehst du denn nicht
Den Wagen, die schnaubenden Braunen?«
Schon dampfen die Nüstern ihr am Gesicht,
Da fährt sie zurück mit Staunen
Und ist noch über die Rinne grad
Mit raschem Sprunge gewichen,
Als an die Schürze das klirrende Rad
In wirbelndem Schwunge gestrichen.

Noch ein Moment – sie taumelt, erbleicht,
Und dann ein plötzlich Erglühen,
O schau, wie durch das Gewühl sie keucht
Mit Armen und Händen und Knien!
Sie rudert, sie windet sich – Stoß auf Stoß,

Scheltworte und Flüche wie Schloßen –
Das Fürtuch reißt, dann flattert es los
Und ist in die Rinne geflossen.

Nun steht sie vor einem stattlichen Haus
Ohne Schuh, besudelt mit Kote;
Dort hält die Karosse, dort schnauben aus
Die Braunen und rauchen wie Schlote.
Der Schlag ist offen, und eben sieht
Sie im Portale verschwinden
Eines Kleides Falte, die purpurn glüht,
Und den Schleier, segelnd in Winden.

»Ach!« flüstert Gertrude, »was hab ich gemacht?
Ich bin wohl verrückt geworden!
Kein Trost bei Tag, keine Ruh bei Nacht,
Das kann die Sinne schon morden.«
Da poltert es schreiend die Stiegen hinab,
Ein Fußtritt aus dem Portale,
Und wimmernd rollt von der Rampe herab
Ihr Hund, der zottige, fahle.

»Ja«, seufzt Gertrude, »nun ist es klar,
Ich bin eine Irre leider!«
Erglühend streicht sie zurück ihr Haar
Und ordnet die staubigen Kleider.
»Wie sah ich so deutlich ihr liebes Gesicht,
So deutlich am Schlage doch ragen!
Allein in Ewigkeit hätte *sie* nicht
Den armen Fidel geschlagen.«

3.

Zehn Jahre! – und mancher, der keck umher
Die funkelnden Blicke geschossen,

Der schlägt sie heute zu Boden schwer,
Und mancher hat sie geschlossen.
Am Hafendamme geht eine Frau
– Mich dünkt, wir müssen sie kennen –,
Ihr Haar einst schwarz, nun schillerndes Grau,
Und hohl die Wangen ihr brennen.

Im Topfe trägt sie den Honigwab,
Zergehend in Julius-Hitze;
Die Trägerin trocknet den Schweiß sich ab
Und ruft dem hinkenden Spitze.
Der sie bestellte, den Schiffspatron,
Sieht über die Planke sie kommen;
Wird er ihr kümmern den kargen Lohn?
Gertrude denkt es beklommen.

Doch nein – wo sich die Matrosen geschart,
Zum Strande sieht sie ihn schreiten,
Er schüttelt das Haupt, er streicht den Bart
Und scheint auf die Welle zu deuten.
Und schau den Spitz! er schnuppert am Grund
»Was suchst du denn in den Gleisen?
Fidel, Fidel!« fort strauchelt der Hund
Und heulet wie Wölfe im Eisen.

Barmherziger Himmel! ihr wird so bang,
Sie wartet im brennenden Sande,
Und wieder erhebt sich so hohl und lang
Des Hundes Geheul vom Strande.
O Gott, eine triefende Leich im Kies,
Eine Leich mit dem Auge des Stieres!
Und drüber kreucht das zottige Vlies
Des lahmen, wimmernden Tieres!

Gertrude steht, sie starret herab
Mit Blicken irrer und irrer,
Dann beugt sie über die Leiche hinab
Mit Lächeln wirrer und wirrer,
Sie wiegt das Haupt bald so, bald so,
Sie flüstert mit zuckendem Munde,
Und eh die zweite Minute entfloh,
Da liegt sie kniend am Grunde.

Sie faßt der Toten geschwollene Hand,
Ihr Haar vor Muscheln und Tange,
Sie faßt ihr triefend zerlumptes Gewand
Und säubert von Kiese die Wange;
Dann sachte schiebt sie das Tuch zurück,
Recht wo die Schultern sich runden,
So stier und bohrend verweilt ihr Blick,
Als habe sie etwas gefunden.

Nun zuckt sie auf, erhebt sich jach
Und stößt ein wimmernd Gestöhne
Grad eben, als der Matrose sprach:
»Das ist die blonde Helene!
Noch jüngst juchheite sie dort vorbei
Mit trunknen Soldaten am Strande.«
Da tat Gertrud einen hohlen Schrei
Und sank zusammen im Sande.

4.

Jüngst stand ich unter den Föhren am See,
Meinen Büchsenspanner zur Seite.
Vom Hange schmälte das brünstige Reh
Und strich durch des Aufschlags Breite;

Ich hörte es knistern so nah und klar,
Grad wo die Lichtung verdämmert,
Daß mich gestöret der Holzwurm gar,
Der unterm Fuße mir hämmert.

Dann sprang es ab, es mochte die Luft
Ihm unsere Witterung tragen;
»Herr«, sprach der Bursche, »links über die Kluft!
Wir müssen zur Linken uns schlagen!
Hier naht kein Wild, wo sie eingescharrt
Die tolle Gertrud vom Gestade,
Ich höre genau, wie der Holzwurm pocht
In ihrer zerfallenen Lade.«

Zur Seite sprang ich, eisig durchgraut,
Mir war, als hab ich gesündigt,
Indes der Bursch mit flüsterndem Laut
Die schaurige Märe verkündigt:
Wie jene gesucht bei Tag und Nacht
Nach dem fremden, ertrunkenen Weibe,
Das ihr der tückische See gebracht,
Verloren an Seele und Leibe.

Ob ihres Blutes? – man wußte es nicht!
Kein Fragen löste das Schweigen.
Doch schlief die Welle, dann sah ihr Gesicht
Man über den Spiegel sich beugen,
Und zeigte er ihr das eigne Bild,
Dann flüsterte sie beklommen:
»Wie alt sie sieht, wie irre und wild,
Und wie entsetzlich verkommen!«

Doch wenn der Sturm die Woge gerührt,
Dann war sie vom Bösen geschlagen,

Was sie für bedenkliche Reden geführt,
Das möge er lieber nicht sagen.
So war sie gerannt vor Jahresfrist
– Man sah's vom lavierenden Schiffe –
Zur Brandung, wo sie am hohlsten ist,
Und kopfüber gefahren vom Riffe.

Drum scharrte man sie ins Dickicht dort,
Wie eine verlorene Seele.
Ich schwieg und sandte den Burschen fort,
Brach mir vom Grab eine Schmele:
»Du armes, gehetztes Wild der Pein.
Wie mögen die Menschen dich richten!«
– Sacht pochte der Käfer im morschen Schrein,
Der Mond stand über den Fichten.

Heinrich Heine

1797–1856

DIE GRENADIERE

Nach Frankreich zogen zwei Grenadier,
Die waren in Rußland gefangen.
Und als sie kamen ins deutsche Quartier,
Sie ließen die Köpfe hangen.

Da hörten sie beide die traurige Mär:
Daß Frankreich verlorengegangen,
Besiegt und zerschlagen das große Heer –
Und der Kaiser, der Kaiser gefangen.

Da weinten zusammen die Grenadier
Wohl ob der kläglichen Kunde.
Der eine sprach: »Wie weh wird mir,
Wie brennt meine alte Wunde!«

Der andre sprach: »Das Lied ist aus,
Auch ich möcht mit dir sterben,
Doch hab ich Weib und Kind zu Haus,
Die ohne mich verderben.«

»Was schert mich Weib, was schert mich Kind!
Ich trage weit beßres Verlangen;
Laß sie betteln gehn, wenn sie hungrig sind –
Mein Kaiser, mein Kaiser gefangen!

Gewähr mir, Bruder, eine Bitt:
Wenn ich jetzt sterben werde,
So nimm meine Leiche nach Frankreich mit,
Begrab mich in Frankreichs Erde.

Das Ehrenkreuz am roten Band
Sollst du aufs Herz mir legen;
Die Flinte gib mir in die Hand,
Und gürt mir um den Degen.

So will ich liegen und horchen still,
Wie eine Schildwach, im Grabe,
Bis einst ich höre Kanonengebrüll
Und wiehernder Rosse Getrabe.

Dann reitet mein Kaiser wohl über mein Grab,
Viel Schwerter klirren und blitzen;
Dann steig ich gewaffnet hervor aus dem Grab –
Den Kaiser, den Kaiser zu schützen.«

IM SÜSSEN TRAUM, BEI STILLER NACHT

Im süßen Traum, bei stiller Nacht,
Da kam zu mir, mit Zaubermacht,
Mit Zaubermacht die Liebste mein,
Sie kam zu mir ins Kämmerlein.

Ich schau sie an, das holde Bild!
Ich schau sie an, sie lächelt mild
Und lächelt, bis das Herz mir schwoll
Und stürmisch kühn das Wort entquoll:

»Nimm hin, nimm alles, was ich hab,
Mein Liebstes tret ich gern dir ab,
Dürft ich dafür dein Buhle sein
Von Mitternacht bis Hahnenschrein.«

Da staunt' mich an gar seltsamlich,
So lieb, so weh und inniglich
Und sprach zu mir die schöne Maid:
»O gib mir deine Seligkeit!«

»Mein Leben süß, mein junges Blut,
Gäb ich, mit Freud und wohlgemut,
Für dich, o Mädchen engelgleich –
Doch nimmermehr das Himmelreich.«

Wohl braust hervor mein rasches Wort,
Doch blühet schöner immerfort,
Und immer spricht die schöne Maid:
»O gib mir deine Seligkeit!«

Dumpf dröhnt dies Wort mir ins Gehör,
Und schleudert mir ein Glutenmeer
Wohl in der Seele tiefsten Raum;
Ich atme schwer, ich atme kaum. –

Das waren weiße Engelein,
Umglänzt von goldnem Glorienschein;
Nun aber stürmte wild herauf
Ein greulich schwarzer Koboldhauf.

Die rangen mit den Engelein,
Und drängten fort die Engelein;
Und endlich auch die schwarze Schar
In Nebelduft zerronnen war. –

Ich aber wollt in Lust vergehn,
Ich hielt im Arm mein Liebchen schön;
Sie schmiegt sich an mich wie ein Reh,
Doch weint sie auch mit bitterm Weh.

Feins Liebchen weint; ich weiß warum
Und küß ihr Rosenmündlein stumm.
»O still, feins Lieb, die Tränenflut,
Ergib dich meiner Liebesglut!«

»Ergib dich meiner Liebesglut –!«
Da plötzlich starrt zu Eis mein Blut;
Laut bebet auf der Erde Grund
Und öffnet gähnend sich ein Schlund.

Und aus dem schwarzen Schlunde steigt
Die schwarze Schar – feins Lieb erbleicht!
Aus meinen Armen schwand feins Lieb;
Ich ganz alleine stehen blieb.

Da tanzt im Kreise wunderbar,
Um mich herum, die schwarze Schar
Und drängt heran, erfaßt mich bald
Und gellend Hohngelächter schallt.

Und immer enger wird der Kreis,
Und immer summt die Schauerweis:
Du gabest hin die Seligkeit,
Gehörst uns nun in Ewigkeit!

BELSAZAR

Die Mitternacht zog näher schon;
In stummer Ruh lag Babylon.

Nur oben in des Königs Schloß,
Da flackert's, da lärmt des Königs Troß.

237

Dort oben in dem Königssaal
Belsazar hielt sein Königsmahl.

Die Knechte saßen in schimmernden Reihn
Und leerten die Becher mit funkelndem Wein.

Es klirrten die Becher, es jauchzten die Knecht;
So klang es dem störrigen Könige recht.

Des Königs Wangen leuchten Glut;
Im Wein erwuchs ihm kecker Mut.

Und blindlings reißt der Mut ihn fort;
Und er lästert die Gottheit mit sündigem Wort.

Und er brüstet sich frech und lästert wild;
Die Knechtenschar ihm Beifall brüllt.

Der König rief mit stolzem Blick;
Der Diener eilt und kehrt zurück.

Er trug viel gülden Gerät auf dem Haupt;
Das war aus dem Tempel Jehovas geraubt.

Und der König ergriff mit frevler Hand
Einen heiligen Becher, gefüllt bis zum Rand.

Und er leert ihn hastig bis auf den Grund
Und rufet laut mit schäumendem Mund:

Jehova! dir künd ich auf ewig Hohn –
Ich bin der König von Babylon!

Doch kaum das grause Wort verklang,
Dem König ward's heimlich im Busen bang.

Das gellende Lachen verstummte zumal;
Es wurde leichenstill im Saal.

Und sieh! und sieh! an weißer Wand,
Da kam's hervor wie Menschenhand;

Und schrieb und schrieb an weißer Wand
Buchstaben von Feuer und schrieb und schwand.

Der König stieren Blicks da saß,
Mit schlotternden Knien und totenblaß.

Die Knechtenschar saß kalt durchgraut
Und saß gar still, gab keinen Laut.

Die Magier kamen, doch keiner verstand
Zu deuten die Flammenschrift an der Wand.

Belsazar ward aber in selbiger Nacht
Von seinen Knechten umgebracht.

ICH WEISS NICHT,
WAS SOLL ES BEDEUTEN

Ich weiß nicht, was soll es bedeuten,
Daß ich so traurig bin;
Ein Märchen aus alten Zeiten,
Das kommt mir nicht aus dem Sinn.

Die Luft ist kühl und es dunkelt,
Und ruhig fließt der Rhein;

Der Gipfel des Berges funkelt
Im Abendsonnenschein.

Die schönste Jungfrau sitzet
Dort oben wunderbar;
Ihr goldnes Geschmeide blitzet,
Sie kämmt ihr goldenes Haar.

Sie kämmt es mit goldenem Kamme
Und singt ein Lied dabei;
Das hat eine wundersame,
Gewaltige Melodei.

Den Schiffer im kleinen Schiffe
Ergreift es mit wildem Weh;
Er schaut nicht die Felsenriffe,
Er schaut nur hinauf in die Höh.

Ich glaube, die Wellen verschlingen
Am Ende Schiffer und Kahn;
Und das hat mit ihrem Singen
Die Lore-Ley getan.

DIE WALLFAHRT NACH KEVLAAR

1.

Am Fenster stand die Mutter.
Im Bette lag der Sohn.
»Willst du nicht aufstehn, Wilhelm,
Zu schaun die Prozession?«

»Ich bin so krank, o Mutter,
Daß ich nicht hör und seh;

Ich denk an das tote Gretchen,
Da tut das Herz mir weh.« –

»Steh auf, wir wollen nach Kevlaar,
Nimm Buch und Rosenkranz;
Die Mutter Gottes heilt dir
Dein krankes Herze ganz.«

Es flattern die Kirchenfahnen,
Es singt im Kirchenton;
Das ist zu Köllen am Rheine,
Da geht die Prozession.

Die Mutter folgt der Menge,
Den Sohn, den führet sie,
Sie singen beide im Chore:
Gelobet seist du, Marie!

2.

Die Mutter Gottes zu Kevlaar
Trägt heut ihr bestes Kleid;
Heut hat sie viel zu schaffen,
Es kommen viel kranke Leut.

Die kranken Leute bringen
Ihr dar, als Opferspend,
Aus Wachs gebildete Glieder,
Viel wächserne Füß und Händ.

Und wer eine Wachshand opfert,
Dem heilt an der Hand die Wund;
Und wer einen Wachsfuß opfert,
Dem wird der Fuß gesund.

Nach Kevlaar ging mancher auf Krücken,
Der jetzo tanzt auf dem Seil,
Gar mancher spielt jetzt die Bratsche,
Dem dort kein Finger war heil.

Die Mutter nahm ein Wachslicht
Und bildete draus ein Herz.
»Bring das der Mutter Gottes,
Dann heilt sie deinen Schmerz.«

Der Sohn nahm seufzend das Wachsherz,
Ging seufzend zum Heiligenbild;
Die Träne quillt aus dem Auge,
Das Wort aus dem Herzen quillt:

»Du Hochgebenedeite,
Du reine Gottesmagd,
Du Königin des Himmels,
Dir sei mein Leid geklagt!

Ich wohnte mit meiner Mutter
Zu Köllen in der Stadt,
Der Stadt, die viele hundert
Kapellen und Kirchen hat.

Und neben uns wohnte Gretchen,
Doch die ist tot jetzund –
Marie, dir bring ich ein Wachsherz,
Heil du meine Herzenswund.

Heil du mein krankes Herze –
Ich will auch spät und früh
Inbrünstiglich beten und singen:
Gelobt seist du, Marie!«

3.

Der kranke Sohn und die Mutter,
Die schliefen im Kämmerlein;
Da kam die Mutter Gottes
Ganz leise geschritten herein.

Sie beugte sich über den Kranken
Und legte ihre Hand
Ganz leise auf sein Herze
Und lächelte mild und schwand.

Die Mutter schaut alles im Traume
Und hat noch mehr geschaut,
Sie erwachte aus dem Schlummer,
Die Hunde bellten so laut.

Da lag dahingestrecket
Ihr Sohn, und der war tot;
Es spielt auf den bleichen Wangen
Das lichte Morgenrot.

Die Mutter faltet die Hände,
Ihr war, sie wußte nicht wie;
Andächtig sang sie leise:
»Gelobt seist du, Marie!«

DER ABEND KOMMT GEZOGEN

Der Abend kommt gezogen,
Der Nebel bedeckt die See;
Geheimnisvoll rauschen die Wogen,
Da steigt es weiß in die Höh.

Die Meerfrau steigt aus den Wellen
Und setzt sich zu mir an den Strand;
Die weißen Brüste quellen
Hervor aus dem Schleiergewand.

Sie drückt mich und sie preßt mich
Und tut mir fast ein Weh –
Du drückst ja viel zu fest mich,
Du schöne Wasserfee!

»Ich preß dich in meinen Armen
Und drücke dich mit Gewalt;
Ich will bei dir erwarmen,
Der Abend ist gar zu kalt.«

Der Mond schaut immer blasser
Aus dämmriger Wolkenhöh –
Dein Auge wird trüber und nasser,
Du schöne Wasserfee!

»Es wird nicht trüber und nasser,
Mein Aug ist naß und trüb,
Weil, als ich stieg aus dem Wasser,
Ein Tropfen im Auge blieb.«

Die Möwen schrillen kläglich,
Es grollt und brandet die See –
Dein Herz pocht wild beweglich,
Du schöne Wasserfee!

»Mein Herz pocht wild beweglich,
Es pocht beweglich wild,
Weil ich dich liebe unsäglich,
Du liebes Menschenbild!«

DONNA CLARA

In dem abendlichen Garten
Wandelt des Alkaden Tochter;
Pauken- und Trommetenjubel
Klingt herunter von dem Schlosse.

»Lästig werden mir die Tänze
Und die süßen Schmeichelworte,
Und die Bitter, die so zierlich
Mich vergleichen mit der Sonne.

Überlästig wird mir alles,
Seit ich sah, beim Strahl des Mondes
Jenen Ritter, dessen Laute
Nächtens mich ans Fenster lockte.

Wie er stand so schlank und mutig
Und die Augen leuchtend schossen
Aus dem edelblassen Antlitz,
Glich er wahrlich Sankt Georgen.«

Also dachte Donna Clara,
Und sie schaute auf den Boden;
Wie sie aufblickt, steht der schöne,
Unbekannte Ritter vor ihr.

Händedrückend, liebeflüsternd
Wandeln sie umher im Mondschein,
Und der Zephir schmeichelt freundlich,
Märchenartig grüßen Rosen.

Märchenartig grüßen Rosen,
Und sie glühn wie Liebesboten. –

Aber sage mir, Geliebte,
Warum du so plötzlich rot wirst?

»Mücken stachen mich, Geliebter,
Und die Mücken sind, im Sommer,
Mir so tief verhaßt, als wären's
Langenas'ge Judenrotten.«

Laß die Mücken und die Juden,
Spricht der Ritter, freundlich kosend.
Von den Mandelbäumen fallen
Tausend weiße Blütenflocken.

Tausend weiße Blütenflocken
Haben ihren Duft ergossen. –
Aber sage mir, Geliebte,
Ist dein Herz mir ganz gewogen?

»Ja, ich liebe dich, Geliebter,
Bei dem Heiland sei's geschworen,
Den die gottverfluchten Juden
Boshaft tückisch einst ermordet.«

Laß den Heiland und die Juden,
Spricht der Ritter, freundlich kosend.
In der Ferne schwanken traumhaft
Weiße Lilien, lichtumflossen.

Weiße Lilien, lichtumflossen,
Blicken nach den Sternen droben. –
Aber sage mir, Geliebte,
Hast du auch nicht falsch geschworen?

»Falsch ist nicht in mir, Geliebter,
Wie in meiner Brust kein Tropfen
Blut ist von dem Blut der Mohren
Und des schmutzgen Judenvolkes.«

Laß die Mohren und die Juden,
Spricht der Ritter, freundlich kosend;
Und nach einer Myrtenlaube
Führt er die Alkadentochter.

Mit den weichen Liebesnetzen
Hat er heimlich sie umflochten;
Kurze Worte, lange Küsse,
Und die Herzen überflossen.

Wie ein schmelzend süßes Brautlied
Singt die Nachtigall, die holde;
Wie zum Fackeltanze hüpfen
Feuerwürmchen auf dem Boden.

In der Laube wird es stiller,
Und man hört nur, wie verstohlen,
Das Geflüster kluger Myrten
Und der Blumen Atemholen.

Aber Pauken und Trommeten
Schallen plötzlich aus dem Schlosse,
Und erwachend hat sich Clara
Aus des Ritters Arm gezogen.

»Horch! da ruft es mich, Geliebter;
Doch, bevor wir scheiden, sollst du

Nennen deinen lieben Namen,
Den du mir so lang verborgen.«

Und der Ritter, heiter lächelnd,
Küßt die Finger seiner Donna,
Küßt die Lippen und die Stirne,
Und er spricht zuletzt die Worte:

Ich, Senora, Eu'r Geliebter,
Bin der Sohn des vielbelobten,
Großen, schriftgelehrten Rabbi
Israel von Saragossa.

ES WAR EIN ALTER KÖNIG

Es war ein alter König,
Sein Herz war schwer, sein Haupt war grau;
Der arme alte König,
Er nahm eine junge Frau.

Es war ein schöner Page,
Blond war sein Haupt, leicht war sein Sinn;
Er trug die seidne Schleppe
Der jungen Königin.

Kennst du das alte Liedchen?
Es klingt so süß, es klingt so trüb!
Sie mußten beide sterben,
Sie hatten sich viel zu lieb.

DER TANNHÄUSER

Eine Legende

1.

Ihr guten Christen, laßt euch nicht
Von Satans List umgarnen!
Ich sing euch das Tannhäuserlied,
Um eure Seelen zu warnen.

Der edle Tannhäuser, ein Ritter gut,
Wollt Lieb und Lust gewinnen,
Da zog er in den Venusberg,
Blieb sieben Jahre drinnen.

Frau Venus, meine schöne Frau,
Leb wohl, mein holdes Leben!
Ich will nicht länger bleiben bei dir,
Du sollst mir Urlaub geben.

»Tannhäuser, edler Ritter mein,
Hast heut mich nicht geküsset;
Küß mich geschwind, und sage mir:
Was du bei mir vermisset?

Habe ich nicht den süßesten Wein
Tagtäglich dir kredenzet?
Und hab ich nicht mit Rosen dir
Tagtäglich das Haupt bekränzet?«

Frau Venus, meine schöne Frau,
Von süßem Wein und Küssen
Ist meine Seele geworden krank;
Ich schmachte nach Bitternissen.

Wir haben zuviel gescherzt und gelacht,
Ich sehne mich nach Tränen,
Und statt mit Rosen möcht ich mein Haupt
Mit spitzigen Dornen krönen.

»Tannhäuser, edler Ritter mein,
Du willst dich mit mir zanken;
Du hast geschworen viel tausendmal,
Niemals von mir zu wanken.

Komm, laß uns in die Kammer gehn,
Zu spielen der heimlichen Minne;
Mein schöner lilienweißer Leib
Erheitert deine Sinne.«

Frau Venus, meine schöne Frau,
Dein Reiz wird ewig blühen;
Wie viele einst für dich geglüht,
So werden noch viele glühen.

Doch denk ich der Götter und Helden, die einst
Sich zärtlich daran geweidet,
Dein schöner lilienweißer Leib,
Er wird mir schier verleidet.

Dein schöner lilienweißer Leib
Erfüllt mich fast mit Entsetzen,
Gedenk ich, wie viele werden sich
Noch späterhin dran ergetzen!

»Tannhäuser, edler Ritter mein,
Das sollst du mir nicht sagen,
Ich wollte lieber, du schlügest mich,
Wie du mich oft geschlagen.

Ich wollte lieber, du schlügest mich,
Als daß du Beleidigung sprächest
Und mir, undankbar kalter Christ,
Den Stolz im Herzen brächest.

Weil ich dich geliebet gar zu sehr,
Hör ich nun solche Worte –
Leb wohl, ich gebe Urlaub dir,
Ich öffne dir selber die Pforte.«

2.

Zu Rom, zu Rom, in der heiligen Stadt,
Da singt es und klingelt und läutet:
Da zieht einher die Prozession,
Der Papst in der Mitte schreitet.

Das ist der fromme Papst Urban,
Er trägt die dreifache Krone,
Er trägt ein rotes Purpurgewand,
Die Schleppe tragen Barone.

»O heiliger Vater, Papst Urban,
Ich laß dich nicht von der Stelle,
Du hörest zuvor meine Beichte an,
Du rettest mich von der Hölle!«

Das Volk, es weicht im Kreis zurück,
Es schweigen die geistlichen Lieder: –
Wer ist der Pilger bleich und wüst,
Vor dem Papste kniet er nieder?

»O heiliger Vater, Papst Urban,
Du kannst ja binden und lösen,

Errette mich von der Höllenqual
Und von der Macht des Bösen.

Ich bin der edle Tannhäuser genannt,
Wollte Lieb und Lust gewinnen,
Da zog ich in den Venusberg,
Blieb sieben Jahre drinnen.

Frau Venus ist eine schöne Frau,
Liebreizend und anmutreiche;
Wie Sonnenschein und Blumenduft
Ist ihre Stimme, die weiche.

Wie der Schmetterling flattert um eine Blum,
Am zarten Kelch zu nippen,
So flattert meine Seele stets
Um ihre Rosenlippen.

Ihr edles Gesicht umringeln wild
Die blühend schwarzen Locken;
Schaun dich die großen Augen an,
Wird dir der Atem stocken.

Schaun dich die großen Augen an,
So bist du wie angekettet;
Ich habe nur mit großer Not
Mich aus dem Berg gerettet.

Ich hab mich gerettet aus dem Berg,
Doch stets verfolgen die Blicke
Der schönen Frau mich überall,
Sie winken: komm zurücke!

Ein armes Gespenst bin ich am Tag,
Des Nachts mein Leben erwachet,
Dann träum ich von meiner schönen Frau,
Sie sitzt bei mir und lachet.

Sie lacht so gesund, so glücklich, so toll,
Und mit so weißen Zähnen!
Wenn ich an dieses Lachen denk,
So weine ich plötzliche Tränen.

Ich liebe sie mit Allgewalt,
Nichts kann die Liebe hemmen!
Das ist wie ein wilder Wasserfall,
Du kannst seine Fluten nicht dämmen;

Er springt von Klippe zu Klippe herab,
Mit lautem Tosen und Schäumen,
Und bräch er tausendmal den Hals,
Er wird im Laufe nicht säumen.

Wenn ich den ganzen Himmel besäß,
Frau Venus schenkt ich ihn gerne;
Ich gäb ihr die Sonne, ich gäb ihr den Mond,
Ich gäbe ihr sämtliche Sterne.

Ich liebe sie mit Allgewalt,
Mit Flammen, die mich verzehren –
Ist das der Hölle Feuer schon,
Die Gluten, die ewig währen?

O heiliger Vater, Papst Urban,
Du kannst ja binden und lösen!
Errette mich von der Höllenqual
Und von der Macht des Bösen.«

Der Papst hub jammernd die Händ empor,
Hub jammernd an zu sprechen:
»Tannhäuser, unglückselger Mann,
Der Zauber ist nicht zu brechen.

Der Teufel, den man Venus nennt,
Er ist der Schlimmste von allen;
Erretten kann ich dich nimmermehr
Aus seinen schönen Krallen.

Mit deiner Seele mußt du jetzt
Des Fleisches Lust bezahlen,
Du bist verworfen, du bist verdammt
Zu ewigen Höllenqualen.«

3.

Der Ritter Tannhäuser, er wandelt so rasch,
Die Füße, die wurden ihm wunde.
Er kam zurück in den Venusberg
Wohl um die Mitternachtstunde.

Frau Venus erwachte aus dem Schlaf,
Ist schnell aus dem Bette gesprungen;
Sie hat mit ihrem weißen Arm
Den geliebten Mann umschlungen.

Aus ihrer Nase rann das Blut,
Den Augen die Tränen entflossen;
Sie hat mit Tränen und Blut das Gesicht
Des geliebten Mannes begossen.

Der Ritter legte sich ins Bett,
Er hat kein Wort gesprochen.

Frau Venus in die Küche ging,
Um ihm eine Suppe zu kochen.

Sie gab ihm Suppe, sie gab ihm Brot,
Sie wusch seine wunden Füße,
Sie kämmte ihm das struppige Haar
Und lachte dabei so süße.

»Tannhäuser, edler Ritter mein,
Bist lange ausgeblieben,
Sag an, in welchen Landen du dich
So lange herumgetrieben?«

Frau Venus, meine schöne Frau,
Ich hab in Welschland verweilet;
Ich hatte Geschäfte in Rom und bin
Schnell wieder hierher geeilet.

Auf sieben Hügeln ist Rom gebaut,
Der Tiber tut dorten fließen;
Auch hab ich in Rom den Papst gesehn,
Der Papst, er läßt dich grüßen.

Auf meinem Rückweg sah ich Florenz,
Bin auch durch Mailand gekommen
Und bin alsdann mit raschem Mut
Die Schweiz hinaufgeklommen.

Und als ich über die Alpen zog,
Da fing es an zu schneien,
Die blauen Seen, die lachten mich an,
Die Adler krächzen und schreien.

Und als ich auf dem Sankt Gotthard stand,
Da hört ich Deutschland schnarchen;
Es schlief da unten in sanfter Hut
Von sechsunddreißig Monarchen.

In Schwaben besah ich die Dichterschul,
Gar liebe Geschöpfchen und Tröpfchen!
Auf kleinen Kackstühlchen saßen sie dort,
Fallhütchen auf den Köpfchen.

Zu Frankfurt kam ich am Schabbes an
Und aß dort Schalet und Klöße;
Ihr habt die beste Religion,
Auch lieb ich das Gänsegekröse.

In Dresden sah ich einen Hund,
Der einst gehört zu den Bessern,
Doch fallen ihm jetzt die Zähne aus,
Er kann nur bellen und wässern.

Zu Weimar, dem Musenwitwensitz,
Da hört ich viel Klagen erheben,
Man weinte und jammerte: Goethe sei tot,
Und Eckermann sei noch am Leben!

Zu Potsdam vernahm ich ein lautes Geschrei –
Was gibt es? rief ich verwundert.
»Das ist der Gans in Berlin, der liest
Dort über das letzte Jahrhundert.«

Zu Göttingen blüht die Wissenschaft,
Doch bringt sie keine Früchte.
Ich kam dort durch in stockfinstrer Nacht,
Sah nirgendswo ein Lichte.

Zu Celle im Zuchthaus sah ich nur
Hannoveraner – O Deutsche!
Uns fehlt ein Nationalzuchthaus
Und eine gemeinsame Peitsche!

Zu Hamburg frug ich: warum so sehr
Die Straßen stinken täten?
Doch Juden und Christen versicherten mir,
Das käme von den Fleeten.

Zu Hamburg, in der guten Stadt,
Wohnt mancher schlechte Geselle;
Und als ich auf die Börse kam,
Ich glaubte, ich wär noch in Celle.

Zu Hamburg sah ich Altona,
Ist auch eine schöne Gegend;
Ein andermal erzähl ich dir,
Was mir alldort begegent.

RITTER OLAF

1.

Vor dem Dome stehn zwei Männer,
Tragen beide rote Röcke,
Und der eine ist der König,
Und der Henker ist der andre.

Und zum Henker spricht der König:
»Am Gesang der Pfaffen merk ich,

Daß vollendet schon die Trauung –
Halt bereit dein gutes Richtbeil.«

Glockenklang und Orgelrauschen,
Und das Volk strömt aus der Kirche;
Bunter Festzug, in der Mitte
Die geschmückten Neuvermählten.

Leichenblaß und bang und traurig
Schaut die schöne Königstochter;
Keck und heiter schaut Herr Olaf;
Und sein roter Mund, der lächelt.

Und mit lächelnd rotem Munde
Spricht er zu dem finstern König:
»Guten Morgen, Schwiegervater,
Heut ist dir mein Haupt verfallen.

Sterben soll ich heut – o, laß mich
Nur bis Mitternacht noch leben,
Daß ich meine Hochzeit feire
Mit Bankett und Fackeltänzen.

Laß mich leben, laß mich leben,
Bis geleert der letzte Becher,
Bis der letzte Tanz getanzt ist –
Laß bis Mitternacht mich leben!«

Und zum Henker spricht der König:
»Unserm Eidam sei gefristet
Bis um Mitternacht sein Leben –
Halt bereit dein gutes Richtbeil.«

2.

Herr Olaf sitzt beim Hochzeitsschmaus,
Er trinkt den letzten Becher aus.
An seine Schulter lehnt
Sein Weib und stöhnt –
Der Henker steht vor der Türe.

Der Reigen beginnt, und Herr Olaf erfaßt
Sein junges Weib, und mit wilder Hast
Sie tanzen, bei Fackelglanz,
Den letzten Tanz –
Der Henker steht vor der Türe.

Die Geigen geben so lustigen Klang,
Die Flöten seufzen so traurig und bang!
Wer die beiden tanzen sieht,
Dem erbebt das Gemüt –
Der Henker steht vor der Türe.

Und wie sie tanzen, im dröhnenden Saal,
Herr Olaf flüstert zu seinem Gemahl:
»Du weißt nicht, wie lieb ich dich hab –
So kalt ist das Grab.« –
Der Henker steht vor der Türe.

3.

Herr Olaf, es ist Mitternacht,
Dein Leben ist verflossen!
Du hattest eines Fürstenkinds
In freier Lust genossen.

Die Mönche murmeln das Totengebet,
Der Mann im roten Rocke,

Er steht mit seinem blanken Beil
Schon vor dem schwarzen Blocke.

Herr Olaf steigt in den Hof hinab,
Da blinken viel Schwerter und Lichter.
Es lächelt des Ritters roter Mund,
Mit lächelndem Munde spricht er:

»Ich segne die Sonne, ich segne den Mond
Und die Stern, die am Himmel schweifen.
Ich segne auch die Vögelein,
Die in den Lüften pfeifen.

Ich segne das Meer, ich segne das Land
Und die Blumen auf der Aue.
Ich segne die Veilchen, sie sind so sanft
Wie die Augen meiner Fraue.

Ihr Veilchenaugen meiner Frau,
Durch euch verlier ich mein Leben!
Ich segne auch den Holunderbaum,
Wo du dich mir ergeben.«

SCHLACHTFELD BEI HASTINGS

Der Abt von Waltham seufzte tief,
Als er die Kunde vernommen,
Daß König Harold elendiglich
Bei Hastings umgekommen.

Zwei Mönche, Asgod und Ailrik genannt,
Die schickt' er aus als Boten,
Sie sollten suchen die Leiche Harolds
Bei Hastings unter den Toten.

Die Mönche gingen traurig fort
Und kehrten traurig zurücke:
»Hochwürdiger Vater, die Welt ist uns gram,
Wir sind verlassen vom Glücke.

Gefallen ist der beßre Mann,
Es siegte der Bankert, der schlechte,
Gewappnete Diebe verteilen das Land
Und machen den Freiling zum Knechte.

Der lausigste Lump aus der Normandie
Wird Lord auf der Insel der Briten;
Ich sah einen Schneider aus Bayeux, er kam
Mit goldnen Sporen geritten.

Weh dem, der jetzt ein Sachse ist!
Ihr Sachsenheilige droben
Im Himmelreich, nehmt euch in acht,
Ihr seid der Schmach nicht enthoben.

Jetzt wissen wir, was bedeutet hat
Der große Komet, der heuer
Blutrot am nächtlichen Himmel ritt
Auf einem Besen von Feuer.

Bei Hastings in Erfüllung ging
Des Unsterns böses Zeichen,
Wir waren auf dem Schlachtfeld dort
Und suchten unter den Leichen.

Wir suchten hin, wir suchten her,
Bis alle Hoffnung verschwunden –
Den Leichnam des toten Königs Harold,
Wir haben ihn nicht gefunden.«

Asgod und Ailrik sprachen also;
Der Abt rang jammernd die Hände,
Versank in tiefe Nachdenklichkeit
Und sprach mit Seufzen am Ende:

»Zu Grendelfield am Bardenstein,
Just in des Waldes Mitte,
Da wohnet Edith Schwanenhals
In einer dürftgen Hütte.

Man hieß sie Edith Schwanenhals,
Weil wie der Hals der Schwäne
Ihr Nacken war; der König Harold,
Er liebte die junge Schöne.

Er hat sie geliebt, geküßt und geherzt,
Und endlich verlassen, vergessen.
Die Zeit verfließt; wohl sechzehn Jahr
Verflossen unterdessen.

Begebt euch, Brüder, zu diesem Weib
Und laßt sie mit euch gehen
Zurück nach Hastings, der Blick des Weibs
Wird dort den König erspähen.

Nach Waltham-Abtei hierher alsdann
Sollt ihr die Leiche bringen,
Damit wir christlich bestatten den Leib
Und für die Seele singen.«

Um Mitternacht gelangten schon
Die Boten zur Hütte im Walde:
»Erwache, Edith Schwanenhals,
Und folge uns alsbalde.

Der Herzog der Normannen hat
Den Sieg davongetragen,
Und auf dem Feld bei Hastings liegt
Der König Harold erschlagen.

Kommt mit nach Hastings, wir suchen dort
Den Leichnam unter den Toten,
Und bringen ihn nach Waltham-Abtei,
Wie uns der Abt geboten.«

Kein Wort sprach Edith Schwanenhals,
Sie schürzte sich geschwinde
Und folgte den Mönchen; ihr greisendes Haar,
Das flatterte wild im Winde.

Es folgte barfuß das arme Weib
Durch Sümpfe und Baumgestrüppe.
Bei Tagesanbruch gewahrten sie schon
Zu Hastings die kreidige Klippe.

Der Nebel, der das Schlachtfeld bedeckt
Als wie ein weißes Leilich,
Zerfloß allmählich; es flatterten auf
Die Dohlen und krächzten abscheulich.

Viel tausend Leichen lagen dort
Erbärmlich auf blutiger Erde,
Nackt ausgeplündert, verstümmelt, zerfleischt,
Daneben die Äser der Pferde.

Es watete Edith Schwanenhals
Im Blute mit nackten Füßen;
Wie Pfeile aus ihrem stieren Aug
Die forschenden Blicke schießen.

Sie suchte hin, sie suchte her,
Oft mußte sie mühsam verscheuchen
Die fraßbegierige Rabenschar;
Die Mönche hinter ihr keuchen.

Sie suchte schon den ganzen Tag,
Es ward schon Abend – plötzlich
Bricht aus der Brust des armen Weibs
Ein geller Schrei, entsetzlich.

Gefunden hat Edith Schwanenhals
Des toten Königs Leiche.
Sie sprach kein Wort, sie weinte nicht,
Sie küßte das Antlitz, das bleiche.

Sie küßte die Stirne, sie küßte den Mund,
Sie hielt ihn fest umschlossen;
Sie küßte auf des Königs Brust
Die Wunde blutumflossen.

Auf seiner Schulter erblickt sie auch –
Und sie bedeckt sie mit Küssen –
Drei kleine Narben, Denkmäler der Lust,
Die sie einst hineingebissen.

Die Mönche konnten mittlerweil
Baumstämme zusammenfugen;
Das war die Bahre, worauf sie alsdann
Den toten König trugen.

Sie trugen ihn nach Waltham-Abtei,
Daß man ihn dort begrübe;
Es folgte Edith Schwanenhals
Der Leiche ihrer Liebe.

Sie sang die Totenlitanein
In kindisch frommer Weise;
Das klang so schauerlich in der Nacht –
Die Mönche beteten leise.

JAMMERTAL

Der Nachtwind durch die Luken pfeift,
Und auf dem Dachstublager
Zwei arme Seelen gebettet sind;
Sie schauen so blaß und mager.

Die eine arme Seele spricht:
Umschling mich mit deinen Armen,
An meinen Mund drück fest deinen Mund,
Ich will an dir erwarmen.

Die andere arme Seele spricht:
Wenn ich dein Auge sehe,
Verschwindet mein Elend, der Hunger, der Frost
Und all mein Erdenwehe.

Sie küßten sich viel, sie weinten noch mehr,
Sie drückten sich seufzend die Hände,
Sie lachten manchmal und sangen sogar,
Und sie verstummten am Ende.

Am Morgen kam der Kommissär,
Und mit ihm kam ein braver
Chirurgus, welcher konstatiert
Den Tod der beiden Kadaver.

Die strenge Wittrung, erklärte er,
Mit Magenleere vereinigt,
Hat beider Ableben verursacht, sie hat
Zum mindesten solches beschleunigt.

Wenn Fröste eintreten, setzt' er hinzu,
Sei höchst notwendig Verwahrung
Durch wollene Decken; er empfahl
Gleichfalls gesunde Nahrung.

August Heinrich Hoffmann von Fallersleben

1798–1874

HUNDE UND KATZEN

Die Hund' und Katzen, die stritten sich
Und zankten sich um die Wette,
Wer unter ihnen urkundlich
Den ältesten Adel hätte.

»Wir haben ein uraltes Diplom
Lang her von undenklichen Tagen,
Was Remus und Romulus einst zu Rom
Gab allen Isegrims-Magen.«

»Zeigt uns«, erwidern die Katzen, »wohlan!
Zeigt her die alten Briefe!
Was steht denn drin, was hangt denn dran?
Wo sind sie, in welchem Archive?«

Man schickte den Pudel eilig nach Rom
Zum Ärger der Katzen und Kater,
Der sollte holen das alte Diplom
Herbei vom heiligen Vater.

Der Pudel kommt ganz ungeniert
Zum Papst hereingetreten;
Er hat den Pantoffel ihm apportiert
Und ihn dann höflich gebeten.

Der Pudel empfing aus des Papstes Hand,
Was das Hundevolk begehrte;
Dann zog er wiederum in sein Land
Auf seiner alten Fährte.

Und als er kam an den Po bei Rom,
Da schwamm vor ihm ein Braten,
Er schnappte danach und verlor sein Diplom
Und mußt' es auf ewig entraten.

So stand die Sache wie zuletzt,
Der Streit blieb unentschieden,
Und Hund' und Katzen halten bis jetzt
Noch immer keinen Frieden.

Die Hunde, die denken noch immer so:
Wir werden sie schon überwinden!
Sie suchen und forschen noch immer am Po
Und können den Adel nicht finden.

Willibald Alexis

1798–1871

DER SPÄTE GAST

Was klopft ans Tor? – Über die rote Heide
Geht nur mein Sohn und ich, wir beide.
Wir beide wohnen in der Wildnis allein,
Mein Sohn siecht dort im Kämmerlein.
   Wer will herein?

»Mütterlein, nimm mich ins kleine Haus,
Draußen wehet es kalt und graus.
Oft schon kreuzt' ich die rote Heide,
Oft schon sahen wir hier uns beide,
   O laß mich ein!« –

Bist du ein Unhold und locktest ins Moor
Meine Tochter, als ich das Kind verlor? –
»Ich bin kein Unhold, ich bin dir verwandt,
Deine Tochter habe ich Schwester genannt.
   O laß mich ein.«

Verwandt ist mir niemand, niemand wert,
Ich sitze allein an meinem Herd. –
»Ich kann nicht schlafen auf welkem Gras,
Von Tau und Regen ist's kalt und naß.
   O laß mich ein.«

Vorm Fremden schlüge an der Hund,
Was zittert und stiert er, wie stumm und wund! –
»Der Hund hat sieben Jahr mich gekannt,

Seit ich ihn drüben am Kreuzweg fand.
O laß mich ein!«

Was hast du die trauernde Mutter geneckt?
Was hast aus dem Traume mich aufgeschreckt,
Was schläfst du nicht ruhig im Kämmerlein,
Was sprangst du hinaus in den Mondenschein?
Mein Sohn herein!

»Mutter, dein Sohn steht draußen nicht,
Aber mich brachte dein Schoß ans Licht.
Dein Sohn liegt noch im Kämmerlein,
Aber ich schwebe im Mondenschein.
O laß mich ein!«

Mein Sohn, mein Sohn, drück auf die Tür,
Ich bin so schwach, und komme zu mir.
Leicht Flechtwerk ist's vom Elsenwald,
Und draußen weht der Wind so kalt.
O komm herein!

»Viel tausend Meilen wohl bin ich von dir,
Öffnen kann ich nicht mehr die Tür,
Selbst wie der Wind bin ich leicht und schwach.
O mache zurecht mein klein Gemach,
Und laß mich ein!«

Deine Kammer ist fertig; vorm Windesstoß
Hab' ich sie verstopft mit Schilf und Moos. –
»Sechs Bretter sind für mich genug,
Und lege hinein ein weißes Tuch.
O laß mich ein!«

Ich öffne geschwind, mein liebes Kind.
Wo bist du? – Es saust vorbei der Wind. –
»Der Wind weht fort mich, Mütterlein!«
Ihr Sohn lag blaß wie Mondenschein
     Im Kämmerlein.

August Kopisch

1799–1853

DIE HEINZELMÄNNCHEN

Wie war zu Köln es doch vordem
Mit Heinzelmännchen so bequem!
Denn, war man faul – man legte sich
Hin auf die Bank und pflegte sich:
            Da kamen bei Nacht,
            Ehe man's gedacht,
        Die Männlein und schwärmten
        Und klappten und lärmten
            Und rupften
            Und zupften
        Und hüpften und trabten
        Und putzten und schabten –
Und eh ein Faulpelz noch erwacht –
War all sein Tagewerk – bereits gemacht!

Die Zimmerleute streckten sich
Hin auf die Spän' und reckten sich.
Indessen kam die Geisterschar
Und sah, was da zu zimmern war.
            Nahm Meißel und Beil
            Und die Säg' in Eil';
        Sie sägten und stachen
        Und hieben und brachen,
            Berappten
            Und kappten,
        Visierten wie Falken
        Und setzten die Balken –
Eh sich's der Zimmermann versah –
Klapp, stand das ganze Haus – schon fertig da!

Beim Bäckermeister war nicht Not,
Die Heinzelmännchen backten Brot.
Die faulen Burschen legten sich,
Die Heinzelmännchen regten sich
  Und ächzten daher
  Mit den Säcken schwer
 Und kneteten tüchtig
 Und wogen es richtig
  Und hoben
  Und schoben
 Und fegten und backten
 Und klopften und hackten.
Die Burschen schnarchten noch im Chor·
Da rückte schon das Brot – das neue, vor!

Beim Fleischer ging es just so zu:
Gesell und Bursche lag in Ruh.
Indessen kamen die Männlein her
Und hackten das Schwein die Kreuz und Quer.
  Das ging so geschwind
  Wie die Mühl' im Wind!
 Die klappten mit Beilen,
 Die schnitzten an Speilen,
  Die spülten,
  Die wühlten
 Und mengten und mischten
 Und stopften und wischten.
Tat der Gesell die Augen auf –
Wapp! hing die Wurst da schon im Ausverkauf!

Beim Schenken war es so: Es trank
Der Küfer, bis er niedersank;
Am hohlen Fasse schlief er ein,

273

Die Männlein sorgten um den Wein
    Und schwefelten fein
    Alle Fässer ein
Und rollten und hoben
Mit Winden und Kloben
    Und schwenkten
    Und senkten
Und gossen und panschten
Und mengten und manschten.
Und eh der Küfer noch erwacht,
War schon der Wein geschönt und fein gemacht!

Einst hatt' ein Schneider große Pein:
Der Staatsrock sollte fertig sein;
Warf hin das Zeug und legte sich
Hin auf das Ohr und pflegte sich.
    Da schlüpften sie frisch
    In den Schneidertisch
Und schnitten und rückten
Und nähten und stickten
    Und faßten
    Und paßten
Und strichen und guckten
Und zupften und ruckten –
Und eh mein Schneiderlein erwacht:
War Bürgermeisters Rock – bereits gemacht!

Neugierig war des Schneiders Weib
Und macht sich diesen Zeitvertreib:
Streut Erbsen hin die andre Nacht,
Die Heinzelmännchen kommen sacht:
    Eins fährt nun aus,
    Schlägt hin im Haus,

Die gleiten von Stufen
Und plumpen in Kufen,
   Die fallen
   Mit Schallen,
Die lärmen und schreien
Und vermaledeien!
Sie springt hinunter auf den Schall
Mit Licht: husch, husch, husch, husch! –
                verschwinden all!

O weh! nun sind sie alle fort
Und keines ist mehr hier am Ort!
Man kann nicht mehr wie sonsten ruhn,
Man muß nun alles selber tun!
   Ein jeder muß fein
   Selbst fleißig sein
Und kratzen und schaben
Und rennen und traben
   Und schniegeln
   Und biegeln
Und klopfen und hacken
Und kochen und backen.
Ach, daß es noch wie damals wär!
Doch kommt die schöne Zeit nicht wieder her!

Wilhelm Hauff

1802–1827

HANS HUTTENS ENDE

Laut rufet Herr Ulrich, der Herzog, und sagt:
»Hans Hutten, reite mit auf die Jagd,
Im Schönbuch weiß ich ein Mutterschwein,
Wir schießen es für die Liebste mein.«

Und im Forst sich der Herzog zum Junker wandt':
»Hans Hutten, was flimmert an deiner Hand?«
»Herr Herzog, es ist halt ein Ringelein,
Ich hab' es von meiner Herzliebsten fein.«

»Herr Hans, du bist ja ein stattlicher Mann,
Hast gar auch ein güldenes Kettlein an?«
»Das hat mir mein herziger Schatz geschenkt
Zum Zeichen, daß sie noch meiner gedenkt.«

Und der Herzog blicket ihn schrecklich an:
»So? Das hat alles dein Schatz getan?
Der Trauring ist von meinem Weib,
Das Kettlein hing ich ihr selbst um den Leib.«

O Hutten, gib deinem Rappen den Sporn,
Schon rollet des Herzogs Auge im Zorn!
Flieh, Hutten! es ist die höchste Zeit,
Schon reißt er das blinkende Schwert aus der Scheid'!

»Dein Schwert 'raus, Buhler, mich dürstet sehr,
Zu sühnen mit Blut meines Bettes Ehr'!«
Flugs, Junker, ein Stoßgebetlein sprich,
Wenn Ulrich haut, haut er fürchterlich.

Es krachen die Rippen, es bricht das Herz;
Ruhig wischet Ulrich das blutige Erz,
Ruhig nimmt er des ledigen Pferdes Zaum
Und hänget die Leich' an den nächsten Baum.

Es steht eine Eiche im Schönbuchwald,
Gar breit in den Ästen und hochgestalt;
Zum Zeichen wird sie Jahrhunderte stahn,
Hier hing der Herzog den Junker dran.

Und wenn man den Herzog vom Lande jagt,
Sein Nam' bleibt ihm, sein Schwert; er sagt:
»Mein Nam', er verdorret ja nimmermehr,
Und gerächet hab' ich des Hauses Ehr'.«

Nikolaus Lenau

1802–1850

DER POSTILLION

Lieblich war die Maiennacht,
Silberwölklein flogen,
Ob der holden Frühlingspracht
Freudig hingezogen.

Schlummernd lagen Wies' und Hain,
Jeder Pfad verlassen;
Niemand als der Mondenschein
Wachte auf der Straßen.

Leise nur das Lüftchen sprach,
Und es zog gelinder
Durch das stille Schlafgemach
All der Frühlingskinder.

Heimlich nur das Bächlein schlich,
Denn der Blüten Träume
Dufteten gar wonniglich
Durch die stillen Räume.

Rauher war mein Postillion,
Ließ die Geißel knallen,
Über Berg und Tal davon
Frisch sein Horn erschallen.

Und von flinken Rossen vier
Scholl der Hufe Schlagen,
Die durchs blühende Revier
Trabten mit Behagen.

Wald und Flur im schnellen Zug
Kaum gegrüßt – gemieden;
Und vorbei, wie Traumesflug,
Schwand der Dörfer Frieden.

Mitten in dem Maienglück
Lag ein Kirchhof innen,
Der den raschen Wanderblick
Hielt zu ernstem Sinnen.

Hingelehnt an Bergesrand
War die bleiche Mauer,
Und das Kreuzbild Gottes stand
Hoch, in stummer Trauer.

Schwager ritt auf seiner Bahn
Stiller jetzt und trüber;
Und die Rosse hielt er an,
Sah zum Kreuz hinüber:

»Halten muß hier Roß und Rad,
Mag's euch nicht gefährden:
Drüben liegt mein Kamerad
In der kühlen Erden!

Ein gar herzlieber Gesell!
Herr, 's ist ewig schade!
Keiner blies das Horn so hell
Wie mein Kamerade!

Hier ich immer halten muß,
Dem dort unterm Rasen
Zum getreuen Brudergruß
Sein Leiblied zu blasen!«

Und dem Kirchhof sandt' er zu
Frohe Wandersänge,
Daß es in die Grabesruh
Seinem Bruder dränge.

Und des Hornes heller Ton
Klang vom Berge wider,
Ob der tote Postillion
Stimmt' in seine Lieder. –

Weiter ging's durch Feld und Hag
Mit verhängtem Zügel;
Lang mir noch im Ohre lag
Jener Klang vom Hügel.

DER POLENFLÜCHTLING

Im quellenarmen Wüstenland
Arabischer Nomaden
Irrt, ohne Ziel und Vaterland,
Auf windverwehten Pfaden
Ein Polenheld und grollet still,
Daß noch sein Herz nicht brechen will.

Die Sonn' auf ihn heruntersprüht
Die heißen Mittagsbrände,
Von ihrem Flammenkusse glüht
Das Schwert an seiner Lende.
Will wecken ihm den tapfern Stahl
Zur Racheglut der Sonnenstrahl?

Sein Leib neigt sich dem Boden zu
Mit dürstendem Ermatten;
Der sänke gern zu kühler Ruh
In seinen eignen Schatten,
Der tränke gern vor dürrer Glut
Schier seine eigne Tränenflut.

Doch solche Qual sein Herz nicht merkt,
Weil's trägt ein tiefes Kränken.
Er schreitet fort, von Schmerz gestärkt,
Vom Schlachtenangedenken.
Manchmal sein Mund Kosziusko! ruft,
Und träumend haut er in die Luft.

Als nun der Abend Kühlung bringt,
Steht er an grüner Stelle;
Ein süßes Lied des Mitleids singt
Entgegen ihm die Quelle,
Und säuselnd weht das Gras ihn an:
O schlummre hier, du armer Mann!

Er sinkt, er schläft. Der fremde Baum
Einflüstert ihn gelinde
In einen schönen Heldentraum;
Die Wellen und die Winde
Umrauschen ihn wie Schlachtengang,
Umrauschen ihn wie Siegsgesang.

Dort kommt im Osten voll und klar
Herauf des Mondes Schimmern;
Von einer Beduinenschar
Die blanken Säbel flimmern
Weithin im öden Mondrevier,
Der Wildnis nächtlich helle Zier.

Stets lauter tönt der Hufentanz
Von windverwandten Fliehern,
Die heißgejagt im Mondenglanz
Dem Quell entgegenwiehern.
Die Reiter rufen in die Nacht;
Doch nicht der Polenheld erwacht.

Sie lassen, frisch und froh gelaunt,
Die Ross' im Quelle trinken,
Und plötzlich schauen sie erstaunt
Ein Schwert im Grase blinken,
Und zitternd spielt das kühle Licht
Auf einem bleichen Angesicht.

Sie lagern um den Fremden stumm,
Ihn aufzuwecken bange:
Sie sehn der Narben Heiligtum
Auf blasser Stirn und Wange;
Dem Wüstensohn zu Herzen geht
Des Unglücks stille Majestät.

Dem schlafversunknen Helden naht,
Mit Schritten gastlich leise,
Ein alter, finsterer Nomad,
Und Labetrunk und Speise,
Das Beste, das er ihm erlas,
Stellt er ihm heimlich vor ins Gras.

Nimmt wieder seine Stelle dann. –
Noch starrt die stumme Runde
Den Bleichen an, ob auch verrann
Der Nacht schon manche Stunde;
Bis aus dem Schlummer fährt empor
Der Mann, der's Vaterland verlor.

Da grüßen sie den Fremden mild
Und singen ihm zu Ehre
Gesänge tief und schlachtenwild
Hinaus zur Wüstenleere.
Blutrache, nach der Väter Brauch,
Ist ihres Liedes heißer Hauch.

Wie faßt und schwingt sein Schwert der Held,
Der noch vom Traum berückte!
– Er steht auf Ostrolenkas Feld; –
Wie lauscht der Entzückte,
Vom stürmischen Gesang umweht!
Wie heiß sein Blick nach Feinden späht!

Doch nun der Pole schärfer lauscht,
Sind's fremde, fremde Töne;
Was ihn im Waffenglanz umrauscht,
Arabiens freie Söhne,
Auf die der Mond der Wüste scheint:
Da wirft er sich zur Erd' – und weint.

WARNUNG IM TRAUME

In üppig lauter Residenz
Verschwelgt mit reicher Habe
Ein Jüngling seinen Lebenslenz;
Die Eltern ruhn im Grabe.

Die Mutter lag am Sterbepfühl
Mit matten Herzensschlägen,

Sie legte blaß und todeskühl
Die Händ' ihm auf zum Segen.

Und sie verschwendet noch im Schmerz
Der Kräfte letzten Glimmer,
Daß nun das Kind ihr treues Herz
Verlassen soll auf immer.

Der Mutterliebe ew'ge Macht
Hält sie dem Sohn vereinet,
Wie mildes Mondlicht in der Nacht
Des Wandrers Pfad bescheinet.

Umschwebt sie auch im Geisterflug
Still segnend den Bedrohten,
Gewaltig ist der Sinnenzug,
Und kraftlos sind die Toten.

Sie sah, wie's letzte Röslein sich
Von seiner Wange stehle
Und wie die Unschuld ihm verblich,
Die Rose seiner Seele.

Sie sah den Sohn die Sinnengier
Stets fesselnder umgarnen;
Ein Trost nur war geblieben ihr:
In Träumen ihn zu warnen.

Nach einem wildverbrausten Tag,
Verbuhlet und vertrunken,
Der Jüngling auf dem Bette lag,
Dem Schlafe heimgesunken.

Da träumt' ihm, daß er abends irrt
Durch volkbelebte Straßen,
Wo manche Dirne lockend kirrt
Zu lüsternem Umfassen.

Schon wandelt der Laternenmann
Von Pfahl zu Pfahl und zündet
Dem Laster seine Sterne an,
Das hier sich sucht und findet.

Der Jüngling sieht ein lockend Weib
An ihm vorübergleiten,
Um deren üppig schlanken Leib
Sich Licht und Dunkel streiten.

Das Licht ihm wenig nur erhellt,
Die Lust nach dem zu wecken,
Was ihm das Dunkel vorenthält
Mit reizend schlauem Necken.

Er will den Reizen sein zu Gast,
Sie laden ihn so dringend,
Er eilt ihr nach, der Schritte Hast
Je mehr und mehr beschwingend.

Doch wie er nach der Dirne setz',
Er kann sie nicht erreichen,
Er sieht die Dunkle weiter stets
Und lockender entweichen.

Sie gleichet einem Nebelbild
Mit leisem, fernem Winken;
Sein Blick dem Sonnstrahl heiß und wild,
Den Nebel aufzutrinken.

Schon haben sie im raschen Zug
Die wache Stadt verlassen,
Und schon durchkreuzt ihr schneller Flug
Der Vorstadt öde Straßen.

Nur hier und dort ein Licht noch brennt
Bei Toten oder Kranken;
Und fort und fort die Dirne rennt,
Er nach mit gier'gem Zanken:

»Was rennst du, Tolle, so geschwind?
Wo steht dein süßes Lager?«
Da pfeift ums Ohr ein kalter Wind
Dem ungestümen Frager.

»Halt an, halt an die tolle Flucht!
Ich will dich fürstlich zahlen!«
Also der Jüngling fleht und flucht,
Schwerkrank an Wollustqualen.

Nun ist kein Haus zu schauen mehr;
Mit arg betroffnen Blicken
Sieht er nur Gräber ringsumher,
Und ernste Kreuze nicken.

Da wend't sie sich im Mondenlicht,
Zu seiner Qualgenesung:
Mit grauverwischtem Angesicht
Umarmt ihn – die Verwesung. –

Doch fuhr er kaum vom Schlummer auf,
Hat er den Traum versungen
Und hat der wüste Lebenslauf
Ihn wiederum verschlungen.

Bald ward des Traumes kalte Braut
Am schweigenden Altare
Dem Jüngling wirklich angetraut
An seiner Totenbahre.

VISION

Vom Himmel strahlt der Mond so klar,
Greif aus, o Rappe, greif!
Im Winde fliegt des Reiters Haar,
Des Rosses Mähn' und Schweif.

Auf seinem Hut der Reiter trägt
Gemsbart und Federnputz;
Ein schmerzliches Gelächter schlägt
Er auf und schwingt den Stutz.

Der Reiter sprengt um Mitternacht
Durchs Land Tirol, allein;
Der Waldstrom braust und stürzt mit Macht,
Der Reiter holt ihn ein.

Die Schneegans dort hoch oben ruft
Ihr schnatternd Wanderlied,
Schnell zieht der Vogel in der Luft,
Der Reiter schneller flieht.

Schnell ist der Wolkenschatten Flucht,
Der Reiter schneller noch,
Kaum braust er in der tiefen Schlucht,
Schon auch am Gipfel hoch.

Wo das Gebein der Helden liegt,
Gibt er dem Roß die Sporn,
An den vergeßnen Gräbern fliegt
Er wild vorbei im Zorn.

Am Wege dort ein Kruzifix,
Des Unglücks Herberg', ragt.
Seitwärtsgewandten, finstern Blicks
Vorbei der Reiter jagt.

So reitet er durchs Land Tirol
Und ruft so bang, so schwer:
»Mein schönes Land, leb wohl! leb wohl!
Du siehst mich nimmermehr!«

Das letzte Heldengrab zerreißt,
Der Reiter stürzt hinein,
Grab zu! Verschwunden ist der Geist
Von achtzehnhundertneun.

DIE DREI

Drei Reiter nach verlorner Schlacht,
Wie reiten sie so sacht, so sacht!

Aus tiefen Wunden quillt das Blut,
Es spürt das Roß die warme Flut.

Vom Sattel tropft das Blut, vom Zaum
Und spült hinunter Staub und Schaum.

Die Rosse schreiten sanft und weich,
Sonst flöss' das Blut zu rasch, zu reich.

Die Reiter reiten dicht gesellt,
Und einer sich am andern hält.

Sie sehn sich traurig ins Gesicht,
Und einer um den andern spricht:

»Mir blüht daheim die schönste Maid,
Drum tut mein früher Tod mir leid.«

»Hab' Haus und Hof und grünen Wald,
Und sterben muß ich hier so bald!«

»Den Blick hab' ich in Gottes Welt,
Sonst nichts, doch schwer mir's Sterben fällt.«

Und lauernd auf den Todesritt
Ziehn durch die Luft drei Geier mit.

Sie teilen kreischend unter sich:
»Den speisest du, den du, den ich.«

Karl Simrock
1802–1876

DER RATTENFÄNGER

Zu Hameln fechten Mäus' und Ratzen
Am hellen Tage mit den Katzen;
Der Hungertod ist vor der Tür:
Was tut der weise Rat dafür?
Im ganzen Land macht er's bekannt:
Wer von den Räubern
Die Stadt kann säubern,
Des Burgemeisters Töchterlein
Die soll zum Lohn sein eigen sein.

Am dritten Tage hört man's klingen,
Wie wenn im Lenz die Schwalben singen:
Der Rattenfänger zieht heran.
O seht den bunten Jägersmann.
Er blickt so wild
Und singt so mild:
Die Ratten laufen
Ihm zu in Haufen,
Er lockt sie nach mit Wunderschall,
Ertränkt sie in der Weser all.

Die Bürger nach den Kirchen wallen,
Zum Dankgebet die Glocken schallen:
Des Bürgermeisters Töchterlein
Muß nun des Rattenfängers sein.
Der Vater spricht:
»Ich duld' es nicht!
So hoher Ehren

Mag ich entbehren:
Mit Sang und Saitenspiel gewinnt
Man keines Burgemeisters Kind.«

In seinem bunten Jägerstaate
Erscheint der Spielmann vor dem Rate;
Sie sprechen all aus einem Ton
Und weigern den bedungnen Lohn:
»Das Mägdelein?
Es kann nicht sein;
Herr Rattenfänger,
Müht Euch nicht länger!
Eu'r Flötenspiel ist eitel Dunst
Und kam wohl von des Satans Kunst.«

Am andern Morgen hört man's klingen,
Wie wenn die Nachtigallen singen,
Ein Flöten und ein Liedersang,
So süß vertraut, so liebebang.
Da zieht heran
Der Jägersmann,
Der Rattenfänger,
Der Wundersänger,
Und Kinder, Knaben, Mägdelein
In dichten Scharen hinterdrein.

Und hold und holder hört man's klingen,
Wie wenn die lieben Englein singen,
Und vor des Burgemeisters Tür,
Da tritt sein einzig Kind herfür:
Das Mägdelein
Muß in den Reihn;
Die Mäuschen laufen

Ihm zu in Haufen:
Er lockt sie nach mit Wunderschall,
Und nach der Weser ziehn sie all.

Die Eltern liefen nach den Toren,
Doch jede Spur war schon verloren:
Kein Eckart hatte sie gewarnt,
Des Jägers Netz hält sie umgarnt.
Zwei kehrten um,
Eins blind, eins stumm;
Aus ihrem Munde
Kam keine Kunde.
Da hob der Mütter Jammer an! –
So rächte sich der Wundermann.

Johann Nepomuk Vogl

1802–1866

HEINRICH DER VOGLER

Herr Heinrich sitzt am Vogelherd
Recht froh und wohlgemut;
Aus tausend Perlen blinkt und blitzt
Der Morgenröte Glut.

In Wies' und Feld und Wald und Au' –
Horch, welch ein süßer Schall!
Der Lerche Sang, der Wachtel Schlag,
Die süße Nachtigall!

Herr Heinrich schaut so fröhlich drein:
»Wie schön ist heut die Welt!
Was gilt's, heut gibt's 'nen guten Fang!«
Er lugt zum Himmelszelt.

Er lauscht und streicht sich von der Stirn
Das blondgelockte Haar.
»Ei doch! Was sprengt denn dort herauf
Für eine Reiterschar?«

Der Staub wallt auf, der Hufschlag dröhnt,
Es naht der Waffen Klang.
»Daß Gott! Die Herrn verderben mir
Den ganzen Vogelfang!«

Ei nun! Was gibt's! – Es hält der Troß
Vorm Herzog plötzlich an,
Herr Heinrich tritt hervor und spricht:
»Wen sucht ihr da? Sagt an!«

Da schwenken sie die Fähnlein bunt
Und jauchzen: »Unsern Herrn! –
Hoch lebe Kaiser Heinrich! –Hoch!
Des Sachsenlandes Stern!«

Dies rufend, knien sie vor ihn hin
Und huldigen ihm still
Und rufen, als er staunend fragt:
»'s ist deutschen Reiches Will'!«

Da blickt Herr Heinrich tief bewegt
Hinauf zum Himmelszelt:
»Du gabst mir einen guten Fang! –
Herr Gott, wie dir's gefällt.«

Julius Mosen

1803–1867

ANDREAS HOFER

Zu Mantua in Banden
Der treue Hofer war,
In Mantua zum Tode
Führt ihn der Feinde Schar;
Es blutete der Brüder Herz,
Ganz Deutschland, ach! in Schmach und Schmerz,
Mit ihm das Land Tirol.

Die Hände auf dem Rücken
Andreas Hofer ging
Mit ruhig festen Schritten,
Ihm schien der Tod gering.
Der Tod, den er so manches Mal
Vom Iselberg geschickt ins Tal
Im heil'gen Land Tirol.

Doch als aus Kerkergittern
Im festen Mantua
Die treuen Waffenbrüder
Die Hand er strecken sah,
Da rief er aus: »Gott sei mit euch,
Mit dem verratnen deutschen Reich
Und mit dem Land Tirol!«

Dem Tambour will der Wirbel
Nicht unterm Schlegel vor,
Als nun Andreas Hofer
Schritt durch das finstre Tor;

Andreas, noch in Banden frei,
Dort stand er fest auf der Bastei,
Der Mann vom Land Tirol.

Dort soll er niederknien;
Er sprach: »Das tu ich nit!
Will sterben, wie ich stehe,
Will sterben, wie ich stritt,
So wie ich steh' auf dieser Schanz;
Es leb' mein guter Kaiser Franz,
Mit ihm sein Land Tirol!«

Und von der Hand die Binde
Nimmt ihm der Korporal;
Andreas Hofer betet
Allhier zum letzten Mal.
Dann ruft er: »Nun, so trefft mich recht!
Gebt Feuer! – Ach, wie schießt ihr schlecht!
Ade, mein Land Tirol!«

Eduard Mörike
1804–1875

DIE TRAURIGE KRÖNUNG

Es war ein König Milesint,
Von dem will ich euch sagen:
Der meuchelte sein Bruderskind,
Wollte selbst die Krone tragen.
Die Krönung ward mit Prangen
Auf Liffey-Schloß begangen.
O Irland! Irland! warest du so blind?

Der König sitzt um Mitternacht
Im leeren Marmorsaale,
Sieht irr in all die neue Pracht,
Wie trunken von dem Mahle;
Er spricht zu seinem Sohne:
»Noch einmal bring die Krone!
Doch schau, wer hat die Pforten aufgemacht?«

Da kommt ein seltsam Totenspiel,
Ein Zug mit leisen Tritten,
Vermummte Gäste groß und viel,
Eine Krone schwankt inmitten;
Es drängt sich durch die Pforte
Mit Flüstern ohne Worte;
Dem Könige, dem wird so geisterschwül.

Und aus der schwarzen Menge blickt
Ein Kind mit frischer Wunde,
Es lächelt sterbensweh und nickt,
Es macht im Saal die Runde,

Es trippelt zu dem Throne,
Es reichet eine Krone
Dem Könige, des Herze tief erschrickt.

Darauf der Zug von dannen strich,
Von Morgenluft berauschet,
Die Kerzen flackern wunderlich,
Der Mond am Fenster lauschet;
Der Sohn mit Angst und Schweigen
Zum Vater tät sich neigen,
Er neiget über eine Leiche sich.

VOM SIEBEN-NIXEN-CHOR

Manche Nacht im Mondenscheine
Sitzt ein Mann von ernster Schöne,
Sitzt der Magier Drakone
Auf dem Gartenhausbalkone
Mit Prinzessin Liligi;
Lehrt sie allda seine Lehre
Von der Erde, von dem Himmel,
Von dem Traum der Elemente,
Vom Geschick der Sternenkreise.

»Laß es aber nun genug sein!
Mitternacht ist lang vorüber —«,
Spricht Prinzessin Liligi,
»Und nach solchen Wunderdingen,
Mächtigen und ungewohnten,
Lüstet mich nach Kindermärchen,
Lieber Mann, ich weiß nicht, wie!«

»Hörst du gern das Lied vom Winde,
Das nicht End' noch Anfang hat,
Oder gern vom Königskinde,
Gerne von der Muschelstadt?«
»Singe du so heut' wie gestern
Von des Meeres Lustrevier,
Von dem Haus der sieben Schwestern
Und vom Königssohne mir!«

»Zwischen grünen Wasserwänden
Sitzt der Sieben-Nixen-Chor;
Wasserrosen in den Händen,
Lauschen sie zum Licht empor.

Und wenn oftmals auf der Höhe
Schiffe fahren, schattengleich,
Steigt ein siebenfaches Wehe
Aus dem stillen Wasserreich.

Dann, zum Spiel kristallner Glocken,
Drehn die Schwestern sich im Tanz,
Schütteln ihre grünen Locken
Und verlieren Gurt und Kranz.

Und das Meer beginnt zu schwanken,
Well' auf Welle steigt und springt,
Alle Elemente zanken
Um das Schiff, bis es versinkt.«

Also sang in Zaubertönen
Süß der Magier Drakone
Zu der lieblichen Prinzessin;
Und zuweilen, im Gesange,
Neiget er der Lippen Milde

Zu dem feuchten Rosenmunde,
Zu den hyazintheblauen,
Schon in Schlaf gesenkten Augen
Der betörten Jungfrau hin.
Diese meint im leichten Schlummer,
Immer höre sie die Lehre
Von der Erde, von dem Himmel,
Vom Geschick im Sternenkreise,
Doch zuletzt erwachet sie:

»Laß es aber nun genug sein!
Mitternacht ist lang vorüber,
Und nach solchen Wunderdingen,
Mächtigen und ungewohnten,
Lüstet mich nach Kindermärchen,
Lieber Mann, ich weiß nicht, wie!«

»Wohl! – Schon auf des Meeres Grunde
Sitzt das Schiff mit Mann und Maus,
Und die sieben in die Runde
Rufen: ›Schönster, tritt heraus!‹

Rufen freundlich mit Verneigen:
›Komm! es soll dich nicht gereun;
Woll'n dir unsre Kammer zeigen,
Wollen deine Mägde sein.‹

– Sieh! da tritt vom goldnen Borde
Der betörte Königssohn,
Und zu der korallnen Pforte
Rennen sie mit ihm davon.

Doch man sah nach wenig Stunden,
Wie der Nixenbräutigam

Tot, mit sieben roten Wunden,
Hoch am Strand des Meeres schwamm.«

Also sang in Zaubertönen
Süß der Magier Drakone;
Und zuweilen, im Gesange,
Neiget er der Lippen Milde
Zu dem feuchten Rosenmunde,
Zu den hyazintheblauen,
Schon in Schlaf gesenkten Augen
Der betörten Jungfrau hin.

Sie erwacht zum andern Male,
Sie verlanget immer wieder:
»Lieber Mann, ein Kindermärchen
Singe mir zu guter Letzt!«

Und er singt das letzte Märchen,
Und er küßt die letzten Küsse;
Lied und Kuß hat ausgeklungen,
Aber sie erwacht nicht mehr.
Denn schon war die dritte Woche,
Seit der Magier Drakone
Bei dem edeln Königskinde
Seinen falschen Dienst genommen;
Wohlberechnet, wohlbereitet
Kam der letzte Tag heran.

Jetzo fasset er die Leiche,
Schwingt sich hoch im Zaubermantel
Durch die Lüfte zu dem Meere,
Rauschet nieder in die Wogen,
Klopft an dem Korallentor,

Führet so die junge Fürstin,
Daß auch sie zur Nixe werde,
Als willkommene Genossin
In den Sieben-Nixen-Chor.

ZWEI LIEBCHEN

Ein Schifflein auf der Donau schwamm.
Drin saßen Braut und Bräutigam,
Er hüben und sie drüben.

Sie sprach: »Herzliebster, sage mir!
Zum Angebind, was geb' ich dir?«

Sie streift zurück ihr Ärmelein;
Sie greift ins Wasser frisch hinein.

Der Knabe, der tat gleich also
Und scherzt mit ihr und lacht so froh.

»Ach, schöne Frau Done, geb' Sie mir
Für meinen Schatz eine hübsche Zier!«

Sie zog heraus ein schönes Schwert,
Der Knab' hätt' lang so eins begehrt.

Der Knab', was hält er in der Hand?
Milchweiß ein köstlich Perlenband.

Er legt's ihr um ihr schwarzes Haar,
Sie sah wie eine Fürstin gar.

»Ach, schöne Frau Done, geb' Sie mir
Für meinen Schatz eine hübsche Zier!«

Sie langt hinein zum andern Mal,
Faßt einen Helm von lichtem Stahl.

Der Knab' vor Freud' entsetzt sich schier,
Fischt ihr einen goldnen Kamm dafür.

Zum dritten sie ins Wasser griff:
Ach weh! da fällt sie aus dem Schiff.

Er springt ihr nach, er faßt sie keck:
Frau Done reißt sie beide weg.

Frau Done hat ihr Schmuck gereut,
Das büßt der Jüngling und die Maid.

Das Schifflein leer hinunterwallt;
Die Sonne sinkt hinter die Berge bald.

Und als der Mond am Himmel stand,
Die Liebchen schwimmen tot ans Land,
Er hüben und sie drüben.

JUNG VOLKERS LIED

Und die mich trug im Mutterleib,
Und die mich schwang im Kissen,
Die war ein schön frech braunes Weib,
Wollte nichts vom Mannsvolk wissen.

Sie scherzte nur und lachte laut
Und ließ die Freier stehen:
Möcht' lieber sein des Windes Braut
Denn in die Ehe gehen!

Da kam der Wind, da nahm der Wind
Als Buhle sie gefangen:
Von dem hat sie ein lustig Kind
In ihren Schoß empfangen.

DIE SCHLIMME GRETH
UND DER KÖNIGSSOHN

»Gott grüß dich, junge Müllerin!
Heut wehen die Lüfte wohl schön?«
»Laßt sie wehen von Morgen und Abend,
Meine leere Mühle zu drehn!«

»Die stangenlangen Flügel,
Die haspeln dir eitel Wind?« –
»Der Herr ist tot, die Frau ist tot,
Da feiert das Gesind.«

»So tröste sich Leid mit Leide!
Wir wären wohl gesellt:
Ich irr', ein armer Königssohn,
Landflüchtig durch die Welt.

Und drunten an dem Berge
Die Hütte dort ist mein;
Da liegt auch meine Krone,
Geschmuck und Edelstein.

Willt meine Liebste heißen,
So sage, wie und wann

An Tagen und in Nächten
Ich zu dir kommen kann?« –

»Ich bind' eine güldne Pfeife
Wohl an den Flügel hin,
Daß sie sich helle hören läßt,
Wann ich daheime bin.

Doch wollt Ihr bei mir wohnen,
Sollt mir willkommen sein:
Mein Haus ist groß und weit mein Hof,
Da wohn' ich ganz allein.« –

Der Königssohn mit Freuden
Ihr folget in ihr Haus;
Sie tischt ihm auf – kein Edelhof
Vermöchte so stattlichen Schmaus:

Schwarzwild und Rebhuhn, Fisch und Met;
Er fragt nicht lang, woher.
Sie zeigt so stolze Sitten,
Des wundert er sich sehr.

Die erste Nacht, da er kost' mit ihr,
In das Ohr ihm sagte sie: »Wißt,
Eine Jungfrau muß ich bleiben,
So lieb Euer Leben Euch ist!«

Einstmals da kam der Königssohn
Zu Mittag von der Jagd,
Unfrohgemut, doch barg er sich,
Sprach lachend zu seiner Magd:

»Die Leute sagten mir neue Mär
Von dir und böse dazu;
Sankt Jörgens Drach' war minder schlimm,
Wenn man sie hört, denn du.« –

»Sie sagen, daß ich ein falsches Ding,
Daß ich eine Hexe sei?« –
»Nun ja, mein Schatz, so sprechen sie:
Eine Hexe, meiner Treu!

Ich dachte: Wohl, ihr Narren,
Ihr lüget nicht daran;
Mit den schwarzen Augen aufs erste Mal
Hat sie mir's angetan.

Und länger ruh' ich keinen Tag,
Bis daß ich König bin,
Und morgen zieh' ich auf die Fahrt:
Aufs Jahr bist du Königin!« –

Sie blitzt ihn an wie Wetterstrahl,
Sie blickt ihn an so schlau:
»Du lügst in deinen Hals hinein!
Du willt keine Hex' zur Frau.

Du willt dich von mir scheiden;
Das mag ja wohl geschehn:
Sollt aber von der schlimmen Greth
Noch erst ein Probstück sehn.« –

»Ach, Liebchen, ach, wie hebet sich,
Wie wallet dein schwarzes Haar!
Und rühret sich kein Lüftchen doch;
O sage, was es war?

Schon wieder, ach, und wieder!
Du lachest, und mir graut:
Es singen deine Zöpfe ...Weh!
Du bist die Windesbraut!« –

»Nicht seine Braut, doch ihm vertraut;
Meine Sippschaft ist gar groß.
Komm, küsse mich! ich halte dich
Und lasse dich nimmer los!

O pfui, das ist ein schief Gesicht!
Du wirst ja kreideweiß!
Frisch, munter, Prinz! ich gebe dir
Mein bestes Stücklein preis.« –

Rührlöffel in der Küch' sie holt,
Rührlöffel ihrer zwei,
War jeder eine Elle lang,
Waren beide nagelneu.

»Was guckst du so erschrocken?
Denkst wohl, es gäbe Streich'?
Nicht doch, Herzliebster; warte nur,
Dein Wunder siehst du gleich.«

Auf den obern Boden führt sie ihn:
»Schau, was ein weiter Platz!
Wie ausgeblasen, hübsch und rein!
Hie tanzen wir, mein Schatz.

Schau, was ein Nebel zieht am Berg!
Gib acht! ich tu ihn ein!«
Sie beugt sich aus dem Laden weit,
Die Geister zu bedräun;

Sie wirbelt übereinander
Ihre Löffel so wunderlich,
Sie wickelt den Nebel und wickelt
Und wirft ihn hinter sich.

Sie langt hervor ein Saitenspiel,
Sah wie ein Hackbrett aus,
Sie rühret es nur leise;
Es zittert das ganze Haus.

»Teil dich, teil dich, du Wolkendunst!
Ihr Geister, geht herfür!
Lange Männer, lange Weiber, seid
Hurtig zu Dienste mir!«

Da fängt es an zu kreisen,
Da wallet es hervor,
Lange Arme, lange Schleppen,
Und wieget sich im Chor.

»Faßt mir den dummen Jungen da!
Geschwinde wickelt ihn ein!
Er hat mein Herz gekränket,
Das soll er mir bereun!«

Den Jüngling von dem Boden hebt's,
Es dreht ihn um und um,
Es trägt ihn als ein Wickelkind
Dreimal im Saal herum.

Margret ein Wörtlein murmelt,
Klatscht in die Hand dazu:
Da fegt es wie ein Wirbelwind
Durchs Fenster fort im Nu.

Und fähret über die Berge,
Den Jüngling mitten inn',
Und fort, bis wo der Pfeffer wächst –
O Knabe, wie ist dir zu Sinn?

Und als er sich besonnen,
Lag er im grünen Gras
Hoch oben auf dem Seegestad;
Die Liebste bei ihm saß.

Ein Teppich war gebreitet,
Köstlich gewirket, bunt,
Darauf ein lustig Essen
In blankem Silber stund.

Und als er sich die Augen reibt
Und schaut sich um und an,
Ist sie wie eine Prinzessin schön,
Wie ein Prinz er angetan.

Sie lacht ihn an wie Maienschein,
Da sie ihm den Becher beut,
Sie legt den Arm um seinen Hals;
Vergessen war all sein Leid.

Da ging es an ein Küssen,
Er kriegt nicht satt an ihr;
Fürwahr, ihr güldner Gürtel wär'
Zu Schaden kommen schier.

– »Ach, Liebchen, ach, wie wallet hoch
Dein schwarzes Ringelhaar!
Warum mich so erschrecken jetzt?
Nun ist meine Freude gar.« –

»Rück her, rück her! sei nicht so bang!
Nun sollst du erst noch sehn,
Wie lieblich meine Arme tun;
Komm! es ist gleich geschehn.«

Sie drückt ihn an die Brüste,
Der Atem wird ihm schwer;
Sie heult ein grausiges Totenlied
Und wirft ihn in das Meer.

SCHÖN-ROHTRAUT

Wie heißt König Ringangs Töchterlein?
Rohtraut, Schön-Rohtraut.
Was tut sie denn den ganzen Tag,
Da sie wohl nicht spinnen und nähen mag?
Tut fischen und jagen.
O daß ich doch ihr Jäger wär'!
Fischen und Jagen freute mich sehr!
– Schweig stille, mein Herze!

Und über eine kleine Weil',
Rohtraut, Schön-Rohtraut,
So dient der Knab' auf Ringangs Schloß
In Jägertracht und hat ein Roß,
Mit Rohtraut zu jagen.
O daß ich doch ein Königssohn wär'!
Rohtraut, Schön-Rohtraut lieb' ich so sehr.
– Schweig stille, mein Herze!

Einstmals sie ruhten am Eichenbaum,
Da lacht Schön-Rohtraut:
»Was siehst du mich an so wunniglich?
Wenn du das Herz hast, küsse mich!«
Ach! erschrak der Knabe!
Doch denket er: »Mir ist's vergunnt«,
Und küsset Schön-Rohtraut auf den Mund.
– Schweig stille, mein Herze!

Darauf sie ritten schweigend heim,
Rohtraut, Schön-Rohtraut;
Es jauchzt der Knab' in seinem Sinn:
»Und würdst du heute Kaiserin,
Mich sollt's nicht kränken!
Ihr tausend Blätter im Walde wißt,
Ich hab' Schön-Rohtrauts Mund geküßt!
– Schweig stille, mein Herze!«

DER FEUERREITER

Sehet ihr am Fensterlein
Dort die rote Mütze wieder?
Nicht geheuer muß es sein,
Denn er geht schon auf und nieder.
Und auf einmal welch Gewühle
Bei der Brücke, nach dem Feld!
Horch! das Feuerglöcklein gellt:
    Hinterm Berg,
    Hinterm Berg
Brennt es in der Mühle!

Schaut! da sprengt er wütend schier
Durch das Tor, der Feuerreiter,
Auf dem rippendürren Tier
Als auf einer Feuerleiter!
Querfeldein! Durch Qualm und Schwüle
Rennt er schon und ist am Ort!
Drüben schallt es fort und fort:
    Hinterm Berg,
    Hinterm Berg
Brennt es in der Mühle!

Der so oft den roten Hahn
Meilenweit von fern gerochen,
Mit des heil'gen Kreuzes Span
Freventlich die Glut besprochen –
Weh! dir grinst vom Dachgestühle
Dort der Feind im Höllenschein.
Gnade Gott der Seele dein!
    Hinterm Berg,
    Hinterm Berg
Rast er in der Mühle!

Keine Stunde hielt es an,
Bis die Mühle borst in Trümmer;
Dort den kecken Reitersmann
Sah man von der Stunde nimmer.
Volk und Wagen im Gewühle
Kehren heim von all dem Graus;
Auch das Glöcklein klinget aus:
    Hinterm Berg,
    Hinterm Berg
Brennt's! –

Nach der Zeit ein Müller fand
Ein Gerippe samt der Mützen
Aufrecht an der Kellerwand
Auf der beinern Mähre sitzen:
Feuerreiter, wie so kühle
Reitest du in deinem Grab!
Husch! da fällt's in Asche ab.
    Ruhe wohl,
    Ruhe wohl
Drunten in der Mühle!

DER SCHATTEN

Von Dienern wimmelt's früh vor Tag,
Von Lichtern in des Grafen Schloß.
Die Reiter warten sein am Tor,
Es wiehert morgendlich sein Roß.

Doch er bei seiner Frauen steht
Alleine noch im hohen Saal:
Mit Augen gramvoll prüft er sie,
Er spricht sie an zum letzten Mal.

»Wirst du, derweil ich ferne bin
Bei des Erlösers Grab, o Weib,
In Züchten leben und getreu
Mir sparen deinen jungen Leib?

Wirst du verschließen Tür und Tor
Dem Manne, der uns lang entzweit,

313

Wirst meines Hauses Ehre sein,
Wie du nicht warest jederzeit?«

Sie nickt; da spricht er: »Schwöre denn!«
Und zögernd hebt sie auf die Hand,
Da sieht er bei der Lampe Schein
Des Weibes Schatten an der Wand.

Ein Schauer ihn befällt – er sinnt,
Er seufzt und wendet sich zumal.
Er winkt ihr einen Scheidegruß
Und lässet sie allein im Saal.

Elf Tage war er auf der Fahrt,
Ritt krank ins welsche Land hinein:
Frau Hilde gab den Tod ihm mit
In einem giftigen Becher Wein.

Es liegt eine Herberg' an der Straß',
Im wilden Tal, heißt Mutintal,
Da fiel er hin in Todesnot,
Und seine Seele Gott befahl.

Dieselbe Nacht Frau Hilde lauscht,
Frau Hilde luget vom Altan:
Nach ihrem Buhlen schaut sie aus,
Das Pförtlein war ihm aufgetan.

Es tut einen Schlag am vorderen Tor,
Und aber einen Schlag, daß es dröhnt und hallt;
Im Burghof mitten steht der Graf –
Vom Turm der Wächter kennt ihn bald.

Und Vogt und Zofen auf dem Gang
Den toten Herrn mit Grausen sehn,
Sehn ihn die Stiegen stracks herauf
Nach seiner Frauen Kammer gehn.

Man hört sie schreien und stürzen hin,
Und eine jähe Stille war.
Das Gesinde, das flieht, auf die Zinnen es flieht:
Da scheinen am Himmel die Sterne so klar.

Und als vergangen war die Nacht
Und stand am Wald das Morgenrot,
Sie fanden das Weib in dem Gemach
Am Bettfuß unten liegen tot.

Und als sie treten in den Saal,
O Wunder! steht an weißer Wand
Frau Hildes Schatten, hebet steif
Drei Finger an der rechten Hand.

Und da man ihren Leib begrub,
Der Schatten blieb am selben Ort
Und blieb, bis daß die Burg zerfiel;
Wohl stünd' er sonst noch heute dort.

Anastasius Grün

1806–1876

BOTENART

Der Graf kehrt heim vom Festturnei,
Da wallt an ihm sein Knecht vorbei.

»Hallo, woher des Wegs, sag an!
Wohin, mein Knecht, geht deine Bahn?«

»Ich wandle, daß der Leib gedeih',
Ein Wohnhaus such' ich mir dabei.«

»Ein Wohnhaus? Nun, sprich grad' heraus,
Was ist geschehn bei uns zu Haus?«

»Nichts Sonderlich's! Nur todeswund
Liegt Euer kleiner weißer Hund.«

»Mein treues Hündchen todeswund!
Sprich, wie begab sich's mit dem Hund?«

»Im Schreck Eu'r Leibroß auf ihn sprang,
Drauf lief's in den Strom, der es verschlang.«

»Mein schönes Roß, des Stalles Zier!
Wovon erschrak das arme Tier?«

»Besinn' ich recht mich, erschrak's davon,
Als von dem Fenster stürzt' Eu'r Sohn.«

»Mein Sohn? Doch blieb er unverletzt?
Wohl pflegt mein süßes Weib ihn jetzt?«

»Die Gräfin rührte stracks der Schlag,
Als vor ihr des Herrleins Leichnam lag.«

»Warum bei solchem Jammer und Graus,
Du Schlingel, hütest du nicht das Haus?«

»Das Haus? Ei, welches meint ihr wohl?
Das Eure liegt in Asch' und Kohl'!

Die Leichenfrau schlief ein an der Bahr',
Und Feuer fing ihr Kleid und Haar.

Und Schloß und Stall verlodert' im Wind,
Dazu das ganze Hausgesind'!

Nur mich hat das Schicksal aufgespart,
Euch's vorzubringen auf gute Art.«

Wilhelm Wackernagel

1806–1869

SPIELMANNSLOHN

Großes Fest beging der Kaiser
Friedrich mit dem roten Bart:
Speere brachen da wie Reiser,
Schilde wurden nicht gespart;
Reiche Spenden
Stoben da von milden Händen.

Wer die Geige streichen lernte
Oder Gauklerkünste pflag,
Wohl ein Tag der vollsten Ernte
Ward ihm dieser Freudentag:
Heut im Schlosse
Gab man Kleider ihm und Rosse.

Zwischen zwei gar weisen Leuten
Saß zu Tisch der Kaiser wert,
Die, Gesetz und Recht zu deuten,
Meister waren, wohlgelehrt.
Zu den beiden
Sprach er: »Wollet mich bescheiden!

Alles neiget meinem Schwerte,
Alles beugt sich meiner Hand;
Was ich wolle, niemand wehrte
Meinen Willen mir im Land;
Meine Rede
Schaffet Frieden, schaffet Fehde.

Sagt, bin ich von Gottes wegen
Angetan mit solcher Macht?
Hat der Herr so reichen Segen
Kaiserkronen zugedacht?
Sagt, ob ihnen
Also muß die Erde dienen?«

»Gottes Will' ist, was Ihr wollet«,
Sprach der Meister linker Hand.
»Gotte zollet, wer Euch zollet;
Euer ist von Gott das Land.
Der Euch krönte,
Wollte, daß Euch alles frönte.«

»Wehe, wehe diesem Worte!«
Sprach der Meister rechter Hand.
»Wehe, wenn dies Wort die Pforte
Eures Herzens offen fand!
Herr, o leihet
Mir die Ohren, und verzeihet!

Euer Recht ist nur das Rechte,
Euer Unrecht ist kein Recht:
Denn der Herr gab ew'ge Rechte
Auch dem dienenden Geschlecht.
Die Gewichte
Prüft' er, daß er beiden richte.

Wenn Ihr von des Volkes Teile
Nur ein Korn des Rechtes nahmt,
Weh, so schadet's Eurem Heile,
Daß Ihr je zur Krone kamt:
Auch des Kornes
Denket einst der Herr voll Zornes.«

Sinnend sprach der gute Kaiser
Friedrich mit dem roten Bart:
»Hier ein Weiser, dort ein Weiser,
Beide treu und wohlgelahrt:
Einem jeden
Will ich lohnen seine Reden.

Der du sagst, mein Wille gelte,
Weil er Gottes Wille sei,
Daß ich dankend dir vergelte,
Gib du der Gesetze drei,
Du statt meiner;
Und ich weiß, die schilt mir keiner.

Doch der sagte, was ich wolle,
Wolle Gott im Himmel auch,
Fürstenhand, die gnadenvolle,
Lohnt auch dir nach mildem Brauch:
Roß und Kleider
Geh und nimm und freu dich beider!«

Ferdinand Freiligrath

1810–1876

BARBAROSSAS ERSTES ERWACHEN

Es lag die goldne Aue
Im blut'gen Frührotschein,
Als wär' mit blut'gem Taue
Besprengt der gelbe Rain.
Ernst blickte der Kyffhäuser
Durch Nebel auf die Flur,
Als der gebannte Kaiser
Auf aus dem Schlummer fuhr.

Er schaute zornesmutig
Die Schar der Diener an.
»Im tiefen Schlummer ruht' ich;
Wer hat mir das getan?
Wer, trotzend meinem Grimme,
Riß jach mich in die Höh'
Und rief mit dumpfer Stimme:
Weh, Hohenstaufe, weh!

Wer hat mit Schwertgeklimper
Gerasselt hier zur Stund'?
Wer hielt mir vor die Wimper
Die Leinwand, farbenbunt?
Wer hat mir Truggestalten
Gezeigt im wirren Traum?
Blutrote Tücher wallten
Auf eines Marktes Raum.

Hoch saß ein Mann zu Throne,
Des Auge blickte List,

Und sah mit finsterm Hohne
Herab auf ein Gerüst;
Das ragte, schwarz behangen,
Aus Lanzen und Volkeshauf',
Zwei Knaben, bleich von Wangen,
Die standen obenauf.

Und zu der Knaben Seite,
Auf des Gerüstes Höhn,
Sah ich, ein graus Geleite,
Den Henker wartend stehn;
Er stand in roter Mütze,
Im scharlachroten Rock;
Sein Schwert war seine Stütze;
Vor ihm der Todesblock.

Da schmetterten die Zinken
Mit hellen Tönen: Mord!
Seht ihr des Königs Winken,
Hört ihr sein herrschend Wort?
Schnell wirft der eine Ritter
Den Handschuh unters Volk;
Das murrt wie vom Gewitter
Erregt ein Meereskolk.

Er legt das Haupt, das bleiche,
Fest auf den Eichenstumpf.
Das Schwert mit einem Streiche
Trennt es vom schlanken Rumpf.
Weit spritzt des Blutes Quelle;
Der König sieht's und winkt
Und lächelt, als zur Stelle
Das Haupt des zweiten sinkt.

Auf *meine* Wappenschilder,
Die geborstnen, rollt ihr Haupt,
Wer wies mir solche Bilder?
Wem hab' ich das erlaubt?
Wer, trotzend meinem Grimme,
Riß jach mich in die Höh'
Und rief mit dumpfer Stimme:
Weh, Hohenstaufe, weh!«

Die Zwerge stehn und zagen
Und neigen das Gesicht.
»Wer wollte solches wagen?
Wir, Herre, sicher nicht!«
Zur selben Zeit sah Neapel
Den jungen Konradin
Auf blutbespritztem Stapel
Mit Badens Friedrich knien.

Da fuhr der bärt'ge Kaiser
Zuerst empor vom Pfühl;
Sah träumend im Kyffhäuser
Des eignen Stammes Ziel.
Er schilt und starrt verwundert
Und blinzt dann wieder stumm;
Beinah' war ein Jahrhundert
Vom langen Schlaf herum.

PRINZ EUGEN, DER EDLE RITTER

Zelte, Posten, Werda-Rufer!
Lust'ge Nacht am Donauufer!
Pferde stehn im Kreis umher,
Angebunden an den Pflöcken;
An den engen Sattelböcken
Hangen Karabiner schwer.

Um das Feuer auf der Erde,
Vor den Hufen seiner Pferde
Liegt das östreich'sche Pikett.
Auf dem Mantel liegt ein jeder,
Von den Tschakos weht die Feder,
Leutnant würfelt und Kornett.

Neben seinem müden Schecken
Ruht auf einer wollnen Decken
Der Trompeter ganz allein:
»Laßt die Knöchel, laßt die Karten!
Kaiserliche Feldstandarten
Wird ein Reiterlied erfreun!

Vor acht Tagen die Affäre
Hab' ich, zu Nutz dem ganzen Heere,
In gehör'gen Reim gebracht;
Selber auch gesetzt die Noten;
Drum, ihr Weißen und ihr Roten,
Merket auf und gebet acht!«

Und er singt die neue Weise
Einmal, zweimal, dreimal leise
Denen Reitersleuten vor;
Und wie er zum letzten Male

Endet, bricht mit einem Male
Los der volle, kräft'ge Chor:

»Prinz Eugen, der edle Ritter!«
Hei, das klang wie Ungewitter
Weit ins Türkenlager hin.
Der Trompeter tät den Schnurrbart streichen
Und sich auf die Seite schleichen
Zu der Marketenderin.

DIE TROMPETE VON GRAVELOTTE

Sie haben Tod und Verderben gespien;
Wir haben es nicht gelitten.
Zwei Kolonnen Fußvolk, zwei Batterien,
Wir haben sie niedergeritten.

Die Säbel geschwungen, die Zäume verhängt,
Tief die Lanzen und hoch die Fahnen,
So haben wir sie zusammengesprengt –
Kürassiere wir und Ulanen.

Doch ein Blutritt war es, ein Todesritt;
Wohl wichen sie unsern Hieben,
Doch von zwei Regimentern, was ritt und was stritt,
Unser zweiter Mann ist geblieben.

Die Brust durchschossen, die Stirn zerklafft,
So lagen sie bleich auf dem Rasen,

In der Kraft, in der Jugend dahingerafft –
Nun, Trompeter, zum Sammeln geblasen!

Und er nahm die Trompet', und er hauchte hinein;
Da – die mutig mit schmetterndem Grimme
Uns geführt in den herrlichen Kampf hinein,
Der Trompete versagte die Stimme!

Nur ein klanglos Wimmern, ein Schrei voll Schmerz,
Entquoll dem metallenen Munde;
Eine Kugel hatte durchlöchert ihr Erz –
Um die Toten klagte die Wunde!

Um die Tapfern, die Treuen, die Wacht am Rhein,
Um die Brüder, die heut gefallen –
Um sie alle, es ging uns durch Mark und Bein,
Erhub sie gebrochenes Lallen.

Und nun kam die Nacht, und wir ritten hindann.
Rundum die Wachfeuer lohten;
Die Rosse schnoben, der Regen rann –
Und wir dachten der Toten, der Toten!

Friedrich Hebbel

1813–1863

AUS DER KINDHEIT

»Ja, das Kätzchen hat gestohlen,
    Und das Kätzchen wird ertränkt.
Nachbars Peter sollst du holen,
    Daß er es im Teich versenkt!«

Nachbars Peter hat's vernommen,
    Ungerufen kommt er schon:
»Ist die Diebin zu bekommen,
    Gebe ich ihr gern den Lohn!«

»Mutter, nein, er will sie quälen,
    Gestern warf er schon nach ihr,
Bleibt nichts andres mehr zu wählen,
    So ertränk' ich selbst das Tier.«

Sieh, das Kätzchen kommt gesprungen,
    Wie es glänzt im Morgenstrahl!
Lustig hüpft's dem kleinen Jungen
    Auf den Arm zu seiner Qual.

»Mutter, laß das Kätzchen leben,
    Jedes Mal, wenn's dich bestiehlt,
Sollst du mir kein Frühstück geben –
    Sieh nur, wie es artig spielt!«

»Nein, der Vater hat's geboten,
    Hundert Mal ist ihr verziehn!«
»Hat sie doch vier weiße Pfoten!«
    »Einerlei! Ihr Tag erschien!«

»Nachbarin, ich folg' ihm leise,
        Ob er es auch wirklich tut!«
Peter spricht es häm'scher Weise,
        Und der Knabe hört's mit Wut.

Unterwegs auf manchem Platze
        Bietet er sein Liebchen aus,
Aber keiner will die Katze,
        Jeder hat sie längst im Haus.

Ach, da ist er schon am Teiche,
        Und sein Blick, sein scheuer, schweift,
Ob ihn Peter noch umschleiche –
        Ja, er steht von fern und pfeift.

»Nun, wir alle müssen sterben,
        Großmama ging dir vorauf,
Und du wirst den Himmel erben,
        Kratze nur, sie macht dir auf!«

Jetzt, um sie recht tief zu betten,
        Wirft er sie mit aller Macht,
Doch zugleich, um sie zu retten,
        Springt er nach, als er's vollbracht.

Eilte Peter nicht, der lange,
        Gleich im Augenblick herzu,
Fände er, es ist mir bange,
        Hier im Teich die ew'ge Ruh.

In das Haus zurückgetragen,
        Hört er auf die Mutter nicht,
Schweigt auf alle ihre Fragen,
        Schließt die Augen trotzig-dicht.

Von dem Zucker, den sie brachte,
    Nimmt er zwar zerstreut ein Stück,
Doch den Tee, den sie ihm machte,
    Weist er ungestüm zurück.

Welch ein Ton! Er dreht sich stutzend,
    Und auf einer Fensterbank,
Spinnend und sich emsig putzend,
    Sitzt sein Kätzchen blink und blank.

»Lebt sie, Mutter?« – »Dem Verderben
    Warst du näher, Kind, als sie!«
»Und sie soll auch nicht mehr sterben?«
    »Trinke nur, so soll sie's nie!«

DER HEIDEKNABE

Der Knabe träumt, man schicke ihn fort
Mit dreißig Talern zum Heide-Ort,
    Er ward drum erschlagen am Wege
    Und war doch nicht langsam und träge.

Noch liegt er im Angstschweiß, da rüttelt ihn
Sein Meister und heißt ihm, sich anzuziehn,
    Und legt ihm das Geld auf die Decke
    Und fragt ihn, warum er erschrecke.

»Ach Meister, mein Meister, sie schlagen mich tot,
Die Sonne, sie ist ja wie Blut so rot!«
    »Sie ist es für dich nicht alleine,
    Drum schnell, sonst mach' ich dir Beine!«

»Ach Meister, mein Meister, so sprachst du schon,
Das war das Gesicht, der Blick, der Ton,
    Gleich greifst du« – zum Stock, will er sagen,
    Er sagt's nicht, er wird schon geschlagen.

»Ach Meister, mein Meister, ich geh', ich geh',
Bring meiner Frau Mutter das letzte Ade!
    Und sucht sie nach allen vier Winden,
    Am Weidenbaum bin ich zu finden!«

Hinaus aus der Stadt! Und da dehnt sie sich,
Die Heide, nebelnd, gespenstiglich,
    Die Winde darüber sausend:
    »Ach, wär' hier *ein* Schritt wie tausend!«

Und alles so still, und alles so stumm,
Man sieht sich umsonst nach Lebendigem um,
    Nur hungrige Vögel schießen
    Aus Wolken, um Würmer zu spießen.

Er kommt ans einsame Hirtenhaus,
Der alte Hirt schaut eben heraus,
    Des Knaben Angst ist gestiegen,
    Am Wege bleibt er noch liegen.

»Ach Hirte, du bist ja von frommer Art,
Vier gute Groschen hab ich erspart,
    Gib deinen Knecht mir zur Seite,
    Daß er bis zum Dorf mich begleite.

Ich will sie ihm geben, er trinke dafür
Am nächsten Sonntag ein gutes Bier,
    Dies Geld hier, ich trag' es mit Beben,
    Man nahm mir im Traum drum das Leben!«

Der Hirt, der winkte dem langen Knecht,
Er schnitt sich eben den Stecken zurecht,
 Jetzt trat er hervor – wie graute
 Dem Knaben, als er ihn schaute!

»Ach Meister Hirte, ach nein, ach nein,
Es ist doch besser, ich geh' allein!«
 Der Lange spricht grinsend zum Alten:
 »Er will die vier Groschen behalten.«

»Da sind die vier Groschen!« Er wirft sie hin
Und eilt hinweg mit verstörtem Sinn.
 Schon kann er die Weide erblicken,
 Da klopft ihn der Knecht in den Rücken.

»Du hältst es nicht aus, du gehst zu geschwind,
Ei, Eile mit Weile, du bist ja noch Kind,
 Auch muß das Geld dich beschweren,
 Wer kann dir das Ausruhn verwehren?

Komm, setz dich unter den Weidenbaum
Und dort erzähl mir den häßlichen Traum,
 Mir träumte – Gott soll mich verdammen,
 Trifft's nicht mit deinem zusammen!«

Er faßt den Knaben wohl bei der Hand,
Der leistet auch nimmermehr Widerstand,
 Die Blätter flüstern so schaurig,
 Das Wässerlein rieselt so traurig!

»Nun sprich, du träumtest« – »Es kam ein Mann.« –
»War ich das? Sieh mich doch näher an,
 Ich denke, du hast mich gesehen!
 Nun weiter, wie ist es geschehen?«

»Er zog ein Messer!« – »War das wie dies?« –
»Ach ja, ach ja!« – »Er zog's?« – »Und stieß –«
　　»Er stieß dir's wohl so durch die Kehle?
　　Was hilft es auch, daß ich dich quäle!«

Und fragt ihr, wie's weiter gekommen sei?
So fragt zwei Vögel, sie saßen dabei,
　　Der Rabe verweilte gar heiter,
　　Die Taube konnte nicht weiter!

Der Rabe erzählt, was der Böse noch tat,
Und auch, wie's der Henker gerochen hat;
　　Die Taube erzählt, wie der Knabe
　　Geweint und gebetet habe.

DAS KIND AM BRUNNEN

»Frau Amme, Frau Amme, das Kind ist erwacht!«
Doch die liegt ruhig im Schlafe.
Die Vöglein zwitschern, die Sonne lacht,
Am Hügel weiden die Schafe.

»Frau Amme, Frau Amme, das Kind steht auf,
Es wagt sich weiter und weiter!«
Hinab zum Brunnen nimmt es den Lauf,
Da stehen Blumen und Kräuter.

»Frau Amme, Frau Amme, der Brunnen ist tief!«
Sie schläft, als läge sie drinnen!
Das Kind läuft schnell, wie es nie noch lief.
Die Blumen locken's von hinnen.

Nun steht es am Brunnen, nun ist es am Ziel,
Nun pflückt es die Blumen sich munter,
Doch bald ermüdet das reizende Spiel,
Da schaut's in die Tiefe hinunter.

Und unten erblickt es ein holdes Gesicht,
Mit Augen, so hell und so süße.
Es ist sein eignes, das weiß es noch nicht;
Viel stumme freundliche Grüße!

Das Kindlein winkt, der Schatten geschwind
Winkt aus der Tiefe ihm wieder.
»Herauf! Herauf!« so meint's das Kind;
Der Schatten: »Hernieder! Hernieder!«

Schon beugt es sich über den Brunnenrand –
»Frau Amme, du schläfst noch immer!«
Da fallen die Blumen ihm aus der Hand
Und trüben den lockenden Schimmer.

Verschwunden ist sie, die süße Gestalt,
Verschluckt von der hüpfenden Welle,
Das Kind durchschauert's fremd und kalt,
Und schnell enteilt es der Stelle.

DIE HEILIGE DREI

In erster Morgenfrühe
Naht Herzog Heinrich schon,
Sich für des Tages Mühe
Zu weihen, Gottes Thron.

Die alternde Kapelle
Verschwimmt noch halb im Duft,
Doch ist er gleich zur Stelle,
Er sucht nur eine Gruft.

Und als er sie gefunden,
Kniet er in Demut hin;
Ein Mensch mit tausend Wunden,
Sein Heil'ger, schläft darin.
Dem Tor, in Erz getrieben,
Sind treu durch Bildners Hand
Die Kämpfe eingeschrieben,
Die er im Fleisch bestand.

Der Herzog betet lange,
Von Gottes Geist umschwebt,
Doch wird's ihm seltsam bange,
Als er sich dann erhebt.
Denn in gespenst'gem Lichte
Tritt plötzlich auf dem Tor
Vor seinem Angesichte
Die heil'ge Drei hervor.

Da denkt der edle Ringer:
»Vorbei sind Lust und Qual!
Die hat kein ird'scher Finger
Gezeichnet, diese Zahl;
Die sagt mir, wieviel Tage
Noch mein sind bis zum Tod;
Doch ziemt mir keine Klage,
Wie streng auch das Gebot.«

Mit Fasten und mit Beten
Macht er sich nun bereit,

Um vor den Herrn zu treten
Im weißen Feierkleid:
Er könnte Frist erbitten,
Weil er noch nicht so viel
Gestritten, ja gelitten,
Als er sich wünscht am Ziel.

Drei Tage fliehn in Eile,
Doch ruft der Tod ihn nicht;
»So wandl' ich mir zum Heile
Drei Monde noch im Licht?
Die sind mir für die Armen
Und nicht für mich geschenkt,
Damit sie mein Erbarmen
Noch einmal recht bedenkt.«

Nun läßt er Steine führen,
Und rasch entsteht ein Bau
Mit hundert offnen Türen
Und winkt durch Tal und Au.
Er sorgt, daß kein Begehren
Hier je vergebens klopft,
Und hat der Armut Zähren
Auf ewig so verstopft.

Drei Monde sind zu Ende,
Der Tod spricht noch nicht ein;
Da faltet er die Hände:
»Dann sind drei Jahre mein!
So darf ich nicht von hinnen,
Eh' ich das Werk vollbracht,
Dem galt mein tiefstes Sinnen
Bei Tage und bei Nacht.«

Nun werden greise Männer
Um seinen Thron gestellt,
Die Schöffen sind's, die Kenner
Des Rechts, aus aller Welt;
Sie waren sonst die Hüter
Von Leben, Gut und Blut;
Jetzt gibt er diese Güter
In des Gesetzes Hut.

Es kann ein Mensch vergessen,
Doch nie vergißt ein Buch,
Und richtig wird gemessen
Der Krone wie dem Pflug;
Sein Recht soll jedem werden,
Wie's Gott der Herr verhieß,
Denn so ersteht auf Erden
Das zweite Paradies.

Drei Jahre sind verflossen,
Der letzte Tag ist da;
Er hat sein Werk beschlossen,
Doch auch der Tod ist nah!
Und seine Wangen färben
Nur röter sich dabei,
Als ob für ihn das Sterben
Der Lohn des Lebens sei.

Er hüllt sich, nicht mehr zaudernd,
Stumm in sein Leichenhemd,
Das Volk erblickt es schaudernd,
Er wird ihm totenfremd.
Der Sarg ist längst gezimmert,
In dem er ruhen will,

Und eine Kerze schimmert
Ihm schon zu Häupten still.

Man reicht am heil'gen Orte
Ihm dann den Leib des Herrn;
Dem Altar ist die Pforte
Der Ahnengruft nicht fern,
Und mit des Priesters Segen
Tritt er hinein voll Ruh'
Und geht, sich selbst zu legen,
Dem Sarg gemessen zu.

Die Treuen knien im Kreise
Herum und trauern sehr,
Der Beicht'ger flüstert leise:
»Bald thront ein Heil'ger mehr!
Sein Odem wird nicht stocken,
Sein Herz nicht stillestehn,
So müssen alle Glocken
Der Welt von selber gehn!«

Es schlägt die letzte Stunde!
Da tönt Trompetenschall,
Das schmettert in die Runde,
Man jubelt überall.
Mit Fahnen, schwarz-gold-roten,
Kommt dann ein Zug sogleich,
Aus Frankfurt sind's die Boten
Vom heil'gen röm'schen Reich.

Die Krone Karls des Großen
Trägt man auf Samt voran;

Den Degen auch, den bloßen,
Der ihm die Welt gewann,
Den Apfel, der verkündet,
Daß sie uns noch gehört,
Das Kreuz, ihm fromm verbündet,
Auf das der Kaiser schwört.

»Wo weilt der edle Bayer?«
Ruft Nürnbergs Burggraf aus;
»Wir bringen seltne Feier
In sein erlauchtes Haus!«
Doch fröhlich um sich schauend
Bricht er auf einmal ab,
Und alle starren grauend
Hinein ins offne Grab.

Der Herzog, rasch gewendet,
Ruft aus dem düstern Schlund:
»Euch hat das Reich gesendet,
Was tut das Reich mir kund?« –
»Wir haben dich zum Kaiser
Des deutschen Volks erwählt!
Längst trägst du Palmenreiser,
Der Lorbeer aber fehlt!«

Er blickt beschämt nach oben:
»Verstand ich dich so schlecht?
Doch sei mein Wahn erhoben,
Er weihte mich erst recht!
Ihm dank' ich einen Frieden,
Der selbst dem Tod nicht weicht,
Und was du mir beschieden,
Jetzt nehm' ich's doppelt leicht.

So führt mich denn zum Throne,
Da Gott ihn mir beschert,
Und schmückt mich mit der Krone
Und stärkt mich durch das Schwert!
Den Streit der Welt zu schlichten,
Trag' ich des Purpurs Pracht,
Doch um mich selbst zu richten,
Das Totenkleid bei Nacht!«

HERR UND KNECHT

»Weg das Gesicht!
Ich duld' es nicht!
Wo ist der zweite Jäger?«
So ruft der Graf in zorn'gem Ton,
Der Alte schleicht betrübt davon,
Des Forstes bester Pfleger.

Das Hifthorn schallt,
Nun in den Wald!
Es ist zum ersten Male,
Daß er dies Schloß im finstren Tann
Besucht, er sah's nur dann und wann
Von fern im Mondenstrahle.

Sie sprengen fort;
Was kauert dort
Am Wege, hinterm Flieder?
Der Greis, er zeigt aufs graue Haupt,
Der Jüngling aber flucht und schnaubt:
»Du kehrst mir nimmer wieder!«

»Mit eins so wild
Und sonst doch mild?«
So fragt man in der Runde.
»Ich sah den Mann schon Böses tun,
Doch ganz vergebens sinn' ich nun,
Ich weiß nicht Ort noch Stunde!«

Er jagt allein
Im tiefsten Hain,
Den schwarzen Eber hetzend;
Die andern blieben weit zurück,
Da stürzt sein Pferd, an einem Stück
Gestein den Fuß verletzend.

Der Alte tritt
Mit raschem Schritt
Hervor, von Gott gesendet;
Er fängt das Tier im grimm'gen Lauf
Behend mit seinem Spieße auf:
Da liegt es und verendet!

Nun kehrt er stumm
Sich wieder um,
Dem Herrn die Hand zu geben;
Doch der springt auf: »Noch immer da?
So ist dir auch das Ende nah!«
Und will den Speer schon heben.

Da bringt die Wut
Das treue Blut
Des Alten auch zum Kochen;
Er zieht das Messer, eh' er's denkt,
Und hat, sowie er's kaum geschwenkt,
Den Jüngling auch durchstochen.

Und blutbedeckt,
Zum Tod erschreckt,
Bleibt er gebückt nun stehen.
Der Sterbende blickt über sich
Und murmelt noch: »So habe ich
Ihn schon im Traum gesehen!«

Otto Ludwig
1813–1865

DAS LIED VON DER BERNAUERIN

Soll ich die Märe bringen,
Die mir bewegt den Sinn?
So sagen wir und singen
Von der Bernauerin.

»Ich weiß nicht mehr zu raten,
Zu helfen nimmer weiß;
So möge Gott in Gnaden
Aufnehmen meinen Geist.

Doch wie ich nun geduldig
Verlieren muß den Leib,
So wahr bin ich unschuldig
Und meines Herren Weib.

Und sagt Herrn Ernstens Schreiben:
Das Badermägdelein,
Das könne leben bleiben,
Woll's seine Schnur nicht sein,

So sag' ich's doch, und schwören
Will ich's noch tausendmal:
Ich bin in Zucht und Ehren
Herrn Albrechts Ehgemahl.

Der Frauen höchster Adel
Ist ihre Frauenehr',
Die hab' ich ohne Tadel,
Hat keine Fürstin mehr.«

Sie nahm das Ringlein abe,
Das Ringlein war von Gold;
Ihr gab's der edle Knabe,
Den sie nicht lieben sollt'.

»Leb wohl, der mir ihn geben,
Leb wohl, mein liebster Knab';
So wohl sollst du mir leben,
Als ich geliebt dich hab'.«

Und um des Hemdleins Falten
Ein Tuch herum sie wand:
»Sollt' mir das Tuch nicht halten,
Das wär' mir eine Schand.

Nun bitt' ich nur zumeisten,
Daß nur das Totenweib
Und keines Manns Erdreisten
Berühre meinen Leib.«

Da griff nun so behende
Der wilde Henker dar
Und wand um seine Hände
Ihr golden langes Haar;

Und faßte sie darüber
Mit seiner linken Hand
Und schwang sie hoch hinüber
Über der Brücke Rand.

Es wichen rings die Wellen,
Sowie sie fiel darein,
Als wollten sie Gesellen
So schlimmer Tat nicht sein,

Und trugen, wie auf Armen,
Empor den schönen Leib,
Als hätt' es ihr Erbarmen,
Das arme Fürstenweib.

Da faßte mit der Stange
Der Henker wieder dar
Und wand darum das lange,
Das reiche goldne Haar.

Und tauchte sie mit Schnelle,
Und hielt sie fest darin;
Und traurig zog die Welle
Über die Tote hin.

Da kam ihr Herr von Böhmen
Herangesprengt zu Roß,
Daß ihm der Schweiß in Strömen
Am Barte niederfloß.

Er tät mit Tränen fragen,
Zerriß sich sein Gewand.
»Mein Mund soll sie beklagen,
Sie rächen meine Hand!

Nicht soll dem Alten frommen
Die himmelschrei'nde Tat;
Weit mehr hat er genommen,
Als er mir geben hat.

Auf, Fischer, fischt mir eilig
Nach ihrem süßen Leib.
O weh doch um mein heilig
Getreues, reines Weib!

Nie ward ein Weib geboren
Von fürstlich edlerm Sinn,
Zur Fürstin je erkoren
Als die Bernauerin.

Um solch ein Weib getragen
Hat Jammer nie ein Mann!
So muß ich um sie klagen,
Solang ich klagen kann.«

Emanuel Geibel

1815–1884

DES WOIEWODEN TOCHTER

Es steht im Wald, im tiefen Wald
Das Haus des Woiewoden;
Eiszapfen hangen am Dache kalt,
Und Schnee bedeckt den Boden.

Das Fräulein sitzt am Herd und spinnt
Zu ihrem Hochzeitsschleier;
Sie hört im Rauchfang gehn den Wind
Und schürt empor das Feuer.

Da tritt die Waldfrau zu ihr ein,
Die pflegt nichts Guts zu bringen:
»Guten Abend, feines Goldtöchterlein!
Will dir ein Liedchen singen!«

»Was sollen deine Lieder mir?
Mein Liebster, der kommt balde.
Da hast du Brot, da hast du Bier,
Geh wieder heim zum Walde!«

Die Alte sprach: »Hast immer Zeit,
Dein Schatz wird nimmer kommen,
Der Wald ist tief, der Weg ist weit;
Hat andern Weg genommen.«

»Was quälst du mich mit falschem Weh?
Treu wird mein Liebster bleiben,
Er schwur es mir, bis aus dem Schnee
Einst rote Röslein treiben.«

Das Fräulein rief's, doch war ihr bang,
Der Wind pfiff nicht geheuer,
Die Alte blieb, die Alte sang
Ihr dumpfes Lied ins Feuer:

»Und als ich ging die Schlucht entlang,
Da kamen drei Wölfe gesprungen,
Die heulten wie ob gutem Fang
Und hatten blutige Zungen.

Und als ich kam zum Fichtenzaun,
Drei Raben hört' ich schreien;
Sie schrien: ihr Jungen, euch soll traun
Der frische Schmaus gedeihen!

Und als ich kam zum eis'gen See,
Hab' ich einen Knaben gefunden!
Es floß wohl über den Winterschnee
Sein Blut aus tiefen Wunden.

Rot Röslein blüht aus dem Schnee so kalt,
Nun hast du's selbst vernommen.
Der Weg ist weit und tief der Wald,
Dein Schatz wird nimmer kommen.«

Das Lied war aus, die Alte fort,
Des Herdes Glut vergangen,
Die Jungfrau saß und sprach kein Wort,
Ihr waren so bleich die Wangen.

Und lauter draußen pfiff der Wind,
Und lauter schrien die Raben.
Drei Tage nach diesem hat sein Kind
Der Woiewod begraben.

Emanuel Geibel

FRIEDRICH ROTBART

Tief im Schoße des Kyffhäusers
Bei der Ampel rotem Schein
Sitzt der alte Kaiser Friedrich
An dem Tisch von Marmorstein.

Ihn umwallt der Purpurmantel,
Ihn umfängt der Rüstung Pracht,
Doch auf seinen Augenwimpern
Liegt des Schlafes tiefe Nacht.

Vorgesunken ruht das Antlitz,
Drin sich Ernst und Milde paart,
Durch dem Marmortisch gewachsen
Ist sein langer, goldner Bart.

Rings wie eh'rne Bilder stehen
Seine Ritter um ihn her,
Harnischglänzend, schwertumgürtet,
Aber tief im Schlaf, wie er.

Heinrich auch, der Ofterdinger,
Ist in ihrer stummen Schar,
Mit den liederreichen Lippen,
Mit dem blondgelockten Haar.

Seine Harfe ruht dem Sänger
In der Linken ohne Klang;
Doch auf seiner hohen Stirne
Schläft ein künftiger Gesang.

Alles schweigt, nur hin und wieder
Fällt ein Tropfen vom Gestein,

Friedrich Rotbart

Bis der große Morgen plötzlich
Bricht mit Feuersglut herein;

Bis der Adler stolzen Fluges
Um des Berges Gipfel zieht,
Daß vor seines Fittichs Rauschen
Dort der Rabenschwarm entflieht.

Aber dann wie ferner Donner
Rollt es durch den Berg herauf,
Und der Kaiser greift zum Schwerte,
Und die Ritter wachen auf.

Laut in seinen Angeln dröhnend
Tut sich auf das eh'rne Tor:
Barbarossa mit den Seinen
Steigt im Waffenschmuck empor.

Auf dem Helm trägt er die Krone
Und den Sieg in seiner Hand;
Schwerter blitzen, Harfen klingen,
Wo er schreitet durch das Land.

Und dem alten Kaiser beugen
Sich die Völker allzugleich,
Und aufs neu zu Aachen gründet
Er das heil'ge deutsche Reich.

TANNHÄUSER

Wie wird die Nacht so lüstern!
Wie blüht so reich der Wald!
In allen Wipfeln flüstern
Viel Stimmen mannigfalt,
Die Bächlein blinken und rauschen,
Die Blumen duften und glühn,
Die Marmorbilder lauschen
Hervor aus dunklem Grün.

    Die Nachtigall ruft: Zurück! Zurück!
    Der Knab' schickt nur voraus den Blick;
    Sein Herz ist wild, sein Sinn getrübt,
    Vergessen alles, was er liebt.

Er kommt zum Schloß im Garten,
Die Fenster sind voll Glanz,
Am Tor die Pagen warten,
Und droben klingt der Tanz.
Er schreitet hinauf die Treppen,
Er tritt hinein in den Saal,
Da rauschen die Sammetschleppen,
Da blinkt der Goldpokal.

    Die Nachtigall ruft: Zurück! Zurück!
    Der Knab' schickt nur voraus den Blick;
    Sein Herz ist wild, sein Sinn getrübt,
    Vergessen alles, was er liebt.

Die schönste von den Frauen
Reicht ihm den Becher hin,

Ihm rinnt ein süßes Grauen
Seltsam durch Herz und Sinn.
Er leert ihn bis zum Grunde,
Da spricht am Tor der Zwerg:
»Der unsre bist zur Stunde,
Dies ist der Venusberg.«

> Die Nachtigall ruft nur noch von fern,
> Den Knaben treibt sein böser Stern;
> Sein Herz ist wild, sein Sinn getrübt,
> Vergessen alles, was er liebt.

Und endlich fort vom Reigen
Führt ihn das schöne Weib:
Ihr Auge blickt so eigen,
Verlockend glüht ihr Leib.
Fern von des Fests Gewimmel
Da blühen die Lauben so dicht –
In Wolken birgt am Himmel
Der Mond sein Angesicht.

> Der Nachtigall Ruf ist lang verhallt,
> Den Knaben treibt der Lust Gewalt:
> Sein Herz ist wild, sein Sinn getrübt,
> Vergessen alles, was er liebt. –

Und als es wieder taget,
Da liegt er ganz allein;
Im Walde um ihn raget
Verwildertes Gestein.
Kühl geht die Luft von Norden
Und streut das Laub umher;
Er selbst ist grau geworden
Und bang sein Herz und leer.

Emanuel Geibel

Er sitzt und starret vor sich hin
Und schüttelt das Haupt in irrem Sinn.
Die Nachtigall ruft: Zu spät! zu spät!
Der Wind die Stimme von dannen weht.

BOTHWELL

Wie bebte Königin Marie,
Als durchs geheime Pförtlein spat
Mit ungebognem Haupt und Knie
In ihr Gemach Graf Bothwell trat!

Ihr schön Gesicht ward leichenweiß;
Sie zuckt' und sah ihn fragend an:
Er wischte von der Stirn den Schweiß
Und sagte dumpf: »Es ist getan.

Es ist getan, dein süßer Mund
War nicht für Buben solcher Art,
Heut abend um die achte Stund'
Hielt Heinrich Darnley Himmelfahrt.« –

Sie schrie empor: »Verzeih' dir Gott!
Nimm all mein Gold, nimm hin und flieh!«
Da lacht' er laut in grimmem Spott:
»Was soll mir Gold für Blut, Marie?

Ich liebe dich, und wenn ich mich
Der Höll' ergab zu dieser Frist:
So war's um dich, allein um dich,
Weil du der schönste Teufel bist.

Die Hand, die einen König schlug,
Greift auch nach einer Königin.«
Er rief's, und, Graun in jedem Zug,
Starr wie ein Wachsbild sank sie hin.

Er hub sie auf; sie fühlt' es nicht,
Daß ihr ins Fleisch sein Stahlhemd schnitt:
Ihr lockig Haupthaar wallte dicht
Um seine Schulter, wie er schritt.

Er stieß den Ring an ihre Hand,
Er schwang sie vor sich fest aufs Roß
Und jagt' ins wetterschwüle Land
Hinaus mit ihr gen Dunbar-Schloß.

Schwarz war die Nacht, als wäre rings
Erloschen jeder Stern des Heils;
Nur manchmal in den Wolken ging's
Gleichwie das Blitzen eines Beils.

DIE GOLDGRÄBER

Sie waren gezogen über das Meer,
Nach Glück und Gold stand ihr Begehr,
Drei wilde Gesellen, vom Wetter gebräunt,
Und kannten sich wohl und waren sich freund.

Sie hatten gegraben Tag und Nacht
Am Flusse die Grube, im Berge den Schacht,
In Sonnengluten und Regengebraus,
Bei Durst und Hunger hielten sie aus.

353

Und endlich, endlich, nach Monden voll Schweiß,
Da sahn aus der Tiefe sie winken den Preis,
Da glüht' es sie an durch das Dunkel so hold,
Mit Blicken der Schlange, das feurige Gold.

Sie brachen es los aus dem finsteren Raum,
Und als sie's faßten, sie hoben es kaum,
Und als sie's wogen, sie jauchzten zugleich:
»Nun sind wir geborgen, nun sind wir reich!«

Sie lachten und kreischten mit jubelndem Schall,
Sie tanzten im Kreis um das blanke Metall,
Und hätte der Stolz nicht gezähmt ihr Gelüst,
Sie hätten's mit brünstiger Lippe geküßt.

Sprach Tom, der Jäger: »Nun laßt uns ruhn!
Zeit ist's, auf das Mühsal uns gütlich zu tun.
Geh, Sam, und hol uns Speisen und Wein,
Ein lustiges Fest muß gefeiert sein.«

Wie trunken schlenderte Sam dahin
Zum Flecken hinab mit verzaubertem Sinn;
Sein Haupt umnebelnd, beschlichen ihn sacht
Gedanken, wie er sie nimmer gedacht.

Die andern saßen am Bergeshang,
Sie prüften das Erz, und es blitzt' und es klang.
Sprach Will, der Rote: »Das Gold ist fein;
Nur schade, daß wir es teilen zu drei'n!«

»Du meinst?« – »Je nun, ich meine nur so.
Zwei würden des Schatzes besser froh.« –
»Doch wenn ...« – »Wenn was?« – »Nun, nehmen wir an,
Sam wäre nicht da.« – »Ja, freilich, dann ...«

Sie schwiegen lang; die Sonne glomm
Und gleißt' um das Gold; da murmelte Tom:
»Siehst du die Schlucht dort unten?« – »Warum?« –
»Ihr Schatten ist tief, und die Felsen sind stumm.« –

»Versteh' ich dich recht?« – »Was fragst du noch viel!
Wir dachten es beide und führen's ans Ziel.
Ein tüchtiger Stoß und ein Grab im Gestein,
So ist es getan, und wir teilen allein.«

Sie schwiegen aufs neu. Es verglühte der Tag,
Wie Blut auf dem Golde das Spätrot lag;
Da kam er zurück, ihr junger Genoss',
Von bleicher Stirne der Schweiß ihm floß.

»Nun her mit dem Korb und dem bauchigen Krug!«
Und sie aßen und tranken mit tiefem Zug.
»Hei lustig, Bruder! Dein Wein ist stark;
Er rollt wie Feuer durch Bein und Mark.

Komm, tu uns Bescheid!« – »Ich trank schon vorher;
Nun sind vom Schlafe die Augen mir schwer.
Ich streck' ins Geklüft mich.« – »Nun, gute Ruh!
Und nimm den Stoß und den dazu!«

Sie trafen ihn mit den Messern gut;
Er schwankt' und glitt im rauchenden Blut.
Noch einmal hub er sein blaß Gesicht:
»Herrgott im Himmel, du hältst Gericht!

Wohl um das Gold erschlugt ihr mich;
Weh euch! Ihr seid verloren wie ich.
Auch ich, ich wollte den Schatz allein
Und mischt' euch tödliches Gift an den Wein.«

Gustav Freytag

1816–1895

DIE GRANITSCHALE

Vor des Museums Säulen
Erhebt sich in Berlin
Die beste Zecherschale,
Die je der Mond beschien,
Und harret auf den Meister,
Der sie zu leeren wagt:
Doch keiner will sie heben,
Das sei dem Herrn geklagt!

Und bei des Königs Hause,
Da hält die Totenwacht
Der alte Marschall Blücher,
Steht sinnend Tag und Nacht;
Er träumt vom alten König
Und hütet des Herren Herd,
Er träumt von schweren Zeiten
Und faßt im Zorn das Schwert.

Einst bei dem Brausen der Stürme
In eisiger Winternacht
Ward auch dem alten Marschall
Zu kalt auf seiner Wacht.
Er stampfte mit dem Fuße
Auf sein Gestell von Erz
Und strich das Eis vom Barte
Und rief in wildem Scherz:

»Herr Bülow, Meister Scharnhorst,
Ihr Heergesellen von Stein,

Ihr tragt von Reif und Eise
Gar kühle Mäntelein.
Herab von euren Posten,
Ihr Herren, von der Wacht!
Ich weiß ein gutes Labsal,
Das wärmt in solcher Nacht.«

Dazu nun waren die Herren
Von Herzen gern bereit
Und stäubten sich mit Lachen
Den Schnee vom kalten Kleid.
Sie stiegen mit dröhnenden Schritten
Von ihrem Stand herab
Und reichten die starken Hände
Einander aus dem Grab.

Und zur granitenen Schale
Führt' beide der Marschall hin,
Dort wob und glüht' und braute
Geschäft'ger Geistersinn.
Die Herren tranken fröhlich
Trotz Eisesfrost und Wind
Und sangen gute Reime,
Die jetzt vergessen sind.

Da lachte der alte Marschall:
»Mich haben mit vieler Pracht
Die Musen einst in Oxford
Zu ihrem Sohn gemacht,
Und ihre wilden Knaben
Durchfuhren mit starkem Sang
Die Heeresreih' der Franken
Bei meiner Hörner Klang.

Drum bring' ich diesen Becher
Der Musen jungem Geschlecht,
Vorwärts, ihr deutschen Männer,
Zu Freiheit, Licht und Recht!
Vorwärts mit deutschem Vertrauen,
Mit alter Lieb' und Treu'!« –
Da sprang mit plötzlichem Krachen
Der steinerne Becher entzwei.

Jetzt steht mit starken Stützen
Im runden Himmelssaal
Vor des Museums Säulen
Zerbrochen der Steinpokal.
Und bei dem Haus des Königs
Hält zornig auf der Wacht
Der alte Marschall Blücher
Das Schwert bei Tag und Nacht.

Georg Herwegh
1817–1875

PARABEL

Erlaubt mir, daß ich mal berichte
Euch eine alberne Geschichte:
Sie kommt mir eben in den Sinn,
Geduld ist deutsch, drum nehmt sie hin.

War eine brave, brave Frau,
Die nahm's im Dienste wohl genau
Und macht', so brav sie auch gewesen,
Doch niemals vieles Federlesen.

Die Frau hatt' einen muntern Hahn,
Der kräht' ihr stets den Morgen an
Und war nach seiner Hahn-Natur
Für sie die allerbeste Uhr.

Sobald den Tag er angesagt,
Da weckt' die Frau die faule Magd,
Was unsre Magd gar schwer verdroß,
Daß sie im Grimme einst beschloß,

Dem Vogel zu stutzen seine Schwingen
Und, meld' ich's kurz, ihn umzubringen.
Es war gedacht, es war getan,
Die Götter bekamen einen Hahn.

Was aber hat die Magd gewonnen?
Die sonst geweckt ward mit der Sonnen,
Ward nun geweckt um Mitternacht,
Nachdem den Hahn sie umgebracht.

Ach! sprach die Magd, die schwer Betörte,
Wenn ich den Hahn doch krähen hörte!
Sein Krähen hat so schön geklungen,
Als hätt' eine Nachtigall gesungen.

»Und nun der Witz? wir bitten dich!«
Ihr kennt die Frau so gut wie ich;
Sie ist die schönste weit und breit,
Ihr Anblick die volle Seligkeit.

Ihr kennt wohl auch des Nachbars Hahn,
Dem ihr so viel zuleid getan;
Und wenn ihr mich nach dem Dritten fragt:
Du, deutsches Volk, du bist die Magd!

Doch wenn ihr den Hahn auch mordet, ihr Sklaven,
So denkt darum nicht länger zu schlafen,
Erst weckt' euch die Frau nach dem Hahnenschrei,
Nun ist's mit dem Schlummer auf ewig vorbei.

Die Freiheit kommt wie ein Dieb in der Nacht
Und ruft euch zu: »Erwacht! erwacht!«

Theodor Storm

1817–1888

WEIHNACHTABEND

Die fremde Stadt durchschritt ich sorgenvoll,
Der Kinder denkend, die ich ließ zu Haus.
Weihnachten war's; durch alle Gassen scholl
Der Kinderjubel und des Markts Gebraus.

Und wie der Menschenstrom mich fortgespült,
Drang mir ein heiser Stimmlein in das Ohr:
»Kauft, lieber Herr!« Ein magres Händchen hielt
Feilbietend mir ein ärmlich Spielzeug vor.

Ich schrak empor, und beim Laternenschein
Sah ich ein bleiches Kinderangesicht;
Wes Alters und Geschlechts es mochte sein,
Erkannt' ich im Vorübergehen nicht.

Nur von dem Treppenstein, darauf es saß,
Noch immer hört' ich, mühsam, wie es schien:
»Kauft, lieber Herr!« den Ruf ohn' Unterlaß;
Doch hat wohl keiner ihm Gehör verliehn.

Und ich? – War's Ungeschick, war es die Scham,
Am Weg zu handeln mit dem Bettelkind?
Eh meine Hand zu meiner Börse kam,
Verscholl das Stimmlein hinter mir im Wind.

Doch als ich endlich war mit mir allein,
Erfaßte mich die Angst im Herzen so,
Als säß' mein eigen Kind auf jenem Stein
Und schrie nach Brot, indessen ich entfloh.

TANNKÖNIG

1.

Am Felsenbruch im wilden Tann
Liegt tot und öd ein niedrig Haus;
Der Efeu steigt das Dach hinan,
Waldvöglein fliegen ein und aus.

Und drin am blanken Eichentisch
Verzaubert schläft ein Mägdelein;
Die Wangen blühen ihr rosenfrisch,
Auf den Locken wallt ihr der Sonnenschein.

Die Bäume rauschen im Waldesdicht,
Eintönig fällt der Quelle Schaum;
Es lullt sie ein, es läßt sie nicht,
Sie sinket tief von Traum zu Traum.

Nur wenn im Arm die Zither klingt,
Da hell der Wind vorüberzieht,
Wenn gar zu laut die Drossel singt,
Zuckt manches Mal ihr Augenlid.

Dann wirft sie das blonde Köpfchen herum,
Daß am Hals das güldene Kettlein klingt;
Auf fliegen die Vögel, der Wald ist stumm,
Und zurück in den Schlummer das Mägdlein sinkt.

2.

Hell reißt der Mond die Wolken auf,
Daß durch die Tannen bricht der Strahl;
Im Grunde wachen die Elfen auf,
Die Silberhörnlein rufen durchs Tal.

»Zu Tanz, zu Tanz am Felsenhang,
Am hellen Bach, im schwarzen Tann!
Schön Jungfräulein, was wird dir bang?
Wach auf und schlag die Saiten an!«

Schön Jungfräulein, die sitzt im Traum;
Tannkönig tritt zu ihr herein
Und küßt ihr leis des Mundes Saum
Und nimmt vom Hals das Güldkettlein.

Da schlägt sie hell die Augen auf –
Was hilft ihr Weinen all und Flehn!
»Tannkönig, laß mich ziehn nach Haus,
Laß mich zu meinen Schwestern gehn.«

»In meinem Walde fing ich dich«,
Tannkönig spricht, »so bist du mein!
Was hattest du die Mess' versäumt?
Komm mit, komm mit zum Elfenreihn!« –

»Elf! Elf! das klingt so wunderlich,
Elf! Elf! mir graut vor dem Elfenreihn;
Die haben gewiß kein Christentum,
Oh, laß mich zu Vater und Mutter mein!«

»Und denkst du an Vater und Mutter noch,
Sitz aber hundert Jahr allein!«
Die Elfen ziehn zu Tanz, zu Tanz;
Er hängt ihr um das Güldkettlein.

GESCHWISTERBLUT

1.

Sie saßen sich genüber bang
Und sahen sich an in Schmerzen;
Oh, lägen sie in tiefster Gruft
Und lägen Herz an Herzen! –

Sie sprach: »Daß wir beisammen sind,
Mein Bruder, will nicht taugen!«
Er sah ihr in die Augen tief:
»O süße Schwesteraugen!«

Sie faßte flehend seine Hand
Und rief: »O denk der Sünde!«
Er sprach: »O süßes Schwesterblut,
Was läufst du so geschwinde!«

Er zog die schmalen Fingerlein
An seinen Mund zur Stelle;
Sie rief: »Oh, hilf mir, Herre Christ,
Er zieht mich nach der Hölle!«

Der Bruder hielt ihr zu den Mund;
Er rief nach seinen Knappen.
Nun rüsteten sie Reisezeug,
Nun zäumten sie die Rappen.

Er sprach: »Daß ich dein Bruder sei,
Nicht länger will ich's tragen;
Nicht länger will ich drum im Grab
Vater und Mutter verklagen.

Zu lösen vermag der Papst Urban,
Er mag uns lösen und binden!
Und säß' er an Sankt Peters Hand,
Den Brautring muß ich finden.«

Er ritt dahin; die Träne rann
Von ihrem Angesichte;
Der Stuhl, wo er gesessen, stand
Im Abendsonnenlichte.

Sie stieg hinab durch Hof und Hall'
Zu der Kapelle Stufen:
»Weh mir, ich hör' im Grabe tief
Vater und Mutter rufen!«

Sie stieg hinauf ins Kämmerlein;
Das stand in Dämmernissen.
Ach, nächtens schlug die Nachtigall;
Da saß sie wach im Kissen.

Da fuhr ihr Herz dem Liebsten nach
Allüberall auf Erden;
Sie streckte weit die Arme aus:
»Unselig muß ich werden!«

2.

Schon war mit seinem Rosenkranz
Der Sommer fortgezogen;
Es hatte sich die Nachtigall
In weiter Welt verflogen.

Im Erker saß ein blasses Weib
Und schaute auf die Fliesen;

So stille war's; kein Tritt erscholl,
Kein Hornruf über die Wiesen.

Der Abendschein alleine ging
Vergoldend durch die Halle;
Da öffneten die Tore sich
Geräuschlos, ohne Schalle.

Da stand an seiner Schwelle Rand
Ein Mann, in Harm gebrochen;
Der sah sie toten Auges an,
Kein Wort hat er gesprochen.

Es lag auf ihren Lidern schwer,
Sie schlug sie auf mit Mühen;
Sie sprang empor, sie schrie so laut,
Wie noch kein Herz geschrien.

Doch als er sprach: »Es reicht kein Ring
Um Schwester- und Bruderhände!«
Um stürzte sie den Marmortisch
Und schritt an Saales Ende.

Sie warf in seine Arme sich;
Doch war sie bleich zum Sterben.
Er sprach: »So ist die Stunde da,
Daß beide wir verderben.«

Die Schwester von dem Nacken sein
Löste die zarten Hände:
»Wir wollen zu Vater und Mutter gehn;
Da hat das Leid ein Ende.«

WALPURGISNACHT

Am Kreuzweg weint die verlassene Maid,
Sie weint um verlassene Liebe.
Sie klagt den fliegenden Wolken ihr Leid,
Ruft Himmel und Hölle zu Hülfe. –
Da stürmt es heran durch die finstere Nacht,
Die Eiche zittert, die Fichte kracht,
Es flattern so krächzend die Raben.

Am Kreuzweg feiert der Böse sein Fest,
Mit Sang und Klang und Reigen;
Die Eule rafft sich vom heimlichen Nest
Und lädt viel luftige Gäste.
Die stürzen sich jach durch die Lüfte heran,
Geschmückt mit Distel und Drachenzahn,
Und grüßen den harrenden Meister.

Und über die Heide weit und breit
Erschallt es im wilden Getümmel:
»Wer bist du, du schöne, du lustige Maid?
Juchheisa, Walpurgis ist kommen!
Was zauderst du, Hexchen, komm, springe mit ein,
Sollst heute des Meisters Liebste sein,
Du schöne, du lustige Dirne!«

Der Nachtwind peitscht die tolle Schar
Im Kreis um die weinende Dirne,
Da packt sie der Meister am goldenen Haar
Und schwingt sie im sausenden Reigen.
Und wie im Zwielicht der Auerhahn schreit,
Da hat der Teufel die Dirne gefreit
Und hat sie nimmer gelassen.

Gottfried Keller

1819–1890

SCHLAFWANDEL

Im afrikanischen Felsental
Marschiert ein Bataillon,
Sich selber fremd, eine braune Schar
Der Fremdenlegion.
Lang ist ihr wildes Lied verhallt
In Sprachen mancherlei;
Stumm glüht der römische Schutt am Weg,
Schlafend ziehn sie vorbei.

Unter der Trommel vorgebeugt
Der schlafende Tambour geht,
Es nickt der Kommandant zu Roß,
Von webender Glut umweht;
Es schläft die Truppe, Haupt für Haupt
Unter der Sonne gesenkt,
Von der Gewohnheit Eisenfaust
In Schritt und Tritt gelenkt.

Und was sonst in der dunklen Nacht
Das Zelt nur sehen mag,
Tritt unterm offnen Himmelsblau
Im Wüstenlicht zu Tag.
Es spielt das schmerzliche Mienenspiel
Unglücklichen Manns, der träumt;
Von Gram und Leid und Bitterkeit
Ist jeglicher Mund umsäumt.

Es zuckt die Lippe, zuckt das Aug',
Auf dürre Wangen quillt

Die unbemeisterte Träne hin,
Vom Sonnenbrand gestillt.
Sie schaun ein reizend Spiegelbild
Vom kühlen Heimatstrand,
Das grüne Kleefeld, rot beblümt,
Den Vater, der einst den Sohn gerühmt,
Verlornes Jugendland!

Ein Schuß – da flattert's weiß heran,
Und schon steht das Karree
Schlagfertig und munter, und keiner sah
Des andern Reu' und Weh;
Nur zorniger ist jeder Mann,
Willkommen ihm der Streit,
Doch wie er kam, zerstiebt der Feind,
Wie Traum und Reu' so weit!

DAS KÖHLERWEIB IST TRUNKEN

Das Köhlerweib ist trunken
Und singt im Wald;
Hört, wie die Stimme gellend
Im Grünen hallt!

Sie war die schönste Blume,
Berühmt im Land;
Es warben Reich' und Arme
Um ihre Hand.

Sie trat in Gürtelketten
So stolz einher;

Den Bräutigam zu wählen
Fiel ihr zu schwer.

Da hat sie überlistet
Der rote Wein –
Wie müssen alle Dinge
Vergänglich sein!

Das Köhlerweib ist trunken
Und singt im Wald;
Wie durch die Dämmrung gellend
Ihr Lied erschallt!

DER TAUGENICHTS

Die ersten Veilchen waren schon
Erwacht im stillen Tal;
Ein Bettelpack stellt' seinen Thron
Ins Feld zum ersten Mal.
Der Alte auf dem Rücken lag,
Das Weib, das wusch am See;
Bestaubt und unrein schmolz im Hag
Das letzte Häuflein Schnee.

Der Vollmond warf den Silberschein
Dem Bettler in die Hand,
Bestreut' der Frau mit Edelstein
Die Lumpen, die sie wand;
Ein linder West blies in die Glut
Von einem Dorngeflecht,

Drauf kocht' in Bettelmannes Hut
Ein sündengrauer Hecht.

Da kam der kleine Betteljung',
Vor Hunger schwach und matt,
Doch glühend in Begeisterung
Vom Streifen durch die Stadt,
Hielt eine Hyazinthe dar
In dunkelblauer Luft;
Dicht drängte sich der Kelchlein Schar,
Und selig war der Duft.

Der Vater rief: »Wohl hast du mir
Viel Pfennige gebracht?«
Der Knabe rief: »O sehet hier
Der Blume Zauberpracht!
Ich schlich zum goldnen Gittertor,
Sooft ich ging, zurück,
Bedacht' nur, aus dem Wunderflor
Zu stehlen mir dies Glück!

O sehet nur, ich werde toll,
Die Glöcklein alle an!
Ihr Duft, so fremd und wundervoll,
Hat es mir angetan!
O schlaget nicht mich armen Wicht,
Laßt euren Stecken ruhn!
Ich will ja nichts, mich hungert nicht,
Ich will's nicht wieder tun!«

»O wehe mir geschlagnem Tropf!«
Brach nun der Alte aus,
»Mein Kind kommt mit verrücktem Kopf

Anstatt mit Brot nach Haus!
Du Taugenichts, du Tagedieb
Und deiner Eltern Schmach!«
Und rüstig langt' er Hieb für Hieb
Dem armen Jungen nach.

Im Zorn fraß er den Hecht, noch eh'
Der gar gesotten war,
Schmiß weit die Gräte in den See
Und stülpt' den Filz aufs Haar.
Die Mutter schmält' mit sanftem Wort
Den mißgeratnen Sohn,
Der warf die Blume zitternd fort
Und hinkte still davon.

Es perlte seiner Tränen Fluß,
Er legte sich ins Gras
Und zog aus seinem wunden Fuß
Ein Stücklein scharfes Glas.
Der Gott der Taugenichtse rief
Der guten Nachtigall,
Daß sie dem Kind ein Liedchen pfiff
Zum Schlaf mit süßem Schall.

POETENTOD

Der Herbstwind zieht, der Dichter liegt am Sterben,
Die Wolkenschatten jagen an der Wand;
An seinem Lager knien die zarten Erben,
Des Weibes Stirn ruht heiß auf seiner Hand.

Darin ein flücht'ger Abendstrahl ertrunken,
Mit dunklem Purpurwein netzt er den Mund;
Und wieder rückwärts auf den Pfühl gesunken,
Tut er den letzten Willen also kund:

»Die ich aus Wunderklängen aufgerichtet,
Vorbei ist dieses Hauses Herrlichkeit!
Ich habe ausgelebt und ausgedichtet
Mein blühend Lied, dich, meine Erdenzeit!

Das stolz und mächtig diese Welt regierte,
Es bricht mein Herz, mit ihm das Königshaus!
Der Gastfreund, der die edlen Hallen zierte,
Der Ruhm wallt mit dem Leichenzug hinaus.

Dann löschet meines Herdes helle Flamme
Und zündet wieder stille Kohlen an,
Wie's Sitte war bei meiner Väter Stamme,
Eh' ich den Schritt auf dieses Rund getan.

Und was den Herd in schönen Formen zierte,
Was sich an alter Weisheit um ihn fand,
Die heil'gen Schriften, die ich bei mir führte,
Streut in den Wind, gebt in der Juden Hand:

Daß meines Geistes namenloser Erbe
Mit klarem Aug', mit leichtem Schülerkleid
Auf offnem Markt sich ahnungsvoll erwerbe,
Was ich in Sternennächten eingeweiht.

Nur meine Rosengärten lasset stehen,
Bis auch mein herrliches Poetenweib
Im nächsten Lenze wird zur Ruhe gehen,
Den Blumen schenkend ihren schönen Leib.

Dann aber mäht die Rosenbüsche nieder
Und brechet meine grünen Lauben ab!
Der Boden trage Kohl und Rüben wieder –
Nur eine Rose laßt auf meinem Grab!

Mein Lied wird siegreich durch die Lande klingen,
Ein Banner, von den Höhn der Erde wehn;
Doch ungekannt, mit mühsalschwerem Ringen
Wird meine Sippe dran vorübergehn.

Drum sollt ihr meinem Sohn das Leben gründen,
Gebt ihm ein Handwerk oder auch ein Schwert,
Und meine Tochter laßt den Freier finden,
Der sie in Lieb und Treuen redlich nährt.

Gebt jenen Band verblichner Schrift den Flammen,
's ist meiner Jugend greller Widerschein;
Die Asche und mein Lorbeerreis zusammen
Liegt mir zu Häupten dann im Totenschrein!

Arm, wie ich kam, soll man hinaus mich tragen!
Den Lorbeer nur will ich mit Zaubermacht
Als Wünschelrute an die Sterne schlagen
Nach neuen Klängen aus der Strahlenpracht!« –

Noch überläuft sein Angesicht, das reine,
Mit einem Strahl das sinkende Gestirn –
So glühte eben noch im Rosenscheine,
Nun starret kalt und weiß des Berges Firn.

Und wie das Schneegebirg, erlöscht, verblichen,
Zum Himmel raget zwischen Tag und Nacht,
Der letzte Nachhall übers Tal gestrichen,
Dann tiefe Stille auf den Landen wacht:

Die ganze Größe dieses schönen Spieles
Liegt in der engen Totenkammer nun,
Wo Weib und Kinder, stumm, voll Wehgefühles,
Verlassen um die Dichterleiche ruhn!

Und wie durch Alpendämmerung das Rauschen
Von eines späten Adlers Flügeln weht,
Ist in der Totenstille zu erlauschen,
Wie eine Geisterschar von hinnen geht.

Sie ziehen aus, des Seligen Penaten,
In reiche Prachtgewänder tief verhüllt;
Sie gehn, die an der Wiege schon beraten,
Was er in Liedern dann so schön erfüllt.

Voran, gesenkten Blicks, das Leid der Erde,
Verschlungen mit der Freude Traumgestalt,
Die Phantasie und endlich ihr Gefährte,
Der Witz, mit leerem Becher, stolz und kalt.

AROLEID

Im Wallis liegt ein stiller Ort,
Geheißen Aroleid;
Es seufzt ein Gram im Namen fort
Seit lang entschwundner Zeit.

Ein Berghirt hing in Todsgefahr
Am steilen Firnenrand,
Ihn stieß hinunter dort der Aar,
Wo keiner mehr ihn fand.

Auf grüner Matte saß sein Weib;
Das Kind ins Gras gelegt,
Saß sie und schaut' mit starrem Leib
Hinüber, unbewegt,

Hinüber, wo im Dämmerblau
Der Berg zur Tiefe schwand
Und mit des Gipfels Silberau
So still am Himmel stand.

Voll bittrer Sehnsucht sprang sie auf
Und ging im Mattengrün
Mit schwankem Schritt und irrem Lauf
Und heißem Augenglühn.

Da schreit ein Kind, ein Flügel saust
Wohl über ihrem Haupt –
Mit ihrem Kind zur Höhe braust
Der Aar, der es geraubt!

Noch sieht das Wickelband sie wehn
In der kristallnen Luft,
Dann sieht sie's wie ein Pünktlein stehn
Im ferneblauen Duft,

Dann nichts mehr, nie, solang sie lebt! –
Sie nahm kein Trauerkleid;
Doch von dem Leid, das dort noch webt,
Der Ort heißt Aroleid.

DER NARR DES GRAFEN VON ZIMMERN

Was rollt so zierlich, klingt so lieb
Treppauf und -ab im Schloß?
Das ist des Grafen Zeitvertreib
Und stündlicher Genoss':
Sein Narr, annoch ein halbes Kind
Und rosiges Gesellchen,
So leicht und luftig wie der Wind,
Und trägt den Kopf voll Schellchen.

Noch ohne Arg wie ohne Bart,
An Possen reich genug,
Ist doch der Fant von guter Art
Und in der Torheit klug;
Und was vergecken und verdrehn
Die zappeligen Hände,
Gerät ihm oft wie aus Versehn
Zuletzt zum guten Ende.

Der Graf mit seinem Hofgesind
Weilt in der Burgkapell',
Da ist, wie schon das Amt beginnt,
Kein Ministrant zur Stell'.
Rasch nimmt der Pfaff den Narrn beim Ohr
Und zieht ihn zum Altare;
Der Knabe sieht sich fleißig vor,
Daß er nach Bräuchen fahre.

Und gut, als wär' er's längst gewohnt,
Bedient er den Kaplan;
Doch wann's die Müh' am besten lohnt,
Bricht oft der Unstern an;

Denn als die heil'ge Hostia
Vom Priester wird erhoben,
O Schreck! so ist kein Glöcklein da,
Den süßen Gott zu loben!

Ein Weilchen bleibt es totenstill,
Erbleichend lauscht der Graf,
Der gleich ein Unheil ahnen will,
Das ihn vom Himmel traf.
Doch schon hat sich der Narr bedacht,
Den Handel zu versöhnen;
Die Kappe schüttelt er mit Macht,
Daß alle Glöcklein tönen!

Da strahlt von dem Ciborium
Ein goldnes Leuchten aus;
Es glänzt und duftet um und um
Im kleinen Gotteshaus,
Wie wenn des Himmels Majestät
In frischen Veilchen läge:
Der Herr, der durch die Wandlung geht,
Er lächelt auf dem Wege!

JUNG GEWOHNT, ALT GETAN

Die Schenke dröhnt, und an dem langen Tisch
Ragt Kopf an Kopf verkommener Gesellen;
Man pfeift, man lacht; Geschrei, Fluch und Gezisch
Ertönte an des Trankes trüben Wellen.

In dieser Wüste glänzt' ein weißes Brot;
Sah man es an, so ward dem Herzen besser.
Sie drehten eifrig draus ein schwarzes Schrot
Und wischten dran die blinden Schenkenmesser.

Doch einem, der da mit den andern schrie,
Fiel untern Tisch des Brots ein kleiner Bissen;
Schnell fuhr er nieder, wo sich Knie an Knie
Gebogen drängte in den Finsternissen.

Dort sucht' er selbstvergessen nach dem Brot;
Doch da begann's rings um ihn zu rumoren,
Sie brachten mit den Füßen ihn in Not
Und schrien erbost: »Was, Kerl! hast du verloren?«

Errötend taucht' er aus dem dunklen Graus
Und barg es in des Tuches grauen Falten.
Er sann und sah sein ehrlich Vaterhaus
Und einer treuen Mutter häuslich Walten.

Nach Jahren aber saß derselbe Mann
Bei Herrn und Damen an der Tafelrunde,
Wo Sonnenlicht das Silber überspann
Und in gewählten Reden floh die Stunde.

Auch hier lag Brot, weiß wie der Wirtin Hand,
Wohlschmeckend in dem Dufte guter Sitten;
Er selber hielt's nun fest und mit Verstand;
Doch einem Fräulein war ein Stück entglitten.

»O lassen Sie es liegen!« sagt sie schnell;
Zu spät, schon ist er untern Tisch gefahren
Und späht und sucht, der närrische Gesell,
Wo kleine seidne Füßchen stehn zu Paaren.

Die Herren lächeln, und die Damen ziehn
Die Sessel scheu zurück vor dem Beginnen;
Er taucht empor und legt das Brötchen hin,
Errötend hin auf das damastne Linnen.

»Zu artig, Herr!« dankt' ihm das schöne Kind,
Indem sie spöttisch lächelnd sich verneigte;
Er aber sagte höflich und gelind,
Indem er sich gar sittsam tief verbeugte:

»Wohl einer Frau galt meine Artigkeit,
Doch Ihnen diesmal nicht, verehrte Dame!
Es galt der Mutter, die vor langer Zeit
Entschlafen ist in Leid und bittrem Grame.«

AM UFER DES STROMES

Graulockig ein Mann und ein blonder Kam'rad
Spazieren an fließenden Wassers Gestad';
Der Ältere kehrt sich zum Jungen und spricht:
»Was schneidest du für ein betrübtes Gesicht?«

»Lieb fand ich ein Mädchen und hab' ihm's gesagt,
Sie flüstert ein Nein, kaum daß ich gefragt,
Und alles im Nu – nun beklemmt's mir die Brust,
Daß Herz ich und Mund nicht zu halten gewußt!«

Und jener erwidert: »Des Fährmanns Magd
Siehst du, die über dem Strome ragt,
Gering und arm und der Zierde bar,
Und siehst auch mein ergrauendes Haar?

Befiel' mich ein Fünklein Lieb' zu ihr,
Laut rief ich es von der Stelle hier,
Rief's laut in der Wellen rauschenden Gang,
Mich dünkt' es der allerschönste Gesang!

Leicht schlug mir in meiner Jugend das Herz,
Und müßig schweifte der Blick allwärts;
Rasch hab' ich so manches Geständnis gemacht,
Die ein' hat geweint und die andre gelacht.

Bei einer nur hab' ich das Wörtchen verschluckt,
Wie sehr es auch sterbend im Busen gezuckt;
Ich glaube, sie ahnt' es und lächelte fein,
Doch wußt' ich nicht, sang's in ihr Ja oder Nein.

Der Sommer war warm und der Winter kalt,
Die Zeit verging, und wir wurden alt;
Als ich zum letztenmal sie sah,
Lag sie im Leichenschmucke da.

Fest waren die Augen zugetan,
Sie schauten nicht mich noch die Welt mehr an;
Doch auf dem Munde bleich und tot,
Da lächelt's noch leise wie ein Spott.

Mir lispelt's im Ohre: ›O träger Mann,
Der so mit Worten geizen kann!
Du hattest den Schlüssel zum seligen Haus,
Wo fliegen die Engel hinein und hinaus!

Du hattest den Schlüssel zum goldenen Schrein
Für alle zwei beide, nun lieg' ich allein!‹
Da donnert' die Orgel, da psaltert' der Chor,
Und sie trugen hinaus, was ich elend verlor!«

BALLADE VOM DÜRREN KÖNIG

Es war ein dürrer König, der hatt' ein Land am Meer;
Er fuhr an seinen Küsten brandschatzend hin und her.
Sooft im Maienscheine erglüht' sein Felsenhaus,
Zog er mit Schiff' und Knechten und leeren Säckeln aus.

Wo helle Fenster blinkten entlang dem Meeresstrand,
Da klopft' er an die Türen mit seiner Knochenhand;
Und wo ein Speicher lachte, da tat er einen Griff
Und füllte unersättlich sein weitgebauchtes Schiff.

Er konnte alles brauchen, und allem war er hold,
Der Wolle wie der Seide, dem Silber wie dem Gold;
Im Topf nahm er den Honig, die Gerste wie das Korn,
Den Weizen mit der Spreuer, die Kuh mit Klau' und Horn,

Die Sau mit ihren Flecken, das Huhn mit seinem Ei –
Bis jedesmal das Fahrzeug glich einer Meierei.
Daheim hat er zwölf Junge und eine Königin
Und eine Königin-Mutter, die harrten all' auf ihn.

Die fraßen, was er brachte, und klagten sich noch sehr
Und jagten stets aufs neue den Dürren auf das Meer,
Und gaben ihm dann schmählich auf seinen Wellenritt
Und allen seinen Mannen ein Fäßlein Zwieback mit.

So fuhr er einst bedächtig am klaren Morgen aus;
Doch noch am selben Tage, da kam ein Wettergraus,
Ein Saus und Braus am Himmel und auf den Wassern her,
Bald hinter Schaum und Regen sah man kein Ufer mehr.

Es trieb das Schiff ins Weite und auf die hohe See,
Und als der Sturm verflogen, ward es den Schiffern weh;

Sie kannten keine Gegend, 's war nur ein blaues Rund;
Wo sie den Anker warfen, da faßt' er keinen Grund.

Und weiter, immer weiter verirrte sich die Fahrt,
Und länger, immer länger der Zwieback ward gespart.
O weh, da half kein Sparen, am Ende ging er aus,
Und grinsend saß der Hunger im engen Bretterhaus.

Drei Tage lang zu fasten ein jeder Mann vermag;
Doch wird das Ding verdrießlich schon mit dem vierten Tag.
Was sagt ihr zu sechs Tagen? Vermaledeiter Brauch!
Das fand der dürre König mit seinen Knechten auch.

Drum nehmen sie drei Würfel und würfeln um den Tod;
Sein Blut muß einer lassen, sein Fleisch und Blut so rot.
Kaum hat ein armer Teufel den kleinsten Wurf getan,
Hebt man ihn gleich zu braten und zu verspeisen an.

Und als man solchen Braten mit Grauen hatt' verdaut
Und wieder ein paar Tage die Finger sich zerkaut,
Da ging es an den zweiten, den dritten und so fort,
Bis endlich nur der König und noch ein Mann an Bord.

Man hatte ihm das Knöcheln erlassen aus Respekt,
Doch hatt' ihm drum die Mahlzeit nicht minder wohl
                                      geschmeckt,
Ja, er fand ganz in Ordnung und trefflich diesen Schmaus
Und gafft', ein Liedchen pfeifend, dumm auf das Meer hinaus.

Und windstill ruhte weitum des Meeres klare Brust
Und öffnet' ihre Tiefen dem Sonnenschein mit Lust;
Der König pfiff noch immer, indes der andre Mann,
Verdächtig nach ihm schielend, kühn auf Verschwörung sann.

Dann fing er an: »Herr König, wollt gnädigst Ihr geruhn,
Mit Eurem letzten Knechte auch einen Wurf zu tun?«
Doch jener maß ihn starrend vom Haupte bis zum Fuß,
Denn das war ihm ein fremder und ungewohnter Gruß.

Drauf schwang er zähnefletschend den Kolben auf den
                                              Knecht;
Der aber praktizierte ein nagelneues Recht,
Schlug ihm die Kron' vom Kopfe, riß ihm den Purpur ab
Und schrie: »Paß auf! mein Magen wird nun ein Königsgrab.«

Zog schnell ihm durch die Kehle sein Messer scharf und
                                              krumm,
Und wütender vom Hunger wandt' er ihn um und um –
Er mußte liegen lassen den Leib mit Haut und Haar,
Weil der auch gar zu zähe und ungenießbar war.

Theodor Fontane

1819–1898

DER BLINDE KÖNIG

Ein Bettler steht gebückt am Wege
Und harrt des Königs stundenlang,
Daß er zum Mitleid ihn bewege,
Wozu sein Elend jeden zwang.
Jetzt naht der König mit den Seinen,
Er geht vorüber, lacht und spricht –
    Der blinde König würde weinen,
    Doch ach, der König sieht es nicht.

Es murrt das Volk; des Königs Räte
Bedrücken das verarmte Land,
Und mit der Blütezeit der Städte
Die Liebe zu dem Fürsten schwand.
Die Not, der Gram und Kummer einen
Sich auf so manchem Angesicht –
    Der blinde König würde weinen,
    Doch ach, der König sieht es nicht.

Der König zieht durch seine Lande;
Still bleibt das Volk, der Jubel schweigt,
Zerrissen sind die Liebesbande,
Und jeder Blick Verachtung zeigt.
Nur hier und dorten treibt es einen
Zur Huldigung aus Furcht und Pflicht –
    Der blinde König würde weinen,
    Doch ach, der König sieht es nicht.

Der König starb; an seiner Bahre
Ist jedes Auge tränenleer,

Und weil's getrauert viele Jahre,
Drum trauert jetzt das Volk nicht mehr.
Man sieht die Hoffnung wieder scheinen
Auf manchem bleichen Angesicht;
    Der blinde König würde weinen –
    Wohl ihm, wohl ihm – er sieht es nicht.

DER ALTE ZIETEN

Joachim Hans von Zieten,
Husarengeneral,
Dem Feind die Stirne bieten,
Er tat's wohl hundert Mal;
Sie haben's all' erfahren,
Wie er die Pelze wusch,
Mit seinen Leibhusaren
Der *Zieten* aus dem Busch.

Hei, wie den Feind sie bleuten
Bei Hennersdorf und Prag,
Bei Liegnitz und bei Leuthen,
Und weiter Schlag auf Schlag;
Bei Torgau, Tag der Ehre,
Ritt selbst der Fritz nach Haus,
Doch *Zieten* sprach: »Ich kehre
Erst noch mein Schlachtfeld aus.«

Sie kamen nie alleine,
Der *Zieten* und der *Fritz,*

Der Donner war der eine,
Der andre war der Blitz.
Es wies sich keiner träge,
Drum schlug's auch immer ein,
Ob warm', ob kalte Schläge,
Sie pflegten gut zu sein. –

Der Friede war geschlossen,
Doch Krieges Lust und Qual,
Die alten Schlachtgenossen
Durchlebten's noch einmal.
Wie Marschall *Daun* gezaudert
Und *Fritz* und *Zieten* nie,
Es ward jetzt durchgeplaudert
Bei Tisch, in Sanssouci.

Einst mocht' es ihm nicht schmecken,
Und sieh, der Zieten schlief,
Ein Höfling wollt' ihn wecken,
Der König aber rief:
»Laßt schlafen mir den Alten,
Er hat in mancher Nacht
Für uns sich wach gehalten,
Der hat genug gewacht.« –

Und als die Zeit erfüllet
Des alten Helden war,
Lag einst, schlicht eingehüllet,
Hans Zieten, der Husar;
Wie selber er genommen
Die Feinde stets im Husch,
So war der Tod gekommen
Wie *Zieten* aus dem Busch.

MARIA UND BOTHWELL

König Darnley liegt erschlagen,
Graf Bothwell hat es getan;
Sechs Lords von Schottland tragen
Die Leiche nach Sankt Alban,
Sie stellen bei Fackelscheine
Den Sarg an den Altar hin –
Von Trauernden fehlt nur *eine*,
Maria, die Königin.

Die sitzt daheim im Schlosse,
In funkelnder Nische des Saals,
Auf dem Sammetpfühl ihr Genosse
Ist der Mörder ihres Gemahls;
Dem Lande kleidet die Trauer,
Der Königin kleidet die Lust,
Kalt-heiße Wonneschauer
Durchrieseln ihre Brust.

Sie spricht verlockenden Schalles:
»Nun komm und küsse dich rot,
Ich danke dir alles, alles,
Mein Leben und – *seinen* Tod;
O schau nicht so fragend und bange,
Schau lieber wie sonst mich an,
Leg ab die blasse Wange –
Getan ist, was getan.«

Die Kerzen brennen wie lüstern
Und geben schwülen Hauch,
Immer leiser wird das Flüstern,
Nun schweigt das Flüstern auch,

Ihr Atem lodert zusammen,
Wie Glut und Glut sich mischt,
Bis mählich in Flackerflammen
So Lust wie Licht erlischt.

Still wird's; nur Mondeslichter
Durchhuschen noch bleich den Saal,
Es schlummern wie Totengesichter
Graf Bothwell und sein Gemahl.
Sie schlummern; des Windes Weise
Erstirbt im hohen Kamin,
An den Wänden, hastig-leise,
Schatten vorüberfliehn.

Und hastiger wird ihr Treiben,
Schon graut und dämmert der Tag,
Da schlägt's an die klirrenden Scheiben
Wie flatternder Flügelschlag;
Auf fahren die zwei vom Kissen,
Verstört an Haar und Sinn;
Im Traume ward wach ihr Gewissen,
Und es murmelt die Königin:

»Hilf, Himmel, ich sah die Meinen
Landflüchtig, der Zügel beraubt,
Der fallenden Krone des einen
Nach rollte sein fallendes Haupt,
Und wie Donner durch meine Seele
Ging zürnend das alte Lied:
Ich räch' alle Schuld und Fehle
Bis in das vierte Glied.«

Maria hat es gesprochen,
Graf Bothwell hört' es kaum,

Seine Schläfe pulsen und pochen,
Er denkt an den eigenen Traum,
Er spricht unter Starren und Stocken:
»Sie grüßte, dann betete sie,
Ab schnitt ihr der Henker die Locken –
Ach, *deine* Locken, Marie.«

Graf Bothwell hat es gesprochen,
Maria hört' ihn kaum,
Ihre Schläfe pulsen und pochen,
Sie denkt an den eigenen Traum,
Stumm blicken die Buhlergatten
Sich an so blaß, so bang –
König Darnleys blutiger Schatten
Schreitet den Saal entlang.

ARCHIBALD DOUGLAS

»Ich hab' es getragen sieben Jahr,
Und ich kann es nicht tragen mehr!
Wo immer die Welt am schönsten war,
Da war sie öd' und leer.

Ich will hintreten vor sein Gesicht
In dieser Knechtsgestalt,
Er kann meine Bitte versagen nicht,
Ich bin ja worden alt.

Und trüg' er noch den alten Groll,
Frisch wie am ersten Tag,

So komme, was da kommen soll,
Und komme, was da mag!«

Graf Douglas spricht's. Am Weg ein Stein
Lud ihn zu harter Ruh,
Er sah in Wald und Feld hinein,
Die Augen fielen ihm zu.

Er trug einen Harnisch, rostig und schwer,
Darüber ein Pilgerkleid. –
Da, horch, vom Waldrand scholl es her
Wie von Hörnern und Jagdgeleit.

Und Kies und Staub aufwirbelte dicht,
Her jagte Meut' und Mann,
Und ehe der Graf sich aufgericht't,
Waren Roß und Reiter heran.

König Jakob saß auf hohem Roß,
Graf Douglas grüßte tief,
Dem König das Blut in die Wange schoß,
Der Douglas aber rief:

»König Jakob, schaue mich gnädig an
Und höre mich in Geduld,
Was meine Brüder dir angetan,
Es war nicht meine Schuld!

Denk nicht an den alten Douglas-Neid,
Der trotzig dich bekriegt,
Denk lieber an deine Kinderzeit,
Wo ich dich auf den Knien gewiegt.

Denk lieber zurück an Stirling-Schloß,
Wo ich Spielzeug dir geschnitzt,
Dich gehoben auf deines Vaters Roß
Und Pfeile dir zugespitzt.

Denk lieber zurück an Linlithgow,
An den See und den Vogelherd,
Wo ich dich fischen und jagen froh
Und schwimmen und springen gelehrt.

O denk an alles, was einstens war,
Und sänftige deinen Sinn,
Ich hab' es gebüßet sieben Jahr,
Daß ich ein Douglas bin.«

»Ich seh' dich nicht, Graf Archibald,
Ich hör' deine Stimme nicht,
Mir ist, als ob ein Rauschen im Wald
Von alten Zeiten spricht.

Mir klingt das Rauschen süß und traut,
Ich lausch' ihm immer noch,
Dazwischen aber klingt es laut:
Er ist ein Douglas doch.

Ich seh' dich nicht, ich hör' dich nicht,
Das ist alles, was ich kann,
Ein Douglas vor meinem Angesicht
Wär' ein verlorener Mann.«

König Jakob gab seinem Roß den Sporn,
Bergan ging jetzt sein Ritt,
Graf Douglas faßte den Zügel vorn
Und hielt mit dem Könige Schritt.

Der Weg war steil, und die Sonne stach,
Und sein Panzerhemd war schwer,
Doch ob er schier zusammenbrach,
Er lief doch nebenher.

»König Jakob, ich war dein Seneschall,
Ich will es nicht fürder sein,
Ich will nur warten dein Roß im Stall
Und ihm schütten die Körner ein.

Ich will ihm selber machen die Streu
Und es tränken mit eig'ner Hand,
Nur laß mich atmen wieder aufs neu
Die Luft im Vaterland.

Und willst du nicht, so hab' einen Mut,
Und ich will es danken dir,
Und zieh dein Schwert und triff mich gut
Und laß mich sterben hier.«

König Jakob sprang herab vom Pferd,
Hell leuchtete sein Gesicht,
Aus der Scheide zog er sein breites Schwert,
Aber fallen ließ er es nicht.

»Nimm's hin, nimm's hin und trag es neu
Und bewache mir meine Ruh',
Der ist in tiefster Seele treu,
Wer die Heimat liebt wie du.

Zu Roß, wir reiten nach Linlithgow,
Und du reitest an meiner Seit',
Da wollen wir fischen und jagen froh
Als wie in alter Zeit!«

LIED DES JAMES MONMOUTH

Es zieht sich eine blutige Spur
Durch unser Haus von alters,
Meine Mutter war seine Buhle nur,
Die schöne Lucy Walters.

Am Abend war's, leis wogte das Korn,
Sie küßten sich unter der Linde,
Eine Lerche klang und ein Jägerhorn –
Ich bin ein Kind der Sünde.

Meine Mutter hat mir oft erzählt
Von jenes Abends Sonne,
Ihre Lippen sprachen: Ich habe gefehlt!
Ihre Augen lachten vor Wonne.

Ein Kind der Sünde, ein Stuartkind,
Es blitzt wie Beil von weiten:
Den Weg, den alle geschritten sind,
Ich werd' ihn auch beschreiten.

Das Leben geliebt und die Krone geküßt
Und den Frauen das Herz gegeben,
Und den letzten Kuß auf das schwarze Gerüst –
Das ist ein Stuart-Leben.

JUNG-MUSGRAVE UND LADY BARNARD

Jung-Musgrave trat in die Kirche,
Sein Kleid war gold und blau;
Er grüßte die schönen Frauen,
Nicht so Unsre liebe Frau.

Er sah sich um im Kreise,
Nur eine fehlte noch;
Ein trat da Lady Barnard,
Das war die schönste doch.

Ihr Auge fiel auf Musgrave,
Ihr Auge wie Sonnenschein,
Da fühlte des Knaben Herze:
Der Lady Herz ist dein.

Sie flüsterte: »Jung-Musgrave,
Ich liebe dich seit lang!«
»So tat ich, liebe Lady,
Nur war mein Wort zu bang.«

»Ich hab' ein Haus im Walde,
Verschwiegen und bewacht,
Und willst du kommen, Jung-Musgrave,
Jung-Musgrave, so komm heut nacht!«

Den Knaben überlief es,
Als habe sie ihn geküßt,
Er sprach: »Ich komme, lieb' Lady,
Und wenn ich sterben müßt'.«

Das hörte der Lady Läufer,
Nicht lang er so stund und sann:

»Und bin ich Myladys Läufer,
So bin ich Mylords Mann!«

Er sprach es und lief waldeinwärts,
lief über das Heideland;
Die Sterne standen am Himmel,
Als vor dem Schloß er stand.

»Wach auf, wach auf, Lord Barnard,
Deine Ehr' ist krank und wund;
Jung-Musgrave und deine Lady,
Die küssen sich zur Stund'.

Sie küssen sich im Walde
In deines Försters Haus –
Laß satteln, Mylord Barnard,
Und komm und reite hinaus.«

Der Lord fuhr auf vom Lager:
»Lieber Läufer, sprichst du wahr,
Mein Forst und meine Äcker
Sind deine auf ein Jahr.

Doch hast du falsch gesprochen
Oder trog dich falscher Schein,
An den höchsten Baum im Walde
Sollst du gehangen sein!

Auf, auf, meine Mannen alle,
Und sattelt mein schnellstes Tier,
Oft sind wir rasch geritten,
Heut reiten rascher wir.«

Hin ging es über die Heide,
Lord Barnards Horn erklang –
Jung-Musgrave küßte die Lady,
Er küßte sie so bang.

»Ich hör' es von fernher klingen –
Das ist keine Wachtel im Korn,
Das ist kein Häher im Walde,
Das ist Lord Barnards Horn!«

»Gib mir die Hand, Jung-Musgrave,
Deine Lippen sind so kalt –
's ist Pfeif' und Horn des Hirten,
Was über die Heide schallt.

Dein Falk' hat Schellen und Bänder,
Dein Roß hat Streu und Korn,
Und du – du hast mich selber,
Was kümmert dich Pfeif' und Horn?«

Und als sie das gesprochen,
Lord Barnard hält davor –
Er hatte drei silberne Schlüssel,
Die schlossen Tür und Tor.

Er schob zurück den Vorhang,
Zorn schüttelte seinen Leib;
»Sag an, sag an, Jung-Musgrave,
Wie findest du mein Weib?«

»Ich finde sie süß, Lord Barnard,
Ich finde sie süß und traut
Und schliefe doch lieber im Walde
Bei Ginster und Heidekraut.«

397

»Steh auf, steh auf, Jung-Musgrave,
Leg Kleid und Waffen an,
Steh auf, ich mag nicht töten
Einen unbewehrten Mann.

Und hast du keine Waffen,
Ich hab' zwei Klingen hier,
Nimm du die beste und längste
Und laß die kürzeste mir.«

Jung-Musgrave schlug zum ersten,
Er traf Lord Barnard gut,
Lord Barnard schlug zum zweiten,
Da lag der Knab' im Blut.

Die Lady warf sich auf ihn:
»Leb wohl, mein süßer Knab',
Will beten für deine Seele,
Solang' ich Leben hab'.«

»Dann bete schnell, lieb' Lady,
Und bete für dich mit!«
In ihren weißen Nacken
Die rote Klinge schnitt.

Lord Barnard stieg zu Rosse,
Auf glomm der erste Schein:
»Begrabt sie beieinander –
Ein Grab und einen Stein!«

Lord Barnard ritt von dannen,
Sah starr ins Morgenlicht:
»Die Ehre ist genesen,
Mein Herze ist es nicht!«

PRINZ LOUIS FERDINAND

Sechs Fuß hoch aufgeschossen,
Ein Kriegsgott anzuschaun,
Der Liebling der Genossen,
Der Abgott schöner Fraun,
Blauäugig, blond, verwegen
Und in der jungen Hand
Den alten Preußendegen –
Prinz Louis Ferdinand.

Die Generalitäten
Kopfschütteln früh und spät,
Sie räuspern sich und treten
Vor Seine Majestät,
Sie sprechen: »Nicht zu dulden
Ist dieser Lebenslauf,
Die Mädchen und die Schulden
Zehren den Prinzen auf.«

Der König drauf mit Lachen:
»Dank' schön, ich wußt' es schon;
Es gilt ihn kirr zu machen,
Drum: Festungsgarnison;
Er muß in die Provinzen
Und nicht länger hier verziehn,
Nach Magdeburg mit dem Prinzen
Und *nie* Urlaub nach Berlin.«

Der Prinz vernimmt die Märe,
Saß eben bei seinem Schatz:
»Nach Magdeburg, auf Ehre,
Das ist ein schlimmer Platz!«

Er meldet sich am Orte,
Und es spricht der General:
»Täglich elf Uhr zum Rapporte
Ein für allemal!«

O Prinz, das will nicht munden,
Doch denkt er: »Sei gescheit,
Volle vierundzwanzig Stunden
Sind eine hübsche Zeit.
Relais, viermal verschnaufen,
Auf dem Sattel Nachtquartier,
Und kann's *ein* Pferd nicht laufen,
So laufen's ihrer vier.«

Hin fliegt er wie die Schwalben,
Fünf Meilen ist Station,
Vom Braunen auf den Falben,
Das ist die Havel schon,
Vom Rappen auf den Schimmel,
Nun faßt die Sehnsucht ihn,
Drei Meilen noch – hilf Himmel,
Prinz Louis in Berlin.

Gegeben und genommen
Wird einer Stunde Glück,
Dann, flugs wie er gekommen,
Im Fluge geht's zurück,
Elf Uhr am andern Tage
Hält er am alten Ort,
Und mit dem Glockenschlage,
Da steht er zum Rapport. –

Das war nur bloßes Reiten,
Doch wer so reiten kann,

Der ist in rechten Zeiten
Auch wohl der rechte Mann;
Schon über Tal und Hügel
Stürmt ostwärts der Koloß –
Prinz Louis sitzt am Flügel
Im Rudolstädter Schloß.

Es blitzt der Saal von Kerzen,
Zwölf Lichter um ihn stehn,
Nacht ist's in seinem Herzen,
Und Nacht nur kann er sehn,
Die Töne schwellen, rauschen,
Es klingt wie Lieb' und Haß,
Die Damen stehn und lauschen,
Und was er spielt, ist *das*:

»Zu spät zu Kampf und Beten,
Der Feinde Rosses-Huf
Wird über Nacht zertreten,
Was ein Jahrhundert schuf,
Ich seh' es fallen, enden
Und wie alles zusammenbricht –
Ich kann den Tag nicht wenden,
Aber *leben* will ich ihn nicht!«

Und als das Wort verklungen,
Rollt Donner schon der Schlacht,
Er hat sich aufgeschwungen,
Und sein Herze noch einmal lacht,
Vorauf den andern allen
Er stolz zusammenbrach,
Prinz Louis war gefallen,
Und Preußen fiel – ihm nach.

GORM GRYMME

König Gorm herrscht über Dänemark,
Er herrscht die dreißig Jahr,
Sein Sinn ist fest, seine Hand ist stark,
Weiß worden ist nur sein Haar,
Weiß worden sind nur seine buschigen Brau'n,
Die machten manchen stumm,
In Grimme liebt er dreinzuschaun –
Gorm Grymme heißt er drum.

Und die Jarls kamen zum Feste des Jul,
Gorm Grymme sitzt im Saal,
Und neben ihm sitzt, auf beinernem Stuhl,
Thyra Danebod, sein Gemahl;
Sie reichen einander still die Hand
Und blicken sich an zugleich,
Ein Lächeln in beider Auge stand –
Gorm Grymme, was macht dich so weich?

Den Saal hinunter, in offner Hall',
Da fliegt es wie Locken im Wind,
Jung-Harald spielt mit dem Federball,
Jung-Harald, ihr einziges Kind,
Sein Wuchs ist schlank, blond ist sein Haar,
Blau-golden ist sein Kleid,
Jung-Harald ist heut fünfzehn Jahr,
Und sie lieben ihn allbeid'.

Sie lieben ihn beid'; eine Ahnung bang
Kommt über die Königin,
Gorm Grymme aber den Saal entlang
Auf Jung-Harald deutet er hin,

Und er hebt sich zum Sprechen – sein Mantel rot
Gleitet nieder auf den Grund.
»Wer je mir spräche: ›Er ist tot‹,
Der müßte sterben zur Stund'!«

Und Monde gehn. Es schmolz der Schnee,
Der Sommer kam zu Gast,
Dreihundert Schiffe fahren in See,
Jung-Harald steht am Mast,
Er steht am Mast, er singt ein Lied,
Bis sich's im Winde brach,
Das letzte Segel, es schwand, es schied –
Gorm Grymme schaut ihm nach.

Und wieder Monde. Grau-Herbstestag
Liegt über Sund und Meer,
Drei Schiffe mit mattem Ruderschlag
Rudern heimwärts drüber her;
Schwarz hängen die Wimpel; auf Brömsebro-Moor
Jung-Harald liegt im Blut –
Wer bringt die Kunde vor Königs Ohr?
Keiner hat den Mut.

Thyra Danebod schreitet hinab an den Strand,
Sie hatte die Segel gesehn.
Sie spricht: »Und bangt sich euer Mund,
Ich meld' ihm, was geschehn.«
Ab legt sie ihr rotes Korallengeschmeid'
Und die Gemme von Opal,
Sie kleidet sich in ein schwarzes Kleid
Und tritt in Hall' und Saal.

In Hall' und Saal. An Pfeiler und Wand
Goldteppiche ziehen sich hin,

Schwarze Teppiche nun mit eigener Hand
Hängt drüber die Königin,
Und sie zündet zwölf Kerzen, ihr flackernd Licht,
Es gab einen trüben Schein,
Und sie legt ein Gewebe, schwarz und dicht,
Auf den Stuhl von Elfenbein.

Ein tritt Gorm Grymme. Es zittert sein Gang,
Er schreitet wie im Traum,
Er starrt die schwarze Hall' entlang,
Die Lichter, er sieht sie kaum,
Er spricht: »Es weht wie Schwüle hier,
Ich will an Meer und Strand,
Reich meinen rot-goldenen Mantel mir
Und reiche mir deine Hand.«

Sie gab ihm um einen Mantel dicht,
Der war nicht golden, nicht rot,
Gorm Grymme sprach: »Was niemand spricht,
Ich sprech' es: Er ist tot.«
Er setzte sich nieder, wo er stand,
Ein Windstoß fuhr durchs Haus,
Die Königin hielt des Königs Hand,
Die Lichter loschen aus.

DER 6. NOVEMBER 1632

(Schwedische Sage)

Schwedische Heide, Novembertag,
Der Nebel grau am Boden lag,
Hin über das Steinfeld von Dalarn
Holpert, stolpert ein Räderkarrn.

Ein Räderkarrn, beladen mit Korn;
Lorns Atterdag zieht an der Deichsel vorn,
Niels Rudbeck schiebt. Sie zwingen's nicht,
Das Gestrüpp wird dichter, Niels aber spricht:

»Buschginster wächst hier über den Steg,
Wir gehn in die Irr', wir missen den Weg,
Wir haben links und rechts vertauscht –
Hörst du, wie der Dal-Elf rauscht?«

»Das ist nicht der Dal-Elf, der Dal-Elf ist weit,
Er rauscht nicht vor uns und nicht zur Seit',
Es larmt in Lüften, es klingt wie Trab,
Wie Reiter wogt es auf und ab.

Es ist wie Schlacht, die herwärts dringt,
Wie Kirchenlied es dazwischen klingt,
Ich hör' in der Rosse wieherndem Trott:
Eine feste Burg ist unser Gott!«

Und kaum gesprochen, da Lärmen und Schrei'n,
In tiefen Geschwadern bricht es herein,
Es brausen und dröhnen Luft und Erd',
Vorauf ein Reiter auf weißem Pferd.

Signale, Schüsse, Rossegestampf,
Der Nebel wird schwarz wie Pulverdampf,
Wie wilde Jagd, so fliegt es vorbei –
Zitternd ducken sich die zwei.

Nun ist es vorüber ... Da wieder mit Macht
Rückwärts wogt die Reiterschlacht,
Und wieder dröhnt und donnert die Erd',
Und wieder vorauf das weiße Pferd.

Wie ein Lichtstreif durch den Nebel es blitzt,
Kein Reiter mehr im Sattel sitzt,
Das fliehende Tier, es dampft und raucht,
Sein Weiß ist tief in Rot getaucht.

Der Sattel blutig, blutig die Mähn',
Ganz Schweden hat das Roß gesehn –
Auf dem Felde von Lützen am selben Tag
Gustav Adolf in seinem Blute lag.

DIE BRÜCK' AM TAY
(28. Dezember 1879)

> When shall we three meet again?
> *Macbeth*

»Wann treffen wir drei wieder zusamm'?«
 »Um die siebente Stund', am Brückendamm.«
  »Am Mittelpfeiler.«
            »Ich lösche die Flamm'.«
»Ich mit.«

        »Ich komme vom Norden her.«
»Und ich vom Süden.«
            »Und ich vom Meer.«

»Hei, das gibt einen Ringelreihn,
Und die Brücke muß in den Grund hinein.«

»Und der Zug, der in die Brücke tritt
Um die siebente Stund'?«
            »Ei, der muß mit.«

»Muß mit.«

»Tand, Tand
Ist das Gebilde von Menschenhand!«

★

Auf der *Norder*seite, das Brückenhaus –
Alle Fenster sehen nach Süden aus,
Und die Brücknersleut' ohne Rast und Ruh'
Und in Bangen sehen nach Süden zu,
Sehen und warten, ob nicht ein Licht
Übers Wasser hin »Ich komme« spricht:
»Ich komme, trotz Nacht und Sturmesflug,
Ich, der Edinburger Zug.«

Und der Brückner jetzt: »Ich seh' einen Schein
Am anderen Ufer. Das muß er sein.
Nun, Mutter, weg mit dem bangen Traum,
Unser Johnie kommt und will seinen Baum,
Und was noch am Baume von Lichtern ist,
Zünd alles an wie zum heiligen Christ,
Der will heuer zweimal mit uns sein –
Und in elf Minuten ist er herein.«

★

Und es war der Zug. Am *Süder*turm
Keucht er vorbei jetzt gegen den Sturm,
Und Johnie spricht: »Die Brücke noch!
Aber was tut es, wir zwingen es doch.
Ein fester Kessel, ein doppelter Dampf,
Die bleiben Sieger in solchem Kampf.
Und wie's auch rast und ringt und rennt,
Wir kriegen es unter, das Element.

Und unser Stolz ist unsre Brück';
Ich lache, denk' ich an früher zurück,
An all den Jammer und all die Not
Mit dem elend alten Schifferboot;
Wie manche liebe Christfestnacht
Hab' ich im Fährhaus zugebracht
Und sah unsrer Fenster lichten Schein
Und zählte und konnte nicht drüben sein.«

Auf der Norderseite, das Brückenhaus –
Alle Fenster sehen nach Süden aus,
Und die Brücknersleut' ohne Rast und Ruh
Und in Bangen sehen nach Süden zu;
Denn wütender wurde der Winde Spiel,
Und jetzt, als ob Feuer vom Himmel fiel',
Erglüht es in niederschießender Pracht
Überm Wasser unten ... Und wieder ist Nacht.

★

»Wann treffen wir drei wieder zusamm'?«
　»Um Mitternacht, am Bergeskamm.«
　　»Auf dem hohen Moor, am Erlenstamm.«

»Ich komme.«
　　　　»Ich mit.«

　　　　　　　»Ich nenn' euch die Zahl.«
»Und ich die Namen.«
　　　　　　»Und ich die Qual.«

»Hei!
　　Wie Splitter brach das Gebälk entzwei.«

　　　　　　»Tand, Tand
Ist das Gebilde von Menschenhand.«

JOHN MAYNARD

John Maynard!
        »Wer ist John Maynard?«

»John Maynard war unser Steuermann,
Aus hielt er, bis er das Ufer gewann,
Er hat uns gerettet, er trägt die Kron',
Er starb für uns, unsre Liebe sein Lohn.
        John Maynard.«

★

Die »Schwalbe« fliegt über den Eriesee,
Gischt schäumt um den Bug wie Flocken von Schnee.
Von Detroit fliegt sie nach Buffalo –
Die Herzen aber sind frei und froh,
Und die Passagiere mit Kindern und Fraun
Im Dämmerlicht schon das Ufer schaun,
Und plaudernd an John Maynard heran
Tritt alles: »Wie weit noch, Steuermann?«
Der schaut nach vorn und schaut in die Rund':
»Noch dreißig Minuten ... Halbe Stund'.«

Alle Herzen sind froh, alle Herzen sind frei –
Da klingt's aus dem Schiffsraum her wie Schrei,
»Feuer!« war es, was da klang,
Ein Qualm aus Kajüt' und Luke drang,
Ein Qualm, dann Flammen lichterloh,
Und noch zwanzig Minuten bis Buffalo.

Und die Passagiere, buntgemengt,
Am Bugspriet stehn sie zusammengedrängt,
Am Bugspriet vorn ist noch Luft und Licht,
Am Steuer aber lagert sich's dicht,

Und ein Jammern wird laut: »Wo sind wir? wo?«
Und noch fünfzehn Minuten bis Buffalo. –

Der Zugwind wächst, doch die Qualmwolke steht,
Der Kapitän nach dem Steuer späht,
Er sieht nicht mehr seinen Steuermann,
Aber durchs Sprachrohr fragt er an:
»Noch da, John Maynard?«
                                                    »Ja, Herr. Ich bin.«
»Auf den Strand! In die Brandung!«
                                                    »Ich halte drauf hin.«

Und das Schiffsvolk jubelt: »Halt aus! Hallo!«
Und noch zehn Minuten bis Buffalo. –

»Noch da, John Maynard?« Und Antwort schallt's
Mit ersterbender Stimme: »Ja, Herr, ich halt's!«
Und in die Brandung, was Klippe, was Stein,
Jagt er die »Schwalbe« mitten hinein.
Soll Rettung kommen, so kommt sie nur *so*.
Rettung: der Strand von Buffalo.

Das Schiff geborsten. Das Feuer verschwelt.
Gerettet alle. Nur *einer* fehlt!

Alle Glocken gehn; ihre Töne schwell'n
Himmelan aus Kirchen und Kapell'n,
Ein Klingen und Läuten, sonst schweigt die Stadt,
Ein Dienst nur, den sie heute hat:
Zehntausend folgen oder mehr,
Und kein Aug' im Zuge, das tränenleer.

Sie lassen den Sarg in Blumen hinab,
Mit Blumen schließen sie das Grab,
Und mit goldner Schrift in den Marmorstein

Schreibt die Stadt ihren Dankspruch ein:
>>Hier ruht John Maynard! In Qualm und Brand
Hielt er das Steuer fest in der Hand,
Er hat uns gerettet, er trägt die Kron',
Er starb für *uns*, unsre Liebe sein Lohn.
John Maynard.<<

JAN BART

Jan Bart geht über den Vlissinger Damm.
>>Hür, Katrin, wi trecken tosamm;
En Huus, en Boot, 'ne Zieg' un 'ne Kuh,
Wat mienst, Katrin? Sy miene Fru.<<

Katrin an ihrem Friesrock zog:
>>Ne, Jan, bist mi nich Mynheer 'noog.<<
Der nickt und lacht: >>Na, denn Adje.<<
Und nach Frankreich geht er und sticht in See.

Matrose, Maat, so fängt er an,
Auf der zweiten Reise: Steuermann,
Auf der dritten: Leutnant unter Du Quesne,
Auf der vierten: Flottenkapitän.

Und als es mit England kommt zum Krieg,
Wo Jan Bart erscheint, erscheint der Sieg,
Wie stolz das britische Banner auch weh',
Jan Bart ist Herr und fegt die See.

Heut aber tritt er vor seinen Herrn,
Vor Louis Quatorze. Der sieht ihn gern.
>>Willkommen, Jan Bart, in diesem Saal,
Ich ernenn' Euch zu meinem Groß-Admiral.<<

Jan Bart verneigt sich: »Majestät,
Was klug und recht ist, kommt nie zu spät.«
Alles starrt auf den König, der aber lacht –
Jan Bart hat sich wieder heimgemacht.

Und am Vlissinger Damm, an alter Stell',
Sitzt wieder Katrin auf ihrer Schwell',
Ihren Ältesten hält sie bei der Hand,
Der Jüngste liegt und spielt im Sand.

Er grüßt sie lachend und noch einmal:
»Katrin, ich bin nu Groß-Admiral,
Katrin, w'rüm biste nich mit mi goahn?«
»Joa, wenn ick't wußt hätt', hätt' ick't doahn.«

HERR VON RIBBECK AUF RIBBECK
IM HAVELLAND

Herr von Ribbeck auf Ribbeck im Havelland,
Ein Birnbaum in seinem Garten stand,
Und kam die goldene Herbsteszeit
Und die Birnen leuchteten weit und breit,
Da stopfte, wenn's Mittag vom Turme scholl,
Der von Ribbeck sich beide Taschen voll,
Und kam in Pantinen ein Junge daher,
So rief er: »Junge, wiste 'ne Beer?«
Und kam ein Mädel, so rief er: »Lütt Dirn,
Kumm man röwer, ick hebb 'ne Birn.«

So ging es viel Jahre, bis lobesam
Der von Ribbeck auf Ribbeck zu sterben kam.

Er fühlte sein Ende, 's war Herbsteszeit,
Wieder lachten die Birnen weit und breit,
Da sagte von Ribbeck: »Ich scheide nun ab.
Legt mir eine Birne mit ins Grab.«
Und drei Tage drauf aus dem Doppeldachhaus
Trugen von Ribbeck sie hinaus,
Alle Bauern und Büdner mit Feiergesicht
Sangen »Jesus meine Zuversicht«,
Und die Kinder klagten, das Herze schwer:
»He is dod nu. Wer giwt uns nu 'ne Beer?«

So klagten die Kinder. Das war nicht recht –
Ach, sie kannten den alten Ribbeck schlecht;
Der neue freilich, der knausert und spart,
Hält Park und Birnbaum strenge verwahrt.
Aber der alte, vorahnend schon
Und voll Mißtrauen gegen den eigenen Sohn,
Der wußte genau, was damals er tat,
Als um eine Birn' ins Grab er bat,
Und im dritten Jahr, aus dem stillen Haus
Ein Birnbaumsprößling sproßt heraus.

Und die Jahre gehen wohl auf und ab,
Längst wölbt sich ein Birnbaum über dem Grab,
Und in der goldenen Herbsteszeit
Leuchtet's wieder weit und breit.
Und kommt ein Jung' übern Kirchhof her,
So flüstert's im Baume: »Wist 'ne Beer?«
Und kommt ein Mädel, so flüstert's: »Lütt Dirn,
Kumm man röwer, ick gew di 'ne Birn.«

So spendet Segen noch immer die Hand
Des von Ribbeck auf Ribbeck im Havelland.

Georg Weerth

1822–1856

DIE HUNDERT MÄNNER VON HASWELL

Die hundert Männer von Haswell,
Die starben an einem Tag;
Die starben zu einer Stunde;
Die starben auf einen Schlag.

Und als sie still begraben,
Da kamen wohl hundert Fraun;
Wohl hundert Fraun von Haswell,
Gar kläglich anzuschaun.

Sie kamen mit ihren Kindern,
Sie kamen mit Tochter und Sohn:
»Du reicher Herr von Haswell,
Nun gib uns unsern Lohn!«

Der reiche Herr von Haswell,
Der stand nicht lange an;
Er zahlte wohl den Wochenlohn
Für jeden gestorbnen Mann.

Und als der Lohn bezahlet,
Da schloß er die Kiste zu.
Die eisernen Riegel klangen,
Die Weiber weinten dazu.

Moritz von Strachwitz

1822–1847

EIN MÄRCHEN

Als jüngst im grünen Hage
Am Schlaf sich ein Dichter geletzt,
Da hat das Fräulein Sage
Sich neben ihn hingesetzt.

Es war ein schmuckes Pflänzchen,
Nur etwas sehr kokett;
Im Haare das Efeukränzchen,
Das stand ihr gar zu nett.

Ihr Haar war lang und flachsen,
Ihr Nacken war superb,
Sie war recht gut gewachsen,
Nur etwas gar zu derb.

Von Schminken und Schönheitspflastern,
Da ward dem Dichter nichts kund;
Ihr Busen war alabastern,
Nur etwas gar zu rund.

Ihr Aug' war tief und nächtig,
Nur etwas gar zu groß;
Sie trug sich reich und prächtig,
Nur etwas gar zu bloß.

Sie machten Wahlverwandtschaft,
Der Dichter war galant,
Sie war bei näh'rer Bekanntschaft
Ausnehmend interessant.

Viel Bilder, alt und neue;
Die malte sie frisch und gut,
Das Blaue mit Augenbläue,
Das Rote mit Heldenblut,

Das Grüne mit Schmelz der Triften,
Das Goldne mit Sonnenpracht,
Das Helle mit Himmelslüften,
Das Dunkle mit Waldesnacht.

Sie erzählte lange Geschichten,
Geschichten von Lust und Weh,
Von den Nixen, ihren Nichten,
Von ihrer Tante, der Fee.

Sie sprach mit vielem Geschnatter
Nach echter Fräuleinsart
Von dem Kobold, ihrem Gevatter,
Und seinem langen Bart.

Vom Strommann im Flutkristalle
Erzählte sie Zauberwerk;
In des Berges Rubinenhalle,
Da kannte sie jeden Zwerg.

Mit der Heinzelmännchen Gelichter,
Da hatte sie oft getost;
Ein jeder der toten Dichter,
Der hatte mit ihr gekost.

Ein jeder der toten Ritter,
Das war ein Buhle von ihr,
Sie folgt' ihm ins Kampfgewitter
Als Fräulein Aventür.

Dem Dichter täten gefallen
Nicht ganz die Märchen der Fee,
Er vermißte in dem allen
Die politische Grundidee.

Er frug mit ängstlichem Flüstern –
Die Sache war riskant –
Nach den Elfen, ihren Geschwistern,
Und den Dingen aus Elfenland.

Er schwärmte ganz ekstatisch
Von der Elfen Konstitution;
Er bot recht demokratisch
Der Elfenregierung Hohn.

Sie aber sprach gar nicht verbindlich:
»Mein Herr, was schwatzen Sie da!
Das erzählt man täglich und stündlich
Auf allen Märkten ja.

Von Ihren Freiheitsglorien,
Da schwärmt ja jedermann,
Was gehn dergleichen Historien
Ein romantisches Fräulein an?

Und wer unter Märchenbäumen
Will schlummern ungeniert,
Der muß die Welt verträumen
Und wie sie wird regiert.

Und wer sich an meinem Zauber
Nicht freun kann innig und ganz,
Der ist ein Blöder und Tauber
Beim tönenden Sphärentanz.«

Das Fräulein tät sich flüchten,
Er aber glaubt' ihr nicht,
Er machte aus ihren Geschichten
Ein politisches Lehrgedicht.

EIN ANDERER ORPHEUS

Das ist ein guter Harfner traun,
Der in des Todes Weh,
Wenn man die Finger ihm abgehaun,
Noch harft mit seiner Zeh'. –

Ihr kennt den Tod, den Sigurd litt,
Ihn schlug der Schwäger List,
Und der den Drachen niederstritt,
Er fiel durch Frauenzwist.

Als vor der Tür nun kalt und wund
Lag König Sigurds Leib,
Da freite König Atlis Mund
Um König Sigurds Weib.

Und eh' sie fuhr gen Hunnenland,
Die Königin Gudrunur,
Da schwur sie in des Toten Hand
Einen siebenfachen Schwur.

Sie schwur bei Sigurds Todesstund'
Den Mördern Schmach und Pein:

»Mein Bote, reite du nach Burgund
Und lade die Brüder mein!«

Zu den Hunnen übers Donaufeld
Da ritten die Niflungar;
König Högni war der eine Held,
Der andre hieß Gunnar.

König Högni war ein kühnes Blut,
Sein Stahl war selten kalt,
König Gunnar schlug die Harfe gut,
Nie war ein beßrer Skald. –

Ihr wißt, wie Atlis grimmig Gemahl
Die trotzigen Helden fing,
Ihr kennt die Schlacht in Etzels Saal
Und wie sie zu Ende ging.

König Högni vor der Schwester stand,
Ihr Sinn war grimm und graus,
Sie riß ihm mit der weißen Hand
Sein rotes Herz heraus.

König Gunnar ließ die Harfe nicht:
»Die fahre mit mir ins Grab!«
Sie hieb ihm an der Harfe dicht
Die beiden Hände ab:

»Nun fahre du samt der Harfe hin
Und spiele vor Schlang' und Wurm!«
Ihn werfen ließ die Königin
In den tiefen Schlangenturm.

Es lag der Degen todeswund
Und blickte wild im Kreis,

Da hub sich überm feuchten Grund
Das wimmelnde Geschmeiß.

Und aus den Ritzen rechts und links
Vorkam's und kroch's und quoll's,
Und zischend um den Ritter rings
Zehntausendstimmig scholl's.

Ein zitterleibiges Gewühl,
So wand sich's durcheinand,
Es regt' im zuckenden Wellenspiel
Schwarzwimmelnd sich Grund und Wand.

Und um des Helden Bein und Arm,
Da schnürte sich's dort und hier,
Es legte sich über die Wunden warm
Das glatte kalte Getier. –

»Das ist ein guter Harfner traun,
Der in des Todes Weh,
Wenn man die Finger ihm abgehaun,
Noch harft mit seiner Zeh'!«

König Gunnar auf dem Rücken lag,
Er hörte der Schwester Gruß;
Die Harfe bebte vom vollen Schlag,
Er rührte sie mit dem Fuß.

Es war ein ganzer Harfensturm,
Er rührte die Füße beid',
Weithin erscholl durch Schloß und Turm
Des Helden Herzeleid.

Und wie die erste Saite scholl,
Ward stumm der Nattern Wust,

Sie hoben den Kopf verwundrungsvoll
Und züngelten voller Lust.

Drei Tage erscholl der Harfe Stimm',
Drei Nächte stark und gut,
Und ringsum horchte trotz Hunger und Grimm
Die funkeläugige Brut.

Und als sie schwieg in der dritten Nacht,
Beim vierten Morgenrot
Anbissen die Nattern mit aller Macht,
Der König aber – war tot.

DAS HERZ VON DOUGLAS

> Oh! Douglas, Douglas, stolz und treu.
> *John Home*

»Graf Douglas, presse den Helm ins Haar,
Gürt um dein lichtblau Schwert,
Schnall an dein schärfstes Sporenpaar
Und sattle dein schnellstes Pferd!

Der Totenwurm pickt in Scones Saal,
Ganz Schottland hört ihn hämmern,
König Robert liegt in Todesqual,
Sieht nimmer den Morgen dämmern!« –

Sie ritten vierzig Meilen fast
Und sprachen Worte nicht vier,
Und als sie kamen vor Königs Palast,
Da blutete Sporn und Tier.

König Robert lag im Norderturn,
Sein Auge begann zu zittern:
»Ich höre das Schwert von Bannockburn
Auf der Treppe rasseln und schüttern!

Ha! Gottwillkomm, mein tapfrer Lord!
Es geht mit mir zu End',
Und du sollst hören mein letztes Wort
Und schreiben mein Testament:

Es war am Tag von Bannockburn,
Da aufging Schottlands Stern,
Es war am Tag von Bannockburn,
Da schwur ich's Gott dem Herrn:

Ich schwur, wenn der Sieg mir sei verliehn
Und fest mein Diadem,
Mit tausend Lanzen wollt' ich ziehn
Hin gen Jerusalem.

Der Schwur wird falsch, mein Herz steht still,
Es brach in Müh' und Streit;
Es hat, wer Schottland bändigen will,
Zum Pilgern wenig Zeit.

Du aber, wenn mein Wort verhallt
Und aus ist Stolz und Schmerz,
Sollst schneiden aus meiner Brust alsbald
Mein schlachtenmüdes Herz.

Du sollst es hüllen in roten Samt
Und schließen in gelbes Gold,
Und es sei, wenn gelesen mein Totenamt,
Im Banner das Kreuz entrollt.

Und nehmen sollst du tausend Pferd'
Und tausend Helden frei
Und geleiten mein Herz in des Heilands Erd',
Damit es ruhig sei!«

★

»Nun vorwärts, Angus und Lothian,
Laßt flattern den Busch vom Haupt,
Der Douglas hat des Königs Herz,
Wer ist es, der's ihm raubt?

Mit den Schwertern schneidet die Taue ab,
Alle Segel in die Höh'!
Der König fährt in das schwarze Grab
Und wir in die schwarzblaue See!«

Sie fuhren Tage neunzig und neun,
Gen Ost war der Wind gewandt,
Und bei dem hundertsten Morgenschein,
Da stießen sie an das Land.

Sie ritten über die Wüste gelb,
Wie im Tale blitzt' der Fluß,
Die Sonne stach durchs Helmgewölb'
Als wie ein Bogenschuß.

Und die Wüste war still, und kein Lufthauch blies,
Und schlaff hing Schärpe und Fahn',
Da flog in Wolken der stäubende Kies,
Draus flimmernde Spitzen sahn.

Und die Wüste ward voll, und die Luft erscholl,
Und es hob sich Wolk' an Wolk',

Aus jeder berstenden Wolke quoll
Speerwerfendes Reitervolk.

Zehntausend Lanzen funkelten rechts,
Zehntausend schimmerten links. –
»Allah, il Allah!« scholl es rechts,
»Il Allah!« scholl es links. –

Der Douglas zog die Zügel an,
Und still stand Herr und Knecht:
»Beim heiligen Kreuz und St. Alban,
Das gibt ein grimmig Gefecht!«

Eine Kette von Gold um den Hals ihm ging,
Dreimal um ging sie rund,
Eine Kapsel an der Kette hing,
Die zog er an den Mund:

»Du bist mir immer gegangen voran,
O Herz! bei Tag und Nacht.
Drum sollst du auch heut, wie du stets getan,
Vorangehn in die Schlacht.

Und verlasse der Herr mich drüben nicht,
Wie ich hier dir treu verblieb,
Und gönne mir noch auf das Heidengezücht
Einen christlichen Schwerteshieb.«

Er warf den Schild auf die linke Seit'
Und band den Helm herauf,
Und als zum Würgen er saß bereit,
In den Bügeln stand er auf:

»Wer dies Geschmeid' mir wieder schafft,
Des Tages Ruhm sei sein!«
Da warf er das Herz mit aller Kraft
In die Feinde mitten hinein.

Sie schlugen das Kreuz mit dem linken Daum,
Die Rechte den Schaft legt' ein,
Die Schilde zurück und los den Zaum!
Und sie ritten drauf und drein. –

Und es war ein Stoß, und es war eine Flucht
Und rasender Tod rundum,
Und die Sonne versank in die Meeresbucht,
Und die Wüste war wieder stumm.

Und der Stolz des Ostens, er lag gefällt
Im meilenweiten Kreis,
Und der Sand ward rot auf dem Leichenfeld,
Der nie mehr wurde weiß.

Von den Heiden allen durch Gottes Huld
Entrann nicht Mann noch Pferd,
Kurz ist die schottische Geduld
Und lang ein schottisch Schwert!

Doch wo am dicksten ringsumher
Die Feinde lagen im Sand,
Da hatte ein falscher Heidenspeer
Dem Grafen das Herz durchrannt.

Und er schlief mit klaffendem Kettenhemd,
Längst aus war Stolz und Schmerz,
Doch unter dem Schilde festgeklemmt
Lag König Roberts Herz.

Conrad Ferdinand Meyer

1825–1898

NAPOLEON IM KREML

Er nickt mit seinem großen Haupt
Am Feuer eines fremden Herds:
Im Traum erblickt er einen Geist,
Der seines Purpurs Spange löst.

Der Dämon schreit mit wilder Gier:
»Mich lüstet nach dem roten Kleid!
In ungezählter Menschen Blut
Getaucht, verfärbt der Purpur nicht!«

Die beiden rangen Leib an Leib.
»Gib her!« – »Gib her!« Der Dämon fleucht
Mit spitzen Flügeln durch die Nacht
Und schleift den Purpur hinter sich.

Und wo der Purpur flatternd fliegt,
Sprühn Funken, lodern Flammen auf!
Der Korse fährt aus seinem Traum
Und starrt in Moskaus weiten Brand.

KÖNIG ETZELS SCHWERT

Der Kaiser spricht zu Ritter Hug:
»Du hast für mich dein Schwert verspellt,
Des Eisens ist bei mir genug,
Geh, wähl dir eins, das dir gefällt!«

Hug schreitet durch den Waffensaal,
Wo stets der graue Schaffner sitzt.
»Der Kaiser gibt mir freie Wahl
Aus allem, was da hangt und blitzt!«

Er prüft und wägt. Von ihrem Ort
Langt er die Schwerter mannigfalt –
»Sprich, wessen ist das große dort,
Gewaltig, heidnisch, ungestalt?«

»Des Würgers Etzel!« flüstert scheu
Der Graue, der es hält in Hut.
»Des Hunnenkönigs! Meiner Treu,
So lechzt und dürstet es nach Blut!«

»Laß ruhn. Er hat genug gewürgt!
Die tote Wut erwecke nicht!«
»Gib her! Dem ist der Sieg verbürgt,
Der mit dem Schwert des Hunnen ficht!«

Und wieder sprengt er in den Kampf.
»Du hast dich lange nicht geletzt,
Schwert Etzels, an des Blutes Dampf!
Drum freue dich und trinke jetzt!«

Er schwingt es weit, er mäht und mäht,
Und Etzels Schwert, es schwelgt und trinkt,
Bis müd die Sonne niedergeht
Und hinter rote Wolken sinkt.

Als längst er schon im Mondlicht braust,
Wird ihm der Arm vom Schlagen matt.
Er fragt das Schwert in seiner Faust:
»Schwert Etzels, bist noch nicht du satt?

Laß ab! Heut ist genug getan!«
Doch weh, es weiß von keiner Rast,
Es hebt ein neues Morden an
Und trifft und frißt, was es erfaßt.

»Laß ab!« Es zuckt in grauser Lust,
Der Ritter stürzt mit seinem Pferd,
Und jubelnd sticht ihn durch die Brust
Des Hunnen unersättlich Schwert.

DER TOD UND FRAU LAURA

Es war in Avignon am Karneval,
Daß sich ein Mörder in den Reigen stahl
Und daß die Pest verlarvt sich schwang im Tanz
Mit einem schlotterichten Mummenschanz.

In einer nahen Villa täuschen sie
Die Angst mit Wohllaut und mit Phantasie.
Frau Laura war und auch Petrarca da,
Als an das Tor ein dumpfer Schlag geschah.

Die blassen Lippen schaudern vor dem Wein,
Es tritt ein Weißgewandeter herein,
Der eine Maske mit dem Sterbezug
Und einen frischgepflückten Lorbeer trug.

Der Dämon hebt den Lorbeer voller Ruh
Und sinnt und schreitet auf Petrarca zu:
»Ich grüße, Freund, und komme priesterlich,
Das ist der Sel'gen Lorbeer! Neige dich!«

Der Lorbeer schwebt. Da raubt ihn eine Hand,
Frau Laura war es, die daneben stand,
Sie schmiegt ihn um die blonden Haare leicht,
Sie steht bekränzt. Sie schaudert. Sie erbleicht.

JUNG TIREL

»Jung Tirel, fuhrest über See?
Jung Tirel, mir willkommen hie!
Sahst du so dunkle Forste je?
So stolze Forste sahst du nie!

Ein englisch Wild erst umgebracht!
Dann geb ich dir ein englisch Lehn!«
Jung Tirel, dem das Herze lacht,
Läßt seine blanken Zähne sehn.

»Wer heut den besten Schuß mir tut,
Den Achtzehnender mir erlegt,
Der nehme sich als Lehensgut
Den Königsforst, der ihn gehegt!

Zuschwör ich dir's auf diesen Bart,
Der feuerrot die Brust mir deckt!
Zu Wald! Zu Wald! Der Rappe scharrt!
Die Bracke spürt! Der Rüde bleckt!«

Herr Wilhelm stößt ins Jägerhorn,
Ein Geier krächzt in seinem Horst,
Die Wipfel peitscht ein dunkler Zorn,
Es braust und tost. Dann schweigt der Forst.

Herr Wilhelm schlägt mit Tirel Rat:
»Ich links, du rechts! Fort! Gute Pirsch!«
Es knirscht das Laub, darauf er trat.
In heller Lichtung äst ein Hirsch:

Ein Rothirsch, der vier Ellen mißt,
Daß sich ein Jägerherze freut,
Der dieses Forstes König ist,
Mit weit verästetem Gestäud.

Herraunt's aus Waldesfinsternis
Zu Tirel, der sich duckt ins Moos:
»Verdammt, daß mir die Sehne riß!
Drück du in Teufels Namen los!«

Herr Tirel lauscht. »Wer sprach das Wort?«
Ein Weilchen schweigt's im Laubesdach.
»Schieß, Tirel!« raunt's von anderm Ort.
Er schießt. Genüber stöhnt ein Ach.

Herr Tirel, das war schlimme Birsch!
Im Dickicht rinnt ein Bächlein rot.
Ihr fehltet Englands größten Hirsch
Und schosset Englands König tot.

DIE FÜSSE IM FEUER

Wild zuckt der Blitz. In fahlem Lichte steht ein Turm.
Der Donner rollt. Ein Reiter kämpft mit seinem Roß,
Springt ab und pocht ans Tor und lärmt. Sein Mantel saust
Im Wind. Er hält den scheuen Fuchs am Zügel fest.

Ein schmales Gitterfenster schimmert goldenhell,
Und knarrend öffnet jetzt das Tor ein Edelmann ...

»Ich bin ein Knecht des Königs, als Kurier geschickt
Nach Nîmes. Herbergt mich! Ihr kennt des Königs Rock!«
»Es stürmt. Mein Gast bist du. Dein Kleid, was kümmert's
                          mich?
Tritt ein und wärme dich! Ich sorge für dein Tier!«
Der Reiter tritt in einen dunkeln Ahnensaal,
Von eines weiten Herdes Feuer schwach erhellt,
Und je nach seines Flackerns launenhaftem Licht
Droht hier ein Hugenott im Harnisch, dort ein Weib,
Ein stolzes Edelweib aus braunem Ahnenbild ...
Der Reiter wirft sich in den Sessel vor dem Herd
Und starrt in den lebend'gen Brand. Er brütet, gafft ...
Leis sträubt sich ihm das Haar. Er kennt den Herd, den Saal ...
Die Flamme zischt. Zwei Füße zucken in der Glut.

Den Abendtisch bestellt die greise Schaffnerin
Mit Linnen blendend weiß. Das Edelmägdlein hilft.
Ein Knabe trug den Krug mit Wein. Der Kinder Blick
Hangt schreckensstarr am Gast und hangt am Herd entsetzt ...
Die Flamme zischt. Zwei Füße zucken in der Glut.
»Verdammt! Dasselbe Wappen! Dieser selbe Saal!
Drei Jahre sind's ... Auf einer Hugenottenjagd ...
Ein fein, halsstarrig Weib ... ›Wo steckt der Junker? Sprich!‹
Sie schweigt. ›Bekenn!‹ Sie schweigt. ›Gib ihn heraus!‹ Sie
                          schweigt.
Ich werde wild. *Der* Stolz! Ich zerre das Geschöpf ...
Die nackten Füße pack' ich ihr und strecke sie
Tief mitten in die Glut ... ›Gib ihn heraus!‹ ... Sie schweigt ...
Sie windet sich ... Sahst du das Wappen nicht am Tor?
Wer hieß dich hier zu Gaste gehen, dummer Narr?

Hat er nur einen Tropfen Bluts, erwürgt er dich.«
Eintritt der Edelmann. »Du träumst! Zu Tische, Gast ...«

Da sitzen sie. Die drei in ihrer schwarzen Tracht
Und er. Doch keins der Kinder spricht das Tischgebet.
Ihn starren sie mit aufgerißnen Augen an –
Den Becher füllt und übergießt er, stürzt den Trank,
Springt auf: »Herr, gebet jetzt mir meine Lagerstatt!
Müd bin ich wie ein Hund!« Ein Diener leuchtet ihm,
Doch auf der Schwelle wirft er einen Blick zurück
Und sieht den Knaben flüstern in des Vaters Ohr ...
Dem Diener folgt er taumelnd in das Turmgemach.

Fest riegelt er die Tür. Er prüft Pistol und Schwert.
Gell pfeift der Sturm. Die Diele bebt. Die Decke stöhnt.
Die Treppe kracht ... Dröhnt hier ein Tritt? ... Schleicht
                                        dort ein Schritt? ...
Ihn täuscht das Ohr. Vorüber wandelt Mitternacht.
Auf seinen Lidern lastet Blei, und schlummernd sinkt
Er auf das Lager. Draußen plätschert Regenflut.
Er träumt. »Gesteh!« Sie schweigt. »Gib ihn heraus!« Sie
                                        schweigt.
Er zerrt das Weib. Zwei Füße zucken in der Glut.
Aufsprüht und zischt ein Feuermeer, das ihn verschlingt ...
»Erwach! Du solltest längst von hinnen sein! Es tagt!«
Durch die Tapetentür in das Gemach gelangt,
Vor seinem Lager steht des Schlosses Herr – ergraut,
Dem gestern dunkelbraun sich noch gekraust das Haar.

Sie reiten durch den Wald. Kein Lüftchen regt sich heut.
Zersplittert liegen Ästetrümmer quer im Pfad.
Die frühsten Vöglein zwitschern, halb im Traume noch.
Friedsel'ge Wolken schwimmen durch die klare Luft,
Als kehrten Engel heim von einer nächt'gen Wacht.

Die dunkeln Schollen atmen kräft'gen Erdgeruch.
Die Ebne öffnet sich. Im Felde geht ein Pflug.
Der Reiter lauert aus den Augenwinkeln: »Herr,
Ihr seid ein kluger Mann und voll Besonnenheit
Und wißt, daß ich dem größten König eigen bin.
Lebt wohl. Auf Nimmerwiedersehn!« Der andre spricht:
»Du sagst's! Dem größten König eigen! Heute ward
Sein Dienst mir schwer ... Gemordet hast du teuflisch mir
Mein Weib! Und lebst! ... Mein ist die Rache, redet Gott.«

DIE ROSE VON NEWPORT

Sprengende Reiter und flatternde Blüten,
Einer voraus mit gescheitelten Locken –
Ist es der Lenz auf geflügeltem Renner?
Karl ist's, der Jüngling, der Erbe von England,
Und die sich nähern in goldener Mailuft,
Das sind die Giebel und Tore von Newport.
Drüber das Wappen der Stadt: eine Rose!
Jubelnde Gassen und jubelnde Wimpel
Und ein von treibender Jugend geschwelltes,
Jubelndes Herz in dem Busen des Stuart ...
Unter den blühenden Linden des Marktes
Schreitet ein Reigen von blühnden Gestalten,
Und eine Schönste mit herzlichem Beben
Bietet dem Prinzen die Rose von Newport:
»Seliges Gestern und Morgen und Heute,
Herr, dir die Rose von Newport bedeute!«

Morgen erzählen die Linden das Märchen
Von der entblätterten Rose von Newport.

Sprengende Reiter und wirbelnde Flocken,
Einer voraus mit verwilderten Haaren –
Ist es der Winter, der finstre Geselle?
Karl ist's, der Flüchtling, der König von England.
Seit er das Blut seines Volkes vergossen,
Reitet er neben zerschmetterndem Abgrund ...
Und die sich nähern in weißem Gestöber,
Das sind die Giebel und Tore von Newport,
Drüber das Wappen der Stadt: eine Rose!
Nirgend ein Jubel und nirgend ein Wimpel,
Polternde Hämmer und kreischende Feilen –

Und ein von eisernen Fäusten gepreßtes,
Ächzendes Herz in dem Busen des Stuart ...
Unter den frierenden Linden des Marktes
Bettelt ein Kind mit verschatteten Augen,
Bietet dem König ein dorrendes Röschen:
»Seliges Gestern und Morgen und Heute,
Herr, dir die Rose von Newport bedeute!«
Karl, der die Züge des Kindes betrachtet,
Schmal und gespenstig im Spiegel des Elends
Sieht er das eigene Antlitz und schaudert.

Morgen erzählen die Linden das Märchen
Von dem enthaupteten König in England.

VERCINGETORIX

Aus des Volkes lauten Wogen
Steigt in dreigeteiltem Bogen
Des Triumphes prangend Tor;
Ein Gespann von Marmorrossen,

Weiß wie Schnee, von Licht umflossen,
Springt mit leichtem Huf empor.

Mit dem Schlüsselbund ein Alter,
Der Gefängnisse Verwalter,
Schreitet um das Kapitol,
Steigt hinab die Seufzerstufen –
»Gallier! Gallier!« rollt sein Rufen
In die Tiefe dumpf und hohl.

»Gallier, komm, den Zug zu zieren,
Rom und Cäsar triumphieren,
Uns der Ruhm und dir der Hohn!
Drauf bist du dem Henker eigen,
Und dann magst du ewig schweigen,
Schweigst du ja so lange schon.«

In des Kerkers feuchter Ecke,
Wo sich niederwölbt die Decke,
Lehnt ein Haupt verhüllten Blicks;
Aber wie der Ruf erschollen,
Blitzend hebt die freudevollen
Augen Vercingetorix.

»Römer, Dank für deine Kunde!«
Schallt's aus seinem trotz'gen Munde,
»Reden will ich noch mit dir.
Weißt du denn, warum ich trage
Ohne Laut und ohne Klage
Die verhaßte Fessel hier?

Mit den jungen Gaugenossen,
Eng vom Römerwall umschlossen,

Cäsars ganzen Hasses wert,
Zückte schon zu freiem Sterben,
Den Triumph ihm zu verderben,
Ich auf diese Brust das Schwert.

Doch bevor mich Tod umgraute,
Sah ich die mir anvertraute
Schar verstummt in trübem Mut:
Birgt er mich mit nächt'gem Flügel,
Rötet mir den Grabeshügel
Cäsar mit der Brüder Blut.

Strömen werden heiße Tränen
Rings im Lande! – Schnell an jenen
Send ich: Cäsar, laß sie ziehn!
Mich, der dich aufs Haupt geschlagen,
Feßle mich an deinen Wagen,
Nimm die volle Beute hin!

In dem hellsten Waffenglanze
Jag allein ich aus der Schanze,
In der Faust des Schwertes Blitz,
Dreimal flieg ich um im Kreise,
Noch im Lauf nach Gallierweise
Spring ich ab vor Cäsars Sitz.

Mir ins Antlitz schnaubt das treue
Tier, ich stoß ihm ohne Reue
Meine Waffe durchs Genick,
Schleudre sie zu Cäsars Füßen:
Hei! das war ein blutig Grüßen,
War ein Trotzen Blick in Blick!

Übers Meer entführt, gebunden,
Stunden Jahre, Jahre Stunden,
Modernd in des Kerkers Gruft –
Komm! Noch aufrecht kann ich gehen
Unter Sklaven und Trophäen,
Schon umweht von Heimatluft!

Hat er sich mit mir gebrüstet,
Wird mir Block und Beil gerüstet,
Wenn die Sonne neigt den Lauf.
Dann ein Streich! der Kerker zittert,
Und mein Roß, das Blut gewittert,
Aus der Tiefe braust es auf.

Sausend geht es durch die Felder
In die Geisternacht der Wälder,
Über Felsen kühn und wüst!
Hör ich meiner Rhone Stimme?
In den Strom, mein Tier, und schwimme!
Heimat, Heimat, sei gegrüßt!«

DAS BILD DER MUTTER

Der Schenke trübes Kerzenlicht
    Ist tief herabgesunken,
    Der Wirtin junges Angesicht
    Nickt bleich und schlummertrunken,
    Und an dem Tische spielen zwei,
    Es rückt die Mitternacht herbei,
    Die weißen Würfel schallen,
    Der Wurf ist schlecht gefallen.

Der Jäger brennt das Pfeifchen an,
  Beginnt bequem zu schmauchen,
  Da murrt der junge Handwerksmann
  Mit überwachten Augen:
  »Das war mein letztes Silberstück!
  Doch wenden muß sich noch das Glück,
  Du, Grüner! kannst mir borgen,
  Und alles zahl ich morgen!«

Der Jäger schneidet ein Gesicht:
  »Ich muß die Münze sehen,
  Und hast du sie im Beutel nicht,
  So magst du schlafen gehen.«
  Den Burschen hat der Spott empört,
  Er ballt die Hand und blickt verstört –
  Das hört er mit Erstaunen
  Den Spielgesellen raunen:

»Wer mag der Herr des Gutes sein
  Hier rechts am Hügel oben?
  Geschlossen sind die Fensterreihn,
  Die Riegel vorgeschoben.
  Er ist, so mein ich, in der Stadt,
  Seit sich der Wald entblättert hat;
  Ihr Wesen treiben leise
  Im Haus die lust'gen Mäuse.

Die Reichen, ja, die sind gescheit,
  's ist eine feine Bande,
  Sie wechseln mit der Jahreszeit
  Die Häuser wie Gewande.
  Der Herr sitzt im Kasinosaal
  Und spielt beim hellen Kerzenstrahl,

Mir ist, ich höre klingen,
Wie die Dukaten springen.

Hat mir die Wirtin recht gesagt,
    Dein Vater war sein Pächter?
Und seit der Herr ihn ausgejagt,
    Ging's deinem Vater schlechter? –
Da weißt du ja, wo ein und aus
Dort in des reichen Mannes Haus! ...
    Hat nichts zurückgelassen
    Als Teller er und Tassen?

Ei, wär ich da wie du bekannt,
    Ich borgt mir auf ein Weilchen
Von seinem Gut auf eigne Hand
    Ein ganz bescheiden Teilchen!
Und holst du nichts Gemünztes dir,
Bring ein Gerät, bring ein Geschirr,
    Du kannst mir's gleich verhandeln,
    Ich will's in Gold verwandeln.

Wer alle Türen öffnen kann,
    Braucht keine zu erbrechen ...
Was blickst du mich so grimmig an,
    Als wolltst du mich erstechen!
Von selber fast geht auf der Schrein,
Du müßtest nicht ein Schlosser sein;
    Es merkt es keine Seele,
    's ist alles ohne Fehle.«

Der Bursche lauscht mit dumpfem Hirn
    Dem höllischen Gemunkel,

Es überschattet seine Stirn
Die Macht der Tiefe dunkel –
Und schlimmer wird ihm stets zumut,
Ihm klopft der Puls in Fieberglut;
Und wieder leis und lüstern
Beginnt das böse Flüstern:

»Kurt, sieh dir doch den Weltlauf an«,
  So lacht der Jäger heiser,
»Und mach's wie der berühmte Mann,
  Der welterfahrne Kaiser.
  Der kluge Herr versteht den Pfiff,
  Erst tut er einen sichern Griff,
  Und dann spielt er Verstecken
  Und läßt sich nicht entdecken.« –

Jetzt beut er ihm ein volles Glas
  Und flüstert: »Rasch gehandelt!«
Der Jüngling schlürft das scharfe Naß,
  Da ist er wie verwandelt ...
  »Wo suchst du deine Schlüssel, Kurt?
  Du trägst den ganzen Bund am Gurt;
  Du hast ja heut die Schränke
  Geschlossen in der Schenke.«

Die Wirtin, überwacht und müd,
  Sitzt in dem dunkeln Raume,
Und wie den Gast sie fliehen sieht,
  Spricht sie schon halb im Traume,
  Sie weiß nicht was, sie weiß nicht wie:
  »Wie geht's der Mutter? Grüße sie!«
  Der Bursch schon in der Pforte
  Hört die verträumten Worte.

Er taumelt in die Nacht hinaus,
　　Und seine Schritte schwanken,
　　Um seine Stirn fliegt ein Gebraus
Verworrener Gedanken:
　　»Wo war der Silberschrein? – Er stand
An der damastgewirkten Wand ...
　　Da wird er ja noch stehen! ...
　　Wie mag's der Mutter gehen?

Die schläft nun überm Berge weit«,
　　Denkt er, »in finstrer Hütte«,
　　Und fördert mit Behendigkeit
Die frevelhaften Schritte;
　　Die Mauer übersteigt er leis,
Und knisternd bricht das Tannenreis,
　　Er wandelt eine Strecke
　　Auf dichtgeschneiter Decke.

Und an der dunkeln Scheune hangt
　　Die wohlbekannte Leiter,
　　Die er sich auf die Schulter langt,
Dann schreitet rasch er weiter
　　Und steht am Herrenhause schon –
Er klettert über den Balkon –
　　Sein Herz, er hört es pochen –
　　Er hat die Tür erbrochen.

Schnell ist ein Wachslicht angebrannt,
　　Er leuchtet nach dem Schreine,
　　Da kracht es in der Tafelwand –
Er lauscht beim Kerzenscheine.
　　Erschrocken starrt er hin und wild –
Und sieht ein friedevolles Bild

Von lichtem Reif umgeben
Sich aus dem Dunkel heben.

Auf warmem Lager schläft ein Kind,
Die Mutter kniet zur Seite,
Mit Händen, die gefaltet sind,
In dürftig dunklem Kleide;
Die Augen sind so warm und licht
Und strahlen voller Zuversicht,
Und auf dem Munde sehen
Kann er das heiße Flehen.

Und kann die Blicke von dem Mund
Der Betenden nicht wenden –
Da plötzlich klirrt der Schlüsselbund
Ihm aus den starren Händen;
Die Mutter betet fort und fort
Und weiß, der Himmel hört ihr Wort –
Da muß mit Tränenbächen
Die harte Rinde brechen.

Er faltet auch die Hände dann,
Es wendet sich zum Guten –
Er flieht davon, so schnell er kann,
Als eilt' er über Gluten.
Die Leiter trägt er still davon –
Jetzt springt er von der Mauer schon –
Und trägt mit wachen Sinnen
Ein neues Herz von hinnen.

LIEBESZAUBER

Aus Tausendundeine Nacht

»Mächt'ger Sultan Scheherban,
Tu mir eine Gnade,
Höre mich geduldig an!«
Sagt Scheherezade.
»Was ich heut erzählen will,
Funkelt nicht von Scherzen,
Eine Märe warm und still
Ist's für gläub'ge Herzen.

Vor der alten Christenstadt
Stehn am Bronn die Frauen,
Moslem pilgern reisematt
Ohne hinzuschauen,
Und die Jüngste schöpft zuletzt,
Wartete bescheiden,
Hebt den Krug zu Haupte jetzt,
Will die Fremden meiden.

Doch ein Moslem blickt sie stumm
An, als möcht er trinken,
Sacht im Arme wiederum
Läßt den Krug sie sinken,
Hält den schweren Krug im Arm,
Lehnend an den Bronnen,
Augen lächeln braun und warm,
Jung und unbesonnen.

Wie der Abend purpurn sinkt,
Brennt des Sods Gemäuer,
Wasser, das der Jüngling trinkt,
Wird zu lauter Feuer,

Und sie lispelt: ›Pilgerim!‹
Glühend übergossen,
Zeigt das Tor und deutet ihm:
›Nun wird gleich geschlossen.‹

Wandert heim das Tor hinein,
Schreitet durch die Gassen,
Und er folgt im Dämmerschein,
Kann nicht von ihr lassen.
Vor der Schönsten Türe wacht
Er auf harter Schwelle;
Zagend tritt sie nach der Nacht
In die Morgenhelle.

›Willst du hier gesehen sein!‹
Schilt sie sanft und leise,
›Hole deine Brüder ein
Auf der Pilgerreise!
Wirst du nicht von hinnen gehn,
Muß dir Leid begegnen,
Die sich nimmer wiedersehn,
Dürfen noch sich segnen.‹

›Wanderziel und Reisezeit
Treibt mich nicht von hinnen,
Nur auf deine Lieblichkeit
Kann ich mich besinnen.
Sage mir, wie lebt’ ich fern
Deiner Augen Strahle?
Liebe, o du bittrer Kern
In der süßen Schale!‹

›Nimm ein Kleid, das besser steht!
Werd ein andrer Beter!‹

– ›Nie verleugn' ich das Gebet
Meiner edlen Väter!‹
›Trotz'gen Lippen einen Kuß!
Fleuch! Es wächst die Helle!‹
– ›Nimmer! Wenn ich sterben muß,
Sei's auf deiner Schwelle!‹

In das Haus zurückgeflohn,
Muß sie bitter weinen,
Und die Nachbarn nahn und drohn,
Werfen ihn mit Steinen,
Baden ihn in seinem Blut:
›Stirb, Hund, oder weiche!‹
Schleppen in des Abends Hut
Fort die junge Leiche.

Auf dem Lager träumt sie schwer,
Träumt mit heißer Wange,
Schreitet im Gebirg einher
An des Abgrunds Hange;
Plötzlich durch ein Felsentor
Schaut sie Baum und Quelle,
Und ein Pilgrim hebt empor
Sich von lichter Schwelle.

›Pilgerim, was harrst du da
Vor dem schönsten Garten?‹ –
›In den Garten tret ich ja
Nur mit der Erharrten!
Manche zärtliche Gestalt
Winkt mir dort vergebens;
Deiner harr ich, komme bald,
Hälfte meines Lebens!‹

›Nimmer darf ich!‹ stöhnt sie bang,
Da erschallt ein Rufen
Durch das Tor: ›Beeilt den Gang,
Pilger aller Stufen!‹
Aus dem Schlummer fährt sie bleich –
Da, zum andern Male,
Schallt's ihr nach: ›Beeilet euch,
Pilger in dem Tale!‹

Sie erwacht und eilt hinab,
Schaut die öde Schwelle,
Blutbenetzt, ein leeres Grab,
In der Morgenhelle,
Kniet, umarmt die Schwelle hart,
Ob sie nicht erwarme,
Und das junge Herz erstarrt
Ihr in wildem Harme.

Mönche kommen, neu zu weihn
Haus und Stufen eben,
Wo der Moslem unter Pein
Hat verhaucht das Leben,
Sehn, wie sie den Stein umfaßt,
Denken an den Bösen
Und bekreuzen sich mit Hast,
Argen Bann zu lösen.

Keiner, wie er hebt und rafft,
Bringt sie von der Stelle.
Eitle Müh! Mit Zauberkraft
Fesselt sie die Schwelle.
Nichts geschafft, so viel sie sind,
Und mit irren Blicken

Knüpfen sie ein Seil geschwind
Sich aus ihren Stricken.

Leise wandelnd naht ein Greis
In dem Derwischkleide:
›Mönche, löset euern Kreis,
Tut ihr nichts zuleide!
Nimmer, Mönche, blöd und blind,
Werdet ihr sie rauben,
Denn es starb das fromme Kind
Nicht in euerm Glauben.‹

Und sie sehn ihn knien zu ihr
Und sie sanft umfassen:
›Gruft sei diese Schwelle dir,
Kannst du nicht sie lassen!
Allbarmherz’ger, öffn’ ihr mild
Deine grünen Hallen,
Aber hier des Todes Bild
Laß in Staub zerfallen!‹

Von dem grausen Bann befreit,
Fällt der Leib in Asche,
Froh in lichtem Himmelskleid
Eilt davon die Rasche;
Zimbelspieles Silberton
Klingt auf ihren Spuren,
Und die beiden treten schon
In die ew’gen Fluren.«

Paul Heyse

1830–1914

NOVELLE

Sie kannten sich beide von Angesicht,
Sie sprachen sich nie und liebten sich nicht.
Er nahm ein Weib, das die Mutter ihm wählte,
Als sie sich mit einem Vetter vermählte.

Er war zufrieden mit seinem Los;
Sie wähnte sich recht in des Glückes Schoß.
Nur manchmal, zur Zeit der Fliederblüte,
Was wollte da knospen in ihrem Gemüte?

Und einst nach Jahren am dritten Ort,
Da sagten sie sich das erste Wort
Am selben Tische zum ersten Male –
Der Flieder duftet' herein zum Saale.

Was er sie gefragt, was sie ihm gesagt,
Es war nicht neu und war nicht gewagt;
Doch plötzlich, mitten im Plaudern und Scherzen,
Erschraken sie beide im tiefsten Herzen.

Sie hatten mit tödlichem Staunen erkannt,
Wie seltsam eins das andre verstand,
Auch das, was beiden im stillen Gemüte
Erwachte zur Zeit der Fliederblüte.

Sie sahen sich an einen Augenblick
Und sahn einen Abgrund von Mißgeschick,
Dann blickten sie weg, und beide verstummten,
So munter rings die Gespräche summten.

Drauf ging sie nach Haus mit dem eigenen Mann,
Er führte sein Weib, so schieden sie dann
Und sagten, sie würden sich glücklich schätzen,
Die werte Bekanntschaft fortzusetzen.

Doch wie er am andern Morgen erwacht,
Was hat ihn so bitter lachen gemacht?
Und wie sie auffuhr von ihrem Kissen,
Was hat sie so heimlich weinen müssen?

Sie haben sich niemals wiedergesehn,
Sie wußten sich klug aus dem Weg zu gehn.
Nur immer zur Zeit der Fliederblüte
Wie Spätfrost schaudert's durch ihr Gemüte.

ODYSSEUS

Sie hatten auf luftigem Söller geruht,
Der Dulder, entronnen der stürmenden Flut,
Und Penelopeia, die Hehre.
Der Morgen dämmerte rosig herauf,
Da stützt sich der Held auf dem Lager auf –
    Kühl weht der Wind vom Meere.

Wie wandert' er lang durch die Wellenflur!
O säh' er den Rauch seiner Insel nur!
So bangte sein Herz voll Schwere.
Nun blickt er ins Weite vom Heimatstrand
Und seufzt und birgt das Haupt in der Hand –
    Kühl weht der Wind vom Meere.

»Was seufzest und sinnst du im Morgenstrahl?
Was bleibt dir zu sehnen, mein trauter Gemahl,
Das irgendein Gott dir gewähre?
Du bist geborgen bei Weib und Sohn,
Und Ruh und Ruhm sind der Mühen Lohn.« –
    Kühl weht der Wind vom Meere.

»Und hast du daheim nicht Lieb' und Lust?
Noch ist nicht verwelkt die getreueste Brust,
Noch wert, daß sie Kindlein nähre.
Sie blühen dir auf mit den Enkeln zumal –
Was bleibt dir zu seufzen, mein teurer Gemahl?« –
    Kühl weht der Wind vom Meere.

Er küßt ihr die Augen, er schüttelt das Haupt:
»Was hat dir so frühe den Schlummer geraubt?
Nun forschest du, was mich verzehre.
Mir gaben die Götter ein göttliches Los,
Und doch – mein Sinnen ist ruhelos.« –
    Schwül weht der Hauch vom Meere.

»Mir träumte zur Nacht, auf gescheitertem Kiel
Hintrieb ich, den wütenden Wogen ein Spiel,
Ringsum unermeßliche Leere.
Da taucht aus den Tiefen ein süßes Gesicht,
Ein Weib mit Augen wie Sternenlicht.« –
    Schwül weht der Hauch vom Meere.

»Sie wirft mir den Schleier, den rettenden, zu,
Ich sehe sie winken und schwinden im Nu,
Die ich nun ewig entbehre.
O seliges Wagen, o Heldengeschick!
Wie soll ich nun tragen ein ruhiges Glück?« –
    Schwül weht der Hauch vom Meere.

Wilhelm Raabe

1831–1910

KÖNIGSEID

Es sprach der Priester ihm Verrat ins Ohr:
»Der Eid ist nichtig, den du hast gegeben!«
Es drängte sich der Edle dann hervor:
»Brich diesen Eid, willst du als König leben!«
Sie sprachen beide: »Schreite, schreite vor,
Wir wollen dich, ein starker Wall, umgeben!«
Er schwankte lang, doch in der bösen Stunde
Entfloh das böse Wort aus seinem Munde.

Er brach den Eid! Er war ein stolzer Sieger
In mancher Schlacht; der Welt schrieb er Gesetze;
Sein Wink bewegte hunderttausend Krieger,
Er blickte stolz auf hunderttausend Schätze.
Sein Schwert, sein Gold ihm zeigten die Betrüger,
Er brach den Eid und fiel in ihre Netze:
Sein Reich, in tausend Jahren aufgerichtet,
Es hat *ein* Wort, ein einzig Wort, vernichtet.

Da ging ein großer Schrecken durch die Lande,
Ein Bangen ging durch Hütten und Paläste;
Es schlug die Furcht ein jedes Herz in Bande,
Der Baum des Volkes fühlt' durch alle Äste,
Daß seine Wurzeln hafteten im Sande,
Daß sich der Wurm in seinem Marke mäste.
Ein Schrei klang auf aus grenzenlosem Leide:
»Der König brach den Eid! Was gelten Eide?«

Und stille ward's; es lächelten die Schlimmen,
Sie hatten ja das große Spiel gewonnen.

Sie hörten nicht die leisen Klagestimmen,
Sie hoben stolz das Haupt im Strahl der Sonnen;
Sie sahen nicht die bösen Funken glimmen,
Verschlossen hielten sie der Wahrheit Bronnen.
Er brach den Eid; er lag in ihren Ketten!
Er brach den Eid! Wer kann den König retten?

Nun schießt die Saat; sie wuchert im Geheimen
Und füllt die Welt: Der König brach den Eid!
Aus falschem Worte Tausende entkeimen,
Aus *einem* Leid wächst tausendfältig Leid!
Wer will mit Schweiß und Blut die Krone leimen?
Die Treue weicht, Untreue weit und breit
Fährt um im Land und droht an allen Enden;
Er brach den Eid! Wer will das Unheil wenden?

Und stille bleibt's nicht. Horch, ein leises Klagen,
Das Murren wird und dann zu dumpfem Grollen!
Wer will den Kampf nun mit der Wahrheit wagen?
Wer wehrt den Andrang jenem fernen Rollen,
Das wächst und wächst? Wer will in Fesseln schlagen
Die großen Wetter, die nun kommen wollen?
Herbei, ihr Priester! Helft, ihr stolzen Ritter!
Er brach den Eid, nun schützt ihn im Gewitter!

Die Trommel dröhnet durch der Städte Gassen,
Der Kriegsherr ruft; in Scharen ohne Ende
Ziehn auf im Eisenschmuck des Heeres Massen,
Es ballt das Volk die waffenlosen Hände.
In öder Kirch' den Priester hat's verlassen,
Daß es dem König diese Botschaft sende:
»Der Glaube lügt! Du, König, hast gelogen!
Du hast dich selbst, du hast dein Volk betrogen!«

Dann bricht es los! Es senken sich die Speere;
Die Wahrheit soll an ihnen sich verbluten;
Ihr gegenüber tritt die Söldnerehre
In stolzen Reih'n, darob die Banner fluten.
Im Bürgerkrieg begegnen sich die Heere;
Die Treue muß vergehn in seinen Gluten:
Er brach den Eid, der Fürst, von Gott gesendet;
Gott ist die Wahrheit; Gott sich von ihm wendet!

Im weiten Lande alle Glocken hallen
Zum Volkeskampf; es steht die Welt in Flammen!
Was gilt der Eid der Bauern, der Vasallen?
Der Bürgereid? Es stehen nicht beisammen
Zwei Herzen mehr; die stärksten Stützen fallen!
Es stürzt des Reiches Pracht in sich zusammen!
Der König brach den Eid! Das zieht hinunter
Ihn in die Tiefe, und sein Reich geht unter!

Ja, in die Tiefe! Donnernd durch das Land
Kreist nun der Aufruhr, und in Wirbeln schlinget
Er um den Fürst sich, dem nicht *eine* Hand
Sich bietet, dessen Ruf im Hohn verklinget,
Der seine letzte Kraft hat aufgewandt,
Des Reue nicht empor zum Himmel dringet.
Wer glaubt dem König? Falsch hat er geschworen;
Er brach den Eid! Der König ist verloren!

Wie rast das Volk! Wie drängen sich die Haufen!
In Waffen drohn dem Herrscher sie entgegen!
Die Plebs konnt' er mit Golde wohl erkaufen,
Das Volk kann er mit Golde nicht bewegen!
Schon droht es, Sturm auf den Palast zu laufen:

Was nützt der Speer, was der Trabanten Degen?
Stets näher wogt des Kampfes Brüllen, Heulen,
Und zitternd neigen sich der Hofburg Säulen.

Wo sind sie nun, die Herrn im Eisenkleide,
Daß ihre Banner um den Thron sie scharen?
Der Priester und der Edle schwanden beide;
Der König muß den bittern Schmerz erfahren:
Sie lassen ihn allein in seinem Leide,
Sie lassen ihn allein in den Gefahren!
Wie schnell sind sie in Nacht und Nichts zerstoben,
Als wilder stets die Fluten ihn umtoben!

So steht er einsam in den hohen Hallen,
Um die die Wogen seines Volkes rollen,
Durch die die Schatten seiner Ahnen wallen;
Er sieht sie nicht – er ahnet nur ihr Grollen;
Sein tausendjährig Reich, es muß zerfallen,
Nicht Kraft hat er, zu denken und zu wollen.
Was retten könnte, hat er selbst vernichtet;
Mit eigner Hand hat er sich selbst gerichtet.

DER HAGEDORN

1.

Er ritt vorbei, sie stand am Hag,
Die Frühlingssonn' auf den Feldern lag,
Die Frühlingssonne lag auf den Höh'n,
Und er war jung, und sie war schön;
    Der Hagedorn stand in der Blüte.

Das Haupt er neigte, schwang den Hut:
Gott grüß' dich, du fromm, du edel Blut!
Gott grüße, halte, schütze allzeit
Dich, fremdes Tal, dich, fremde Maid!
    Der Hagedorn stand in der Blüte.

Mit Lachen sie nickt', den Hut er schwang
Und horchte im Reiten ihrem Sang,
Bis in der Ferne so leise, leis'
Verhallte die alte, die süße Weis':
    Der Hagedorn steht in der Blüte.

Das Herz war ihm so leicht, so licht,
Die Schatten sah er auf den Wiesen nicht,
Die Wolkenschatten nicht über dem Land,
Und in den Wald der Weg sich wandt';
    Der Hagedorn stand in der Blüte.

2.

Und nach so manchem langen Jahr,
Da ritt er her mit der reisigen Schar;
Da wehten die Winde so schaurig und kalt,
Da stand entlaubt und schwarz der Wald;
    Der Hagedorn stand in Dornen.

Auf Feld und Wiesen lag der Schnee,
Von Eise starrte Fluß und See,
Und Eisen deckte des Mannes Brust,
Aus war der Frühling, die Jugendlust;
    Der Hagedorn stand in Dornen.

Es saß ein Mütterlein am Hag; –
O Tal, wo hast du das Mägdlein, sag?

Das Weiblein nickte, nickte und sang,
Und eisig die Weise zum Herzen drang:
   Der Hagedorn steht in Dornen.

Es schnoben die Rosse im Zuge schwer,
Die schwarzen Raben flatterten her;
Im eisernen Harnisch vorbei er ritt,
Und gell das Lied ins Herz ihm schnitt:
   Der Hagedorn steht in Dornen.

Wilhelm Busch

1832–1908

DER ALTE NARR

Ein Künstler auf dem hohen Seil,
Der alt geworden mittlerweil,
Stieg eines Tages vom Gerüst
Und sprach: Nun will ich unten bleiben
Und nur noch Hausgymnastik treiben,
Was zur Verdauung nötig ist.

Da riefen alle: Oh, wie schad!
Der Meister scheint doch allnachgrad
Zu schwach und steif zum Seilbesteigen!
Ha! denkt er. Dieses wird sich zeigen!

Und richtig, eh der Markt geschlossen,
Treibt er aufs neu die alten Possen
Hoch in der Luft, und zwar mit Glück,
Bis auf ein kleines Mißgeschick.

Er fiel herab in großer Eile
Und knickte sich die Wirbelsäule.

Der alte Narr! Jetzt bleibt er krumm!
So äußert sich das Publikum.

DER ASKET

Im Hochgebirg vor seiner Höhle
Saß der Asket;
Nur noch ein Rest von Leib und Seele
Infolge äußerster Diät.

Demütig ihm zu Füßen kniet
Ein Jüngling, der sich längst bemüht,
Des strengen Büßers strenge Lehren
Nachdenklich prüfend anzuhören.

Grad schließt der Klausner den Sermon
Und spricht: Bekehre dich, mein Sohn.
Verlaß das böse Weltgetriebe.
Vor allem unterlaß die Liebe,
Denn grade sie erweckt aufs neue
Das Leben und mit ihm die Reue.
Da schau mich an. Ich bin so leicht,
Fast hab ich schon das Nichts erreicht,
Und bald verschwind ich in das reine
Zeit-, raum- und traumlos Allundeine.

Als so der Meister in Ekstase,
Sticht ihn ein Bienchen in die Nase.

Oh, welch ein Schrei!
Und dann das Mienenspiel dabei.

Der Jüngling stutzt und ruft: Was seh ich?
Wer solchermaßen leidensfähig,
Wer so gefühlvoll und empfindlich,
Der, fürcht ich, lebt noch viel zu gründlich
Und stirbt noch nicht zum letzten Mal.

Mit diesem kühlen Wort empfahl
Der Jüngling sich und stieg hernieder
Ins tiefe Tal und kam nicht wieder.

DER GÜTIGE WANDRER

Fing man vorzeiten einen Dieb,
Hing man ihn auf mit Schnellbetrieb,
Und meinte man, er sei verschieden,
Ging man nach Haus und war zufrieden.

Ein Wandrer von der weichen Sorte
Kam einst zu solchem Galgenorte
Und sah, daß oben einer hängt,
Dem kürzlich man den Hals verlängt.

Sogleich, als er ihn baumeln sieht,
Zerfließt in Tränen sein Gemüt.
Ich will den armen Schelm begraben,
Denkt er, sonst fressen ihn die Raben.

Nicht ohne Müh, doch mit Geschick,
Klimmt er hinauf und löst den Strick;
Und jener, der im Wind geschwebt,
Liegt unten, scheinbar unbelebt.

Sieh da, nach Änderung der Lage
Tritt neu die Lebenskraft zutage,
So daß der gute Delinquent
Die Welt ganz deutlich wiederkennt.

Zärtlich, als wär's der eigne Vetter,
Umarmt er seinen Lebensretter,
Nicht einmal, sondern noch einmal,
Vor Freude nach so großer Qual.

Mein lieber Mitmensch, sprach der Wandrer,
Geh in dich, sei hinfür ein andrer.
Zum Anfang für dein neues Leben
Werd ich dir jetzt zwei Gulden geben.

Das Geben tat ihm immer wohl.
Rasch griff er in sein Kamisol,
Wo er zur langen Pilgerfahrt
Den vollen Säckel aufbewahrt.
Er sucht' und sucht' und fand ihn nicht,
Und länger wurde sein Gesicht.
Er sucht' und suchte wie ein Narr,
Weit wird der Mund, das Auge starr,
Bald ist ihm heiß, bald ist ihm kalt.

Der Dieb verschwand im Tannenwald.

Felix Dahn
1834–1912

JUNG SIGURD

Jung Sigurd war ein Wikinger stolz,
Der fuhr in den Sturm mit Lachen.
Und schwang er die Lanze von Eschenholz,
Da mußten die Schilde zerkrachen:
Die Traube von Chios, das Gold von Byzanz
Begehrte sein Herz, und sein Hammer gewann's.
Doch priesen die Freunde den blühenden Leib
Der Römerin, die sie gefangen,
Und lobt' ihm ein andrer sein ehelich Weib,
Das daheim sein harre mit Bangen,
Und sprach ihm von Lieb' und von Liebesglut –
Laut lachte jung Sigurd wie brandende Flut.
»Mein schwellendes Segel hat weißere Brust
Als euere Buhlen, ihr Schelme,
Mir ist kein Weiberauge bewußt,
So licht wie der Stein hier am Helme,
Und lüstet nach lieblicher Süße mein Mund,
So schlürf' ich den feurigen Wein von Burgund.

Ja, stieg', umflossen von Asgards Licht,
Mir Freia selber hernieder –
Fürwahr, ich höbe die Wimper nicht,
Zu schaun die unsterblichen Glieder:
Wenn je mir ein Sehnen die Schönheit weckt,
So werde mit Nacht dies Auge bedeckt.« –
Und sie landen am öden Felsengestad
Im Strahl mittäglicher Sonnen –
Jung Sigurd schweift auf verlassenem Pfad,

Da lockt ihn der rieselnde Bronnen;
Und als er schreitet zum Quellenrand,
Da steht ein Mädchen im Bettlergewand;
Wohl birgt sie der Schleier, wohl deckt sie der Rock,
Doch es schimmern so schneeig die Füße,
Und es glänzt durch die Hülle wie golden Gelock,
Und die Stimme, wie klingt sie so süße!
Und als sie zum Trunke den Krug ihm bot,
Da wurden die Wangen ihm bleich und rot.

Und es wallte sein Blut, und sein Herz schlug laut,
Und er rief: O lege geschwinde,
Auf daß mein verlangend Auge dich schaut,
Vom Haupte die hüllende Binde:
Aus Mantel und Schleier, wie strahlt es licht,
Wie hold muß strahlen dein Angesicht!«
Und er greift nach den Falten und bittet und fleht –
Da ruft sie: »Dir werde dein Wille!«
Und der Mantel fällt, und der Schleier verweht:
Da wurde jung Sigurd stille,
Denn hehr, von unsterblichem Glanz umwallt,
Erkannt' er der Liebesgöttin Gestalt.

Licht floß von den Schläfen das goldene Haar,
Alabastern glänzten die Wangen,
Aus den Augen, den siegenden, schimmert' es klar,
Als käme die Sonne gegangen:
Und den Nacken umschloß das goldne Geschmeid,
Das der Anmut bannenden Zauber leiht.
Jung Sigurd schwieg: ihm versagte der Laut,
Da sprach sie mit zürnendem Munde:
»Des Himmels Königin hast du geschaut,
Und die Sehnsucht kennst du zur Stunde:

So werde vollendet dein trotzig Wort,
Und Nacht bedecke dein Aug' hinfort.«
Und es ließ der Blinde von Schwert und Schild
Und begann, die Harfe zu schlagen:
Doch es schuf ihm das Eine, das göttliche Bild,
Sein Dunkel zu leuchtenden Tagen:
Kein Sänger vermocht' ihn im Kampf zu bestehn,
Denn er hatte die Göttin der Schönheit gesehn.

Detlev von Liliencron

1844–1909

DIE KAPELLE ZUM FINSTERN STERN

Missunde bei Schleswig, 7. August 1250

»König Erich, die Faust auf den Widerrist!
  Laß tanzen den Hengst im Grase.
Vergiß den alten Bruderzwist,
  Wir trinken aus einem Glase.«

Herzog Abel schrieb das. König Erich ritt ein
  Und lag im Bruderarme.
Viel Jauchzen der Ritter im Abendschein,
  Lauge Gudmundson schwieg im Schwarme.

Am Morgen früh weckt Hornstoß und Tusch,
  Zu hetzen Wolf und Elche.
Die Brüder zusammen im Heidebusch,
  Sie trinken aus einem Kelche.

Der Herzog allein. Zur Seite nur
  Ritter Lauge mit Speer und Pfeilen.
»Sprich, Lauge, wo blieb Wieb Stures Spur,
  Wem hilft sie die Freuden teilen?«

Der König allein. Zur Seite nur
  Ritter Lauge mit Speer und Pfeilen.
»König Erich, wo blieb Wieb Stures Spur,
  Wem hilft sie das Leben teilen?«

Erich Plogpenning zischt. Den Stachel sticht
  Er dem Rothengst in die Weichen.

»Bei Sankt Jürgen, ich weiß es nicht!«
    Und sucht die Jagd zu erreichen.

Am Abend Humpenaus, Zinken und Tanz,
    Beim Brettspiel König und Knappen.
Der Mond flicht draußen den alten Kranz
    Um Lauben und steinerne Wappen.

Der Herzog allein. Zur Seite nur
    Ritter Laug' im Wams von Seiden.
»Sprich, Lauge, wo blieb Wieb Stures Spur,
    Wen küßt sie von euch beiden?«

»Von Trinken ist dir die Stirne heiß,
    König Erich, die Luft ist trocken.
Mein Segel wiegt unten, scharlach und weiß;
    Steig ein und kühle die Locken.«

Schloßknechte spannen den Baldachin.
    Vom Söller winkt der Bruder.
Der König schläft auf dem Hermelin,
    Und leise tauchen die Ruder.

Verworren Getön vom Prunkgelag,
    Der Wachen und Stundenrufer.
Da schießt mit gleichem Einfallschlag
    Ein ander Boot vom Ufer.

»Halt, halt, König Erich!« ... Fackeln im Wind
    Flackern um schwarze Figuren.
»Wo blieb Wieb Sture, gib Antwort, geschwind,
    Gib Antwort, wo blieb Wieb Sturen?«

»Bei Sankt Jürgen, ich riß sie dir Hund vom Leib«,
    Schreit der König, die Lippen beben.

»Bei Sankt Jürgen, sie war mir Zeitvertreib
    Zwei Wochen von meinem Leben.«

Der Ritter ringt ihm den Dolch vom Gehenk
    Und treibt ihn dem König ins Herze.
Das rote Blut tropft ins wüste Gemeng.
    Stumm leuchtet oben die Kerze.

Wo Lauge durchstach den erlauchten Herrn,
    Am Ufer steht die Kapelle,
Da steht die Kapelle zum finstern Stern,
    Unheimlich klatscht dort die Welle.

Herzog Abel schwor beim Himmel weit
    Und der reinen Magd im Dome
Und ließ dem Mörder wenig Zeit,
    Den zupft der Fisch im Strome.

Herzog Abel schob nichts auf die lange Bank,
    In Roskilde ließ er sich krönen.
In die Königsburg ritt er frech und frank,
    Drommeten und Trummen dröhnen.

WER WEISS WO

Schlacht bei Kolin, 18. Juni 1757

Auf Blut und Leichen, Schutt und Qualm,
Auf roßzerstampften Sommerhalm
Die Sonne schien.
Es sank die Nacht. Die Schlacht ist aus,
Und mancher kehrte nicht nach Haus
Einst von Kolin.

Ein Junker auch, ein Knabe noch,
Der heut das erste Pulver roch,
Er mußte dahin.
Wie hoch er auch die Fahne schwang,
Der Tod in seinen Arm ihn zwang,
Er mußte dahin.

Ihm nahe lag ein frommes Buch,
Das stets der Junker bei sich trug
Am Degenknauf.
Ein Grenadier von Bevern fand
Den kleinen erdbeschmutzten Band
Und hob ihn auf.

Und brachte heim mit schnellem Fuß
Dem Vater diesen letzten Gruß,
Der klang nicht froh.
Dann schrieb hinein die Zitterhand:
»Kolin. Mein Sohn verscharrt im Sand.
Wer weiß wo.«

Und der gesungen dieses Lied
Und der es liest, im Leben zieht
Noch frisch und froh.
Doch einst bin ich und bist auch du
Verscharrt im Sand, zur ewigen Ruh –
Wer weiß wo.

DIE ATTACKE

Platz da, und Zieten aus dem Busch!
Mit Hurra drauf in Flusch und Husch,
Und vorgebeugten Leibes rasen
In einem Strich die Pferdenasen,
Wir zwei weit voran den Husaren,
So sind wir in den Feind gefahren.
Die roten Jungen hinterher
In todesbringender Karriere,
Daß wild die Spitzen der Schabracken
Den Grashalm fegen wie der Wind.
Und hussa, hep, die bunten Jacken,
Sind wir am Waldesrand geschwind.
Geknatter, dann ein tolles Laufen,
Wir konnten kaum mit ihnen raufen,
So rissen die Gascogner aus
Vor unserm Säbelschnittgesaus.
Doch hinter einer schmalen Erle
Stand einer dieser kleinen Kerle
Und macht' auf mich recht schlechte Witze:
Er schoß mir ab die Helmturmspitze.
Ei, du verfluchter gelber Lümmel,
Ich treffe gleich dich im Getümmel.
Und »Hieb zur Erde tief« saß ihm
Im Schädel eine forsche Prim.
Kolonnen rückten nun heran,
Der Auftrag war erfüllt, getan.
Der Leutnant sammelte den Zug,
Und als er durch die Säbel fragte,
Ob keiner wegblieb, keiner fehle,
Da schnürt' es ihm die junge Kehle.
Denn der Trompeterschimmel bäumte,

Den Sattel frei, und schnob und schäumte.
Wir fanden seinen Reiter bald
An Brombeersträuchern, tot, im Wald.
Ein blaurot Fleckchen zeigte nur
Den Schuß ins Herz, der Kugel Spur.
Bei meinem Freund zum erstenmal
Sah ich das Einglas niederschnippen,
Und Tränen fielen ohne Zahl
Dem Toten auf die bleichen Lippen.

O schäm dich nicht, wenn dies du liest,
Daß dir so leicht die Träne fließt.
Im Sterben trägst du noch die Scherbe;
Ich sei, stirbst früher du, der Erbe.
Dann denk ich an den treusten Freund,
Den je die Sonne hat gebräunt.

DER HEIDEBRAND

»Herr Hardesvogt, vom Whisttisch weg,
Viel Menschen sind in Gefahr.
Es brennt die Heide von Djernisbeg
Und das Moor von Munkbrarupkar.«
Schon steh ich im Bügel, schon bin ich im Sitz,
In den Sattel springt der Gendarm wie der Blitz.
Just schlägt es im Städtchen Glock zwölfe;
Wir reiten, als hetzten uns Wölfe.

Hier schläft ein Garten in Mitternachtruh,
Dort dämmert im Mondschein der Busch.

Und Felder und Wälder verschwinden im Nu,
Wir fliegen vorüber im Husch.
Und sieh, in der Ebne stäubt Funkengeschwärm,
Schon murmelt herüber verworrener Lärm.
Es gilt! Die Sporen dem Pferde,
Der Leibgurt berührt fast die Erde.

Runter vom Gaule, wir sind am Ort
Und stehn in Rauch und Qualm.
Das Feuer frißt gierig: das Kraut ist verdorrt,
Vom Sommer vertrocknet der Halm.
Inmitten der dampfenden Pußta, o Graus,
Lodert hell ein einzelnes Haus.
Und aus dem sengenden Schilfe
Ruft's markerschütternd um Hilfe.

Sechshundert Mann gruben den Graben breit
Und geboten dem Feuer Haltein,
Sechshundert Mann sind zum Retten bereit
Und schauen verzweiflungsvoll drein:
Unmöglich ist es, zum brennenden Haus
Sich durchzukämpfen, vergeblicher Strauß,
Denn kaum sind im Torfe die Sohlen,
So rösten sie schon wie Kohlen.

Das Schreien wird schwächer, dann hat es ein End',
Das Haus ist abgebrannt.
In der Heide züngelt es, zischelt und brennt,
Doch nur bis zum Grabenrand.
Im Osten zeigt sich ein purpurner Streif,
Auf Ähren und Blumen und Gras fällt der Reif.
Und ruhig im alten Bogen
Kommt die Sonne heraufgezogen.

Und nun heran! Wer hat es getan?
Wer weiß, wie das Feuer entstand?
Wer hat es entzündet mit flackerndem Span?
Nur heran, wer die Spuren fand.
Kein Junge hütete Gans oder Schaf,
Die Heide lag gestern im Sonntagsschlaf.
Und wie noch die Frage besprochen,
Da kommt was den Sandweg gekrochen.

Es humpelt heran ein kümmerlich Weib,
Sie stützt sich schwer auf den Stock.
Viel Jahre drücken den alten Leib,
Von Erde beschmutzt ist der Rock.
Das ist Wiebke Peters, und Wieb ist gefeit,
Der gehörte die Kate! so ruft es und schreit.
Mit Jubel umringt sie die Menge,
Doch Wieb wackelt aus dem Gedränge.

Und stellt sich grade vor mir auf
Und blinzelt hin übers Moor.
Und alle die Leute stehn zuhauf,
Ein gestikulierender Chor.
So wartet sie lange, ich laß ihr die Ruh,
Zuweilen schließt sie die Augen zu.
Ich kann's vom Gesicht ihr schon lesen:
»Herr Hardesvogt, *ich* bin's gewesen.«

»Wiebke Peters, erzähle, was weißt du vom Brand,
Wie kam das Feuer so schnell?«
Die Tränen fallen ihr auf die Hand,
Ihr Schluchzen klingt wie Gebell.
Dann wieder lacht sie vor sich hin,
Und ganz verwirrt scheint plötzlich ihr Sinn.

Und, wie nach genossener Rache,
Läßt sie höhnisch sich aus zur Sache:

»Die Kate, in der ich geboren war,
Die abgebrannt diese Nacht,
In der hatt' ich an achtzig Jahr
Mich mühsam durchs Leben gebracht.
Mein Mann starb früh; ein Sohn blieb nach,
Der ließ mich im Stich, als ich krank war und schwach.
Oft hab ich ihm bittend geschrieben,
Doch stets ist er weggeblieben.

Vergangenes Jahr endlich kehrt er zurück
Und fordert, ich solle hinaus
Und dann, ein altes verbrauchtes Stück,
Verwelken im Armenhaus.
Ich bat die Gerichte, die halfen mir auch;
Im Schornstein zog wieder der einsame Rauch.
Da kam nochmals vor einigen Tagen
Mein Sohn mit Weib und mit Wagen.

Und gestern, Herr, gestern um Mittagszeit,
Ich konnte doch nichts dafür,
Daß meinetwegen Zank und Streit,
Sie warfen mich aus der Tür.
Ich schlug mir die alten Knochen wund,
Und liegen blieb ich wie 'n Hund.
Dann trieb mich ein heißes Verlangen,
Und ich bin zu Nis Nissen gegangen.

Dort kauft' ich Zündhölzer, Petroleum
Und ging aufs Feld hinaus.
Und als am Abend alles stumm,

Schlich ich wie 'ne Füchsin ans Haus.
Ich horchte am Laden, an Ritz und Spalt;
Daß alles im Schlafe, ich merkt' es bald.
Und eh sie erwachten beide,
Entzündete rings ich die Heide.

Vom Walde sah ich den Feuerschein,
Es lachte mir das Herz.
Den Angstruf hört' ich, das Hilfeschrein,
Es lachte mir das Herz.
Und als die Kate zusammenschlug,
Meine Seele zum Himmel ein Amen trug.
Das, Herr, ist meine Geschichte,
Hier stell ich mich dem Gerichte.«

TRUTZ, BLANKE HANS

Heut bin ich über Rungholt gefahren,
Die Stadt ging unter vor sechshundert Jahren,
Noch schlagen die Wellen da wild und empört
Wie damals, als sie die Marschen zerstört.
Die Maschine des Dampfers schütterte, stöhnte,
Aus den Wassern rief es unheimlich und höhnte:
    Trutz, Blanke Hans.

Von der Nordsee, der Mordsee, vom Festland geschieden,
Liegen die friesischen Inseln im Frieden.
Und Zeugen weltenvernichtender Wut,
Taucht Hallig auf Hallig aus fliehender Flut.

Die Möwe zankt schon auf wachsenden Watten,
Der Seehund sonnt sich auf sandigen Platten.
    Trutz, Blanke Hans.

Mitten im Ozean schläft bis zur Stunde
Ein Ungeheuer, tief auf dem Grunde.
Sein Haupt ruht dicht vor Englands Strand,
Die Schwanzflosse spielt bei Brasiliens Sand.
Es zieht, sechs Stunden, den Atem nach innen
Und treibt ihn, sechs Stunden, wieder von hinnen.
    Trutz, Blanke Hans.

Doch einmal in jedem Jahrhundert entlassen
Die Kiemen gewaltige Wassermassen.
Dann holt das Untier tiefer Atem ein
Und peitscht die Wellen und schläft wieder ein.
Viel tausend Menschen im Nordland ertrinken,
Viel reiche Länder und Städte versinken.
    Trutz, Blanke Hans.

Rungholt ist reich und wird immer reicher,
Kein Korn mehr faßt selbst der größte Speicher.
Wie zur Blütezeit im alten Rom
Staut hier täglich der Menschenstrom.
Die Sänften tragen Syrer und Mohren,
Mit Goldblech und Flitter in Nasen und Ohren.
    Trutz, Blanke Hans.

Auf allen Märkten, auf allen Gassen
Lärmende Leute, betrunkene Massen.
Sie ziehn am Abend hinaus auf den Deich:
»Wir trutzen dir, Blanker Hans, Nordseeteich!«

Und wie sie drohend die Fäuste ballen,
Zieht leis aus dem Schlamm der Krake die Krallen.
  Trutz, Blanke Hans.

Die Wasser ebben, die Vögel ruhen,
Der liebe Gott geht auf leisesten Schuhen.
Der Mond zieht am Himmel gelassen die Bahn,
Belächelt der protzigen Rungholter Wahn.
Von Brasilien glänzt bis zu Norwegs Riffen
Das Meer wie schlafender Stahl, der geschliffen.
  Trutz, Blanke Hans.

Und überall Friede, im Meer, in den Landen.
Plötzlich wie Ruf eines Raubtiers in Banden:
Das Scheusal wälzte sich, atmete tief
Und schloß die Augen wieder und schlief.
Und rauschende, schwarze, langmähnige Wogen
Kommen wie rasende Rosse geflogen.
  Trutz, Blanke Hans.

Ein einziger Schrei – die Stadt ist versunken,
Und Hunderttausende sind ertrunken.
Wo gestern noch Lärm und lustiger Tisch,
Schwamm andern Tags der stumme Fisch.
Heut bin ich über Rungholt gefahren,
Die Stadt ging unter vor sechshundert Jahren.
  Trutz, Blanke Hans?

HOCHSOMMER IM WALDE

»Kein Mittagessen fünf Tage schon,
Die Heimat so weit, kein Geld und kein Lohn;
Statt Arbeit zu finden, nur Hunger und Not,
Nur wandern und betteln und kaum ein Stück Brot.«

Was biegt der Handwerksbursch in den Wald?
Was läuft ihm übers Gesicht so kalt?
Was sieht er trostlos in den Raum?
Was irrt sein Auge von Baum zu Baum?

Die Sonne sinkt, und Stille ringsum;
Eine Drossel nur lärmt noch, sonst alles stumm.
Was schaukelt der Erlbaum am Waldesrand?
In seinen Ästen ein Mensch verschwand.

Von seinem ärmlichen Bündel den Strick,
Er legt um den Hals ihn, um Wirbel, Genick,
Dann läßt er sich fallen – nur kurz ist die Qual,
Er sah die Sonne zum letzten Mal.

Der Tau fällt drauf, der Tag erwacht,
Der Pirol flötet, der Tauber lacht.
Es lebt und webt, als wär nichts geschehn;
Gleichgültig wispern die Winde und wehn.

Ein Jäger kommt den Hügel herab
Und sieht den Erhängten und schneidet ihn ab
Und macht der Behörde die Anzeige schnell;
Gendarmen und Träger sind bald zur Stell.

In hellen Glacés ein Herr vom Gericht,
Der prüft, ob kein Raubmord, wie das seine Pflicht.

Sie tragen den Leichnam ins Siechenhaus
Und dann, wo kein Kreuz steht, ins Feld hinaus.

Da niemand zuvor den Toten gesehn,
Erhält er die Nummer dreihundert und zehn.
Dreihundert und neun schon liegen im Sand;
Wer hat sie geliebt, wer hat sie gekannt?

UNA EX HISCE MORIERIS

Es flammt der Horizont des heißen Tages.
Der Schmetterlinge Flügelschlag ist hörbar,
So still ruht Baum und Blatt im Sonnenschein.
Auf fernem Steig klingt schwach des Gärtners Harke.
»In einer dieser Stunden wirst du sterben«,
Steht auf der Sonnenuhr im großen Garten,
Auf dessen Weiser sich ein alter Spatz
Den unscheinbaren Kragen emsig putzt
Und schnell das schiefgebogne Köpfchen kraut.
Dann fliegt er weg, im Kirschenbaum zu landen.
Doch unterwegs schlägt ihn der böse Falk.

»In einer dieser Stunden wirst du sterben!«

Bewegung. Menschen. Nackte braune Arme
Schleifen zum Teich ein breites Fischernetz.
Dann warten sie gehorsam auf Befehl
Zum Anfang. Goldne Gittertore springen,

Und trotz der Schwüle naht in schwerem Samt
Die junge, wunderschöne Königin.
Auf blonder Pagen Armen schläft die Schleppe.
Rechts trägt das Dach, den riesigen Sonnenschirm,
Ein Mohrenkind in gelb und roter Seide.
Links hält ein schlanker Fant im Puffenwams,
Mit dem sie huldvoll spricht, den gleichen Schritt;
Im schaukelnden Gehenke blitzt sein Dolch.
Der Kammerherr vom Tag und ihre Damen
Folgen in ehrerbietiger Entfernung.
Inzwischen ist die Fürstin angelangt
Und hat im Marmorsessel Platz genommen,
Den Fuß auf rasch gelegten Teppich setzend.

Der Zug beginnt, ganz wie zu Petri Tagen:
Im Netze zappeln Karpfen und Karauschen.
Mit dummen Augen, schnappend, schwer geängstigt.
Die Hoheit lacht, die Kavaliere lächeln,
Es grinst das Mohrenkind, die Pagen kichern.
Und in der allgemeinen Lustigkeit,
Das braune Auge plötzlich aufschlagend
Zum schlanken Fant im blauen Puffenwams,
Flüstert harmlos die junge Königin:
Bei Mondesaufgang an der Sonnenuhr.

Da stürzt ein Pfeil aus dunklem Tannenbusch,
Geschnitzt aus eines plumpen Störes Gräte,
Mit Lust ins liebessehnsuchtsvolle Herz
Der jungen, wunderschönen Königin.

»In einer dieser Stunden wirst du sterben.«

PIDDER LÜNG

Frii es de Feskfang,
Frii es de Jaght,
Frii es de Strönthgang,
Frii es de Naght,
Frii es de See, de wilde See
En de Hörnemmer Rhee.

Der Amtmann von Tondern, Henning Pogwisch,
Schlägt mit der Faust auf den Eichentisch:
»Heut fahr ich selbst hinüber nach Sylt
Und hol mir mit eigner Hand Zins und Gült.
Und kann ich die Abgaben der Fischer nicht fassen,
Sollen sie Nasen und Ohren lassen,
Und ich höhn ihrem Wort:
  Lewwer duad üs Slaav.«

Im Schiff vorn der Ritter, panzerbewehrt,
Stützt sich finster auf sein langes Schwert.
Hinter ihm, von der hohen Geistlichkeit,
Steht Jürgen, der Priester, beflissen, bereit.
Er reibt sich die Hände, er bückt den Nacken.
»Der Obrigkeit helf ich, die Frevler zu packen;
In den Pfuhl das Wort:
  Lewwer duad üs Slaav.«

Gen Hörnum hat die Prunkbarke den Schnabel gewetzt,
Ihr folgen die Ewer, kriegsvolkbesetzt.
Und es knirschen die Kiele auf den Sand,
Und der Ritter, der Priester springen ans Land,
Und waffenrasselnd hinter den beiden
Entreißen die Söldner die Klingen den Scheiden.
Nun gilt es, Friesen:
  Lewwer duad üs Slaav!

Die Knechte umzingeln das erste Haus,
Pidder Lüng schaut verwundert zum Fenster heraus.
Der Ritter, der Priester treten allein
Über die ärmliche Schwelle hinein.
Des langen Peters starkzählige Sippe
Sitzt grad an der kargen Mittagskrippe.
Jetzt zeige dich, Pidder:
    Lewwer duad üs Slaav!

Der Ritter verneigt sich mit hämischem Hohn,
Der Priester will anheben seinen Sermon.
Der Ritter nimmt spöttisch den Helm vom Haupt
Und verbeugt sich noch einmal: »Ihr erlaubt,
Daß wir euch stören bei euerm Essen,
Bringt hurtig den Zehnten, den ihr vergessen,
Und euer Spruch ist ein Dreck:
    Lewwer duad üs Slaav.«

Da reckt sich Pidder, steht wie ein Baum:
»Henning Pogwisch, halt deine Reden im Zaum.
Wir waren der Steuern von jeher frei,
Und ob du sie wünschst, ist uns einerlei.
Zieh ab mit deinen Hungergesellen;
Hörst du meine Hunde bellen?
Und das Wort bleibt stehn:
    Lewwer duad üs Slaav!«

»Bettelpack!« fährt ihn der Amtmann an,
Und die Stirnader schwillt dem geschienten Mann:
»Du frißt deinen Grünkohl nicht eher auf,
Als bis dein Geld hier liegt zu Hauf.«
Der Priester zischelt von Trotzkopf und Bücken,

Und verkriecht sich hinter des Eisernen Rücken.
O Wort, geh nicht unter:
    Lewwer duad üs Slaav!

Pidder Lüng starrt wie wirrsinnig den Amtmann an.
Immer heftiger in Wut gerät der Tyrann,
Und er speit in den dampfenden Kohl hinein:
»Nun geh an deinen Trog, du Schwein.«
Und er will, um die peinliche Stunde zu enden,
Zu seinen Leuten nach draußen sich wenden.
Dumpf dröhnt's von drinnen:
    »Lewwer duad üs Slaav!«

Einen einzigen Sprung hat Pidder getan,
Er schleppt an den Napf den Amtmann heran
Und taucht ihm den Kopf ein und läßt ihn nicht frei,
Bis der Ritter erstickt ist im glühheißen Brei.
Die Fäuste dann lassend vom furchtbaren Gittern,
Brüllt er, die Türen und Wände zittern,
Das stolzeste Wort:
    »Lewwer duad üs Slaav!«

Der Priester liegt ohnmächtig ihm am Fuß.
Die Häscher stürmen mit höllischem Gruß,
Durchbohren den Fischer und zerren ihn fort;
In den Dünen, im Dorf rasen Messer und Mord.
Pidder Lüng doch, ehe sie ganz ihn verderben,
Ruft noch einmal im Leben, im Sterben
Sein Herrenwort:
    »Lewwer duad üs Slaav!«

DER HUNGER UND DIE LIEBE

Gänsehautballade im Bänkelsängerton

Tunkomar und Teutelinde,
Welch ein zärtlich junges Paar.
Er gemächlich, sie geschwinde;
Furie sie, er Dromedar.
      Er phlegmatisch und platonisch:
      »Süßes Lindchen, Mündchen her.«
      Sie dämonisch, denkt lakonisch:
      »Er ermannt sich nimmermehr.«

Sonntags: Ausflug. Treubeflissen
Jedesmal ein leckres Fest.
Er häuft ihr die besten Bissen,
Sich bescheidend mit dem Rest.
      Dann nach Hause. Vor der Klause
      Küßt er ihr galant die Hand.
      Sitzt die arme kleine Mause
      Stets allein vor ihrer Wand.

Hindernisse aller Sorten
Türmen sich der schönen Braut,
Hier die Eltern, Geldschwund dorten,
Und der Bräutigam steht benaut.
      Mais la femme: Teutelinden
      Wird es glücken klipp und klar,
      Sich mit Tunkomarn zu binden,
      Wo's auch sei, am Traualtar.

Sie beschließen zu entfliehen,
Nicht zu warten, nein, sogleich!

Und Poseidon sieht sie ziehen
Durch sein großes Wasserreich.
 Ihrer Sehnsucht höchste Höhe
 Heißt das Land Amerika.
 Schicksalswanzen, Fehlschlagsflöhe
 Weichen dort, halleluja!

Glatter als des Spiegels Glätte
Breitet sich der Ozean.
Plötzlich fuchtelt durch die Stätte
Ein entsetzlicher Orkan.
 Wale wimmern, Aale toben;
 Wogenberg und Wogental.
 Mast nach unten, Kiel nach oben;
 Munter hält der Hai sein Mahl.

Tunkomar und Teutelinde,
Ach, erklettern mühsam nur
Eines Eilands Felsenrinde,
Triefend von der nassen Spur.
 Unter einer Sykomoren
 Ruhen sie die erste Nacht.
 Und sie sehen sich verloren,
 Als sie morgens aufgewacht.

Nur Korallen, nur Gerölle;
Selbst der alte Feigenbaum
Zeitigt auf der Inselhölle
Keine Frucht im Blätterraum.
 Kaffee wünscht sich Teutelinde
 Und ein Brötchen Tunkomar.

Detlev von Liliencron

      Nirgends wächst ein Obstgebinde,
      Gräßlich, auf dem Steinaltar.

Strandschildkröten, Vögel, Eier,
Nichts von allem kommt hier vor,
Und der Hunger zieht als Freier
Frech ins kahle Siegestor.
      Wer wird wohl den Ausgang finden?
      Wo macht Stopp des Schicksals Lauf?
      Tunkomar küßt Teutelinden,
      Aber diese pfeift darauf.

Eilends wird der Hunger stärker,
Immer stärker, ganz enorm;
Endlich wird er Feuerwerker
Und zersprengt die Anstandsform.
      Tunkomar springt aus der Tute,
      Wird Berserker! Goliath!
      Teutelindchen schwimmt im Blute,
      Tunkomarchen frißt sich satt.

Friedrich Nietzsche

1844–1900

REIN ZUR HÖH, REIN ZU TAL!

Im Tannengrund, um Mitternacht,
Wenn scheu des Mondes fahler Schein
Gespenstisch durch die Wipfel lacht,
Sah ich dich stehn einsam allein.

Kein Laut; es schleicht der leise Wind
Dumpfrauschend aus dem Tal empor,
Und Schilfgeflüster, schaurig lind,
Tönt geisterstimmig aus dem Moor.

Die Hand geballt, des Auges Glut
Hin auf den schroffen Fels gebannt,
Dein Herz, es wogt wie wilde Flut,
Die Wellen schleudert an den Strand.

Der Mauer Trumm, der Säule Pracht,
Die Burg im grellen Mondenlicht
Hohläugig zu ihm niederlacht
Und grinst und grüßt und neigt und spricht:

»Rein zur Höh, rein zu Tal!
Sonn' errötet, Mond belebt,
Was schaust du aufwärts, bleich und fahl?
Steig auf, wie alles lichtwärts strebt!«

Er klomm hinauf, er steigt, er lauscht
Des Flüsterns, das das Schilf umirrt,
Des Windes, der den Fels umrauscht,
Der Eule, die die Höh'n umschwirrt.

Und näher tönt es, Zauberklang,
Und weht und rauscht wie Harfenschall,
Jetzt leise klagend, schmerzlich bang –
Verklingen – erlöschen – versinken im All.

Es faßt sein Herz – er steigt und neigt
Und breitet die Arme, umschlingt die Welt.
Versinken – ertrinken – die Säule weicht,
Verklingen – verhallen – erdwärts, zerschellt.

IM GEFÄNGNIS

Ein Totenmahl um Mitternacht:
Rings um den Tisch die Girondisten.
Brissot springt auf: »Freunde, habt acht!
Im Moniteur die Sterbelisten! –
Gerichtet gestern in Bordeaux,
Guadet, Salles und Barbaroux.«
Sie schweigen. Leis ruft Vergniaud:
»Wir folgen bald. Sie sind zur Ruh!« –
»Roland durch Selbstmord.« Klanglos spricht
Die treue Schar die Worte nach.
Umdüstert starrt ihr Angesicht,
Die Wetternacht umhüllt den Tag.
»Buzot und Pétion verschwanden
In tiefem Forst. Die Häscher fanden
Zerfetzt die Kleider, blutbetaut.«
Sie saßen stumm, kein Hauch, kein Laut.
Da dringt gedämpfter Trommelklang

Von fern heran, des Tods Signale.
Ein Schauer streift die Männer bang,
Sie stürmen auf, füll'n die Pokale.
In ihren Augen glüht der Brand,
Der ihre schwüle Zeit durchloht.
Champagner sprüht. Hochauf die Hand!
»Der Welt, die uns vergißt, den Tod!«
Der Gläser greller Klang verhallt.
Ein Traum durchwogt die Seelen schnell.
Der Zukunft Vorhang niederwallt:
Das Weltenmeer weit, Well' an Well'.
Sie schauen hin, und wonnetrunken
Umglülm sie der Begeist'rung Funken. –
Am Fenster glänzt der blasse Tag.
Von fern tönt dumpfer Trommelschlag.

Carl Spitteler

1845–1924

DIE BALLADE VOM LYRISCHEN WOLF

Frühlingslüfte lispelten im Haine,
Und ein Wolf im Silbermondenscheine,
Aufgeregt von lyrischen Gefühlen,
Strich, in seinem Innersten zu wühlen,
Melancholisch durch Gebirg und Strauch,
Liebe spürt er, etwas Weltschmerz auch.

Davor mög uns Gott der Herr bewahren:
Nachtigallenseufzer ließ er fahren.
Eine Rose hielt er in den Knöcheln,
Schwanenlieder in den Kelch zu röcheln,
Und mit honiglächelndem Gemäul
Flötet er ein schmachtendes Geheul.

Orpheus hörte diese Serenade.
»Herr Collega«, bat er ängstlich, »Gnade!
Nutzlos quälst und quetschest du die Kehle,
Denn die Bosheit bellt dir aus der Seele.
Und mit einem Herzen voll von Haß
Bleibe, Bestie, ferne dem Parnaß.

Zwar auf Tugend mag die Kunst verzichten,
Liederliche sieht man Lieder dichten,
Aber Drachen mit Musik im Rachen –
Liebster, das sind hoffnungslose Sachen.
Aller schönen Künste weit und breit
Grundbedingung ist Gutherzigkeit.«

DIE TOTE ERDE

Legende

Zwölf Engel hielten am Himmelstor:
»Ihr Türmer herunter, ihr Wächter hervor!«
»Was bringt ihr, ihr lieben Leute?«
»Wir kommen geritten vom Erdenrund,
Gar frohe Botschaft bringt unser Mund,
Stimm an die Glocken und läute!«

Und als das Pförtchen war aufgetan,
Da setzten sie die Posaunen an
Und bliesen aus vollen Wangen:
»Juchhe, ihr Völker, juchhe, haja!
Herbei ihr alle, halleluja!
Die frohe Post zu empfangen:

Worum wir inbrünstig gebetet oft,
Was jeder ersehnte, was keiner gehofft,
Es hat sich in Gnaden begeben.
Wir kommen geritten von Erden fern:
Erloschen, verglommen der blutige Stern,
Verhaucht das unselige Leben.«

Da flogen die Türen und Fenster auf,
Und alle die Seligen eilten zu Hauf
Und zogen zu Fuß und zu Pferde,
Mit Pfeifern und Trommlern und Saitenspiel
Und fröhlichem Schwatzen und Lachen viel
Hinab auf die einsame Erde.

Doch als sie im glitzernden Sternenreich
Gewahrten die traurige Weltenleich'

Verkohlt in den Wolken schwimmen,
Da ging den Pfeifern der Atem aus,
Und mancher wischt' sich ein Tränlein aus
Und tät ein Greinen anstimmen.

Dann schlichen sie auf dem Riesengrab
Mit heimlichem Flüstern talauf, talab
Und erzählten mit Bangen und Zagen
Von alter verschollener Menschenzeit,
Von Krankheit und Sterben, von Zank und Streit
Einander die schaurigen Sagen.

Sie stifteten einen Sühnealtar,
Drauf brachten die Priester die Messe dar
Beim Klange der Trauerlieder.
Ein Requiem aeternam lallt' ihr Mund,
Weihwasser sprengten sie auf den Grund
Und flehten den Segen hernieder.

Der Segen, der schwebte wohl über die Welt,
Das Weihwasser rann übers Ackerfeld –
Doch sieh! was will das bedeuten?
Der Segen flog ängstlich im Kreis herum,
Das Weihwasser wälzte sich um und um –
Sagt an, was soll das bedeuten?

Da sprach das Weihwasser: »Ich sehe, ich seh
Auf Erden kein Plätzchen, wohin ich auch späh,
Das nie eine Träne benetzt hat.«
Und der Segen, der sprach: »Ich suche, ich such
Einen Fleck, einen kleinen, den nicht der Fluch,
Den nicht der Mord schon besetzt hat.«

DIE BLÜTENFEE

Maien auf den Bäumen, Sträußchen in dem Hag.
Nach der Schmiede reitet Janko früh am Tag.
Blütenschneegestöber segnet seine Fahrt,
Lilien trägt des Rößleins Mähne, Schweif und Bart.
Lacht der muntre Knabe: »Sag mir, Rößlein traut,
Bist bekränzt zur Hochzeit, doch wo bleibt die Braut?«

Horch, ein Pferdchen trippelt hinter ihm geschwind,
Auf dem Pferdchen schaukelt ein holdselig Kind.
Solche kleine Fante nimmt man auf den Schoß,
Auf die Schulter wirft er's spielend: Ei! wie groß!
Zappelnd schreit die Kleine: »Böser Bube du!
Weh! ich hab verloren meinen Lilienschuh.«

Rückwärts sprengt er suchend ein geraumes Stück.
Wie er mit dem Schuhe eilends kam zurück,
An des Kindes Stelle saß die schönste Maid.
Da geschah dem Jungen süßes Herzeleid.
Flüsterte die Schöne: »Liebster Janko mein,
Hab ein kostbar Ringlein, strahlt wie Sonnenschein.
Bin dir hold gewogen, schenk es dir zum Pfand.
Weh! ich hab's vergessen, badend an dem Strand.«

Wie er mit dem Ringlein wiederkehrte, schau,
Hing gebückt im Sattel eine welke Frau.
Ihre Zunge stöhnte: »Janko, du mein Sohn!
Weh! ein Tröpfchen Wasser! Schnell! um Gotteslohn.«

Wie er mit dem Wasser kam zum selben Ort,
War zu Staub und Asche Weib und Pferd verdorrt.

DER KETZER

Als der Bischof Leo seinen Imbiß nahm,
Da geschah es, daß ein Schuster zu ihm kam:
»Hab mich je und je der Frömmigkeit beflissen,
Keine Beichte, keine Messe mocht ich missen.
Aber heute muß ich Trost im Zweifel haben:
Nämlich letzthin, als den Vater wir begraben
Und ich meditierend folgte seinem Sarge,
Neckte mich mit einem Lügenbild der Arge.
Mag nun noch so tief in Gott den Geist versenken,
Immer muß ich jenes Truggesichtes denken.

Meinen Vater sah ich in dem Lügenbild,
Wie er leibt' und lebte, lieb und gut und mild,
Doch nicht eins und fertig, sondern vielgespalt,
Trug drei Häupter über dreierlei Gestalt:
Erstens, wie wir alle ihn zuletzt gekannt,
Krank und bresthaft und des Intellekts entmannt.
Zweitens, wie ich, folgend der Erinnerung Spur,
Ihn zuweilen schaute in Memoria nur,
Rüstig schreitend abends nach der Schusterzunft;
Was er tat, war recht, und was er sprach, Vernunft.
Endlich als ein muntres Knäblein flink und frei,
Wie er überm Bette hängt im Konterfei.
Jetzo find ich keinen gläubigen Christenschluß,
Was ich denken, was ich schaun und halten muß.
Etwas, das sich stetsfort ändert, ist nicht Ein,
Und Verschiednes kann das nämliche nicht sein,
Vielheit aber widerstreitet der Person.
Nun begreift Ihr meinen bangen Zweifel schon.
Kann's nicht fassen, kann's nicht übereinbekommen,
Daß der Mensch wie Wind und Wasser sei verschwommen.

Müßt mich lehren, laß mich gerne ja bekehren,
Welches Antlitz soll als seines ich verehren?«

»Laß das Grübeln«, sprach der Bischof ärgerlich,
»Bet ein Vaterunser und bekreuze dich.«

Als der Bischof Leo aß sein Vesperbrot,
Stand der Schuster wieder da in seiner Not.
»Hab die ganze Nacht gebetet heiß und tief,
Daß der Angstschweiß mir von Stirn und Wange lief.
Bleibt doch alles unversöhnt und unvergessen,
Kann's nicht lösen, kann ihm keinen Schluß entpressen.«

»Laß die frommen Fratres dein Geständnis hören.
Werden hurtig dir den Beelzebub beschwören.«

Als der Bischof Leo saß beim Mittagsmahl,
Kam derselbe Schustersmann zum drittenmal.
»Zwanzig fromme Fratres sprengten Guß auf Guß
Mir aufs sündige Haupt den heiligen Weihefluß.
Viele Stunden ohne Unterlaß und Ruh
Setzten sie dem Teufel auf lateinisch zu.
Ist doch alles gleich, als wär es nicht gewesen,
Kann nicht heilen, kann vom Zweifel nicht genesen.«

»Schalk, du bist fürwahr ein Ketzer, weißt du das?
Fahr zur Hölle, und gehab dich Satanas!«

»Also«, schrie der Schuster, »das ist der Bescheid
Auf mein bänglich Fragen, auf mein Herzeleid?
Wollt als Ketzer meinen Namen Ihr verfemen,
Wohl, so sollt Ihr eine Ketzerei vernehmen:
Ei, ihr Gaukler, ei, ihr Belialspfaffen, ihr!
's ein Trost von Stroh, ein Glaube von Papier.

Hat die Kirche keine Arzenei vorhanden,
Wozu ist denn Christus schließlich auferstanden?
Eine Instituz, die nicht auf Wahrheit zielt,
Die sich vor den Rätseln feig beiseite stiehlt
Und sich vor dem Denken duckt ins Symbolum,
Ist ein Kinderplappart, ein Ridiculum.
Nennt euch Priester oder nennt euch Theologen,
Eure Botschaft, eure Weisheit ist erlogen.«

Als der Bischof Leo schmauste die Collaz,
Da verbrannten sie den Schuster auf dem Platz.
Seufzend faltete der Bischof seine Hände:
»Friede seiner Asche, selig sei sein Ende.«
Munkelte alsdann von Christi Blut und Wunden,
Aß mit Appetit und ließ den Fisch sich munden.

Emil von Schönaich-Carolath

1852–1908

LEGENDE

Vom Dreißigjährigen Krieg berannt,
Das Deutsche Reich lag leergebrannt.

Verkohlte Mühlen, Schutt und Stein,
Dazwischen bleichendes Pferdegebein,

Rauch, Kirchenschatzung, Heeresstaub,
An jedem Hohlweg Mord und Raub,

Das Brachland wüst und unbestellt –
Zwei Wandrer schritten, stumm gesellt.

Gelb stob wie Flammensaum ihr Haar;
Sankt Gabriel der eine war.

Sankt Michael der andre hieß,
Sein Hüftschwert kurzes Glänzen stieß.

Der erste sprach: Herr, röte.
Der zweite sprach: Herr, töte.

Töte den Werwolf, den Zwietrachtgeist,
Der Deutschland in blutende Stücke reißt.

Röte die Wangen vor Grimm und Scham,
Daß in Deutschland die Treue abhanden kam.

Da hob sich am Weg in zerschossenem Wams
Ein sterbender Landsknecht schwäbischen Stamms;

Der rief: Ihr Herren sprecht törlich drein,
Mit euch wird nicht zu rechten sein.

Viel lieber in Deutschland Schmach und Not
Als in der Fremde weißes Brot.

Ich müßte zehnmal zugrunde gehn
Und würde zehnmal auferstehn,

Ich riefe von frischem alsogleich:
Gott segne, Gott schütze das Deutsche Reich.

Ferdinand Avenarius

1856–1923

DER GOLDENE TOD

Kein Wind im Segel, die See liegt still –
Kein Fisch doch, der sich fangen will!
So ziehen die Netze sie wieder herein
Und murren, schelten und fluchen drein.
Da neben dem Kutter wird's heller und licht
Wie weißliches Haar, wie ein Greisengesicht,
Und ein triefendes Haupt taucht auf aus der Flut:
»Ei, drollige Menschlein, ich mein's mit euch gut –

Ich gönn' euch von meiner Herde ja viel,
Doch heut ist mein Jüngster als Fisch beim Spiel,
Den mußt' ich doch hüten, ich alter Neck,
Drum jagt' ich sie all miteinander weg –
Doch schickt ihr den Jungen mir wieder nach Haus,
So werft nur noch einmal das Fangzeug aus:
Der Schönste ist mein Söhnchen klein,
Das übrige mag euer eigen sein!«

Hei, flogen die Netze jetzt wieder in See!
Ho, kaum, daß ihr' Lasten sie brachten zur Höh!
Wie lebende Wellen, so fort und fort
Von köstlichen Fischen, so quoll's über Bord.
Und patscht und schnappt und zappelt und springt –
Und bei den Fischern, da tollt's und singt.
Nun plötzlich blitzt es – seht: es rollt
Ein Fisch an Bord von lauterm Gold!

Eine jede Schuppe ein Goldesstück!
Wie edelsteinen, so funkelt's im Blick!

Die Kiemen sind aus rotem Rubin,
Perlen die Flossen überziehn,
Mit eitel Demanten besetzt, so ruht
Auf seinem Häuptlein ein Krönchen gut,
Und fürnehm wispert's vom Schnäuzlein her:
»Ich bin Prinz Neck, laßt mich ins Meer!«

Den Fang ins Meer? Sie rühren ihn an,
Die Fischer, und tasten und stieren ihn an.
»Laßt mich ins Meer!« Sie hören nicht drauf.
»Laßt mich ins Meer!« Sie lachen nur auf.
Sie wägen das goldene Prinzlein ab,
Sie schätzen's und klauben ihm Münzlein ab –
Wie wiegt das voll, wie gleißt das hold!
Sie denken nichts weiter – sie denken nur Gold.

Und seht: ein Goldschein überfliegt
Jetzt alles, was von Fisch da liegt,
Und wandelt's, daß es klirrt und rollt:
Seht: all die Fische werden Gold!
Sinkt das Schiff von blitzender Last?
»Schaufelt, was die Schaufel faßt!« ...
Wie lustiges Feuerwerk sprüht das umher –
Dann rauscht über alles zusammen das Meer.

DIE PEST

Einst hat ein Mann die Pest gesehn
Frühmorgens über die Felder gehn,
Die Hähne krähten ihr heiser und schwach,
Mißtönig knurrten die Hunde ihr nach.

In einem grauen Bettelkleid,
Gebückt, so hinkte sie über die Heid',
Nach allen Seiten sorgsam dreht'
Ihr rotes Auge sie und späht' –

Und wo ein Dorf von fern sie sah,
Still ruckend stehen blieb sie da
Und nestelt' hüstelnd am Gewand
Und suchte fingernd mit der Hand –

Und wedelt', wie man Mücken schreckt,
Ein gelbes Tuch, mit Blut befleckt,
Dreimal und schnell – noch einen Fluch
Murrend, dann barg sie rasch ihr Tuch.

Und weiter hinkte sie am Stab:
Wohin sie stieß, sank's ein zum Grab,
Wohin sie winkte, Haus um Haus
Starb Dorf um Dorf zum Abend aus.

Otto Ernst

1862–1925

NIS RANDERS

Krachen und Heulen und berstende Nacht,
Dunkel und Flammen in rasender Jagd –
Ein Schrei durch die Brandung!

Und brennt der Himmel, so sieht man's gut:
Ein Wrack auf der Sandbank! Noch wiegt es die Flut;
Gleich holt sich's der Abgrund.

Nis Randers lugt – und ohne Hast
Spricht er: »Da hängt noch ein Mann im Mast;
Wir müssen ihn holen.«

Da faßt ihn die Mutter: »Du steigst mir nicht ein:
Dich will ich behalten, du bliebst mir allein,
Ich will's, deine Mutter!

Dein Vater ging unter und Momme, mein Sohn;
Drei Jahre verschollen ist Uwe schon,
Mein Uwe, mein Uwe!«

Nis tritt auf die Brücke. Die Mutter ihm nach!
Er weist nach dem Wrack und spricht gemach:
»Und *seine* Mutter?«

Nun springt er ins Boot, und mit ihm noch sechs:
Hohes, hartes Friesengewächs;
Schon sausen die Ruder.

Boot oben, Boot unten, ein Höllentanz!
Nun muß es zerschmettern ... Nein: es blieb ganz! ...
Wie lange? Wie lange?

Mit feurigen Geißeln peitscht das Meer
Die menschenfressenden Rosse daher;
Sie schnauben und schäumen.

Wie hechelnde Hast sie zusammenzwingt!
Eins auf den Nacken des andern springt
Mit stampfenden Hufen!

Drei Wetter zusammen? Nun brennt die Welt!
Was da? – Ein Boot, das landwärts hält –
Sie sind es! Sie kommen! – –

Und Auge und Ohr ins Dunkel gespannt ...
Still – ruft da nicht einer? – Er schreit's durch die
                                                    Hand:
»Sagt Mutter, 's ist Uwe!«

HARTNÄCKIGE LIEBE

Jan Reimers hatte vor gar nichts Furcht.
Er rettete damals die beiden Dänen,
Ihr wißt wohl – es wollte keiner dran –,
Er riß sie dem blanken Hans aus den Zähnen.

Nun war da die Antje Nissen – ei ja,
Die mochte dem starken Jan wohl taugen!

Schmuck war sie, alles was recht ist – man bloß:
Ihr guckte der Deubel aus beiden Augen.

Aber Jan, wie gesagt, war bange vor nichts.
Und so freit' er um Antje. Sie ziert' sich nicht lange
Und sagte ja und ward seine Braut.
Aber als sie's war, da ward ihm doch bange.

Schon vor der Hochzeit alle Tag Krieg!
Verdammt, denkt Jan, nur noch drei Wochen,
Dann ist die Hochzeit. Sie läßt mich nicht los.
Aber sie ist ein Stachelrochen.

Da – denkt euch – da kommt ihm Hilf' in der Not!
Bei Südsüdost wird Jan Reimers verschlagen –
Er rennt auf die Klippen – das Schiff zerkracht –
Eine Planke hat ihn nach England getragen.

Sein erster Gedanke war: »Jung, wat 'n Glück,
Nu bin ick verschollen! Das 's Gottes Wille!«
Er stopft sich die Pfeife mit nassem Shag
Und steckt sie in Brand bedachtsam und stille.

Sein Ewer freilich war Grus und Mus.
»Na ja«, denkt Jan, »wat is dor Slimm's bi!
Ick hev hier Fisch un hev hier Tobak.«
Und er lebte drei Jahre vergnügt in Grimsby.

Aber die Welt ist ein Rattenloch.
Ein Landsmann muß ihn gesehen haben. –
Jan bummelt am Hafen, die Fäust' in der Tasch',
Sich recht an Freiheit und Sonne zu laben –

Da hört er plötzlich – ihm schießt's in die Knie –
Seinen Namen rufen von weiblicher Stimme:
»Jan Reimers! Jan Reimers!« Ihm war's, als rief
Des jüngsten Tages Posaun' ihn mit Grimme!

Aber Jan hat Courage: er stellt sich taub!
Da ruft Antje Nissen: »Du solltest dich schämen!
Nun tu doch nicht so, als wenn du nichts hörst,
Du Feigling, du!«
Da mußt' er sie nehmen.

Gerhart Hauptmann

1863–1946

AHASVER

Am Hafen ist's. Die Mähre scharrt
Am Tor der alten Baracken.
Der Wind in morschen Altanen knarrt
Und spielt mit buntscheckigen Laken.
Das knochige Pferd
Zieht Hof und Herd,
Zieht Hab und Gut der Wandrer.

Ich stand und sann und ging hindann,
Hab' schnell enteilen wollen.
Da fing ein dumpfes Schütteln an,
Ein Poltern und ein Rollen.
Der Wagen schwankt
Und schwankt und wankt;
Hoch oben sitzt ein Mädchen.

Ein ärmlich Kleid; ein Rabenhaar,
Es flutet schwer und prächtig.
Ihr Antlitz war so wunderbar,
So hehr und göttermächtig.
»O Ahasver!«
So sprach sie schwer.
Das Fahrzeug fuhr vorüber.

Sie sah herab und sah mich an,
Und Tränen flossen leise.
Das Wanderweib, der Wandersmann,

Sie wünschen sich gute Reise.
Ein Augenblick –
Das ist das Glück!
Dann waren sie verschwunden.

DER WÄCHTER

Wenn bleich der Mond mit mildem Licht erhellt
Um Mitternacht die schlummermüde Welt,
Dann denk' ich oft an einen stillen Mann,
Und meine Träne fängt zu rinnen an.
Um einen Bahnhof schlich er jede Nacht,
Den er mit seinem Spieß und Hund bewacht'.
Der Spieß war rostig, struppig war der Hund,
Der arme Wächter krank und todeswund.

Die Lippe bleich und schmal; sein Auge matt
Unheimlich düster nur gefunkelt hat,
Wenn man ihm mitleidsvoll ein Mittel bot,
Zurückzuschrecken den Gevatter Tod,
Gevatter Tod, mit dem er 'rum sich schlug
Und den er fest im kranken Busen trug.
Kein Mittel half; und ob er auch zuletzt,
Von Todesangst und Herzensqual gehetzt,
Von seinem Spieß den braunen Rost geleckt,
Nichts hat den Gast im Busen fortgeschreckt.

So schlich er sich gespenstig um das Haus
Und maß der Schienen blanke Stränge aus;
Ging hin und her auf einsam stiller Wacht;

Gott weiß es, was der Arme da gedacht.
Rings Wald und Flur; im bergig weiten Tal
Ein fernes Licht, bald rot, bald gelblich fahl;
Ein Tropfen Schweiß bald, bald ein Tropfen Blut:
Kalköfen sind's in ewig reger Glut.
Und jedesmal, wenn heller ward ihr Brand,
Ward rot miteins des Wächters Wang' und Hand;
Und wurde matter ihr erdrückter Strahl,
So ward ihm Hand und Wange wieder fahl.
Denn was sich tödlich drin im Busen regt,
Das hat die Flamme ihm hineingelegt.
Sie buk ein Brot, das er im Hunger aß,
An dem er krankt', wie Weib und Kind genas.
Doch sah er auch von ferne schon den Tod,
Sein Weib und seine Kinder brauchten Brot.

Schweißtropfen quollen nieder Jahr auf Jahr,
Die Brust vom Kalkstaub schier zerfressen war;
Er ließ mit Sorg' und Mühen nimmer nach,
Bis er auf einmal jäh zusammenbrach.
Ein Krankenlager kam: Furchtbare Pein,
Zum Tode krank und arm dabei zu sein,
Zu sehn die Not im Weibesangesicht,
Ein hungrig Kind, das fast zusammenbricht
Vor Mattigkeit, mit jammervollem Schrei
Die Ärmchen ausstreckt nach der Arzenei.
Da sprang er auf, und noch zum Tode krank,
Er seine schwachen Kräfte neu verdang –
Ward Wächter – lief die Nächte müd umher
Und schlief am Tage heiß und fieberschwer.

So schritt er denn in einsam stillem Gang
Wohl auf und ab den graden Schienenstrang,

Im letzten Dienst, gemartert und erschlafft
Für Weib und Kind, mit seiner letzten Kraft.
Oft stand er da vom Wintersturm umbraust,
Mit großen Augen und geballter Faust,
Von heißen Tropfen das Gesicht betränt,
An des Gebäudes Ziegelwand gelehnt,
Und sah hinaus mit stierem Angesicht
Nach seiner fernen Totenfackeln Licht.

Und so auch fand man ihn zuletzt erstarrt
Und hat ihn still und schleunigst eingescharrt.
Es dröhnt der Zug und tobet übers Gleis,
Das Feuer brennt noch heut wie Blut und Schweiß,
Und jetzt wie damals bäckt man in das Brot
Den frühen, kalten, jammervollen Tod!

Arno Holz

1863–1929

EEN BOOT IS NOCH BUTEN!

»Ahoi! Klaas Nielsen und Peter Jehann!
Kiekt nach, ob wi noch nich to Hus sind!
Ji hewt doch gesehn dem Klabautermann?
Gottlob, dat wi wedder to Hus sind!«
Die Fischer riefen's und stießen ans Land
Und zogen die Kiele hoch bis auf den Strand,
Dumpf an rollten die Fluten;
Han Jochen aber rechnete nach
Und schüttelte finster sein Haupt und sprach:
»Een Boot is noch buten!«

Und ernster keuchte die braune Schar
Dem Dorf zu über die Dünen;
Schon grüßten von fern mit zerwehtem Haar
Die Fraun an den Gräbern der Hünen.
Und »Korl!« hieß es und »Leiw Marie!«
»'t is doch man schön, dat ji wedder hie!«
Dumpf an rollten die Fluten. –
»Un Hinrich, min Hinrich? Wo is denn dee?!«
Und Jochen wies in die brüllende See:
»Een Boot is noch buten!«

Am Ufer dräute der Möwenstein,
Drauf stand ein verrufnes Gemäuer,
Dort schleppten sie Werg und Strandholz hinein
Und gossen Öl in das Feuer.
Das leuchtete weit in die Nacht hinaus
Und sollte rufen: O komm nach Haus!

Dumpf an rollten die Fluten –
Hier steht dein Weib in Nacht und Wind
Und jammert laut auf und küßt dein Kind:
»Een Boot is noch buten!«

Doch die Nacht verrann, und die See ward still,
Und die Sonne schien in die Flammen,
Da schluchzte die Ärmste: »As Gott will!«
Und bewußtlos brach sie zusammen!
Sie trugen sie heim auf schmalem Brett,
Dort liegt sie nun fiebernd im Krankenbett,
Und draußen plätschern die Fluten;
Dort spielt ihr Kind, ihr »lütting Jchann«,
Und lallt wie träumend dann und wann:
»Een Boot is noch buten!« –

EIN ABSCHIED

Sein Freund, der Türmer, war noch wach,
Wie Silber gleißte das Rathausdach,
Und drüber stand der Mond.

Er wußte kaum, wie schwer er litt,
Doch schlug ihm das Herz bei jedem Schritt,
Und das Ränzel drückte ihn.

Die Gasse war so lang, so lang,
Und dazu noch die Stimme, die über ihm sang:
Wann's Mailüfterl weht!

509

Jetzt bog sich ein Fliederstrauch über den Zaun,
Und die Mutter Gottes, aus Stein gehaun,
Stand weiß vor dem Domportal.

Hier stand er eine Weile still
Und hörte, wie eine Dohle schrill
Hoch oben ums Turmkreuz pfiff.

Dann löschte links in dem kleinen Haus
Der Löwenwirt seine Lichter aus,
Und die Domuhr schlug langsam zehn.

Die Brunnen rauschten wie im Traum,
Die Nachtigall schlug im Lindenbaum,
Und alles war wie sonst!

Da riß er die Rose sich aus dem Rock
Und stieß sie ins Pflaster mit seinem Stock,
Daß die Funken stoben, und ging.

Das Lämpchen flackerte rot überm Tor,
Und der Wald, in den sich sein Weg verlor,
Stand schwarz im Mondlicht da.

Er schritt und schritt, ein Käuzchen schrie,
Die Farren reichten ihm bis übers Knie,
Und der Sankt-Jakobs-Quell plätscherte!

Erst droben auf dem Heiligenstein
Fiel ihm noch einmal alles ein,
Als er den Weg um die Buche bog.

Die Blätter rauschten, er stand und stand
Und sah hinunter unverwandt,
Wo die Dächer funkelten!

Dort stand der Garten und dort das Haus,
Und jetzt war das aus, und jetzt war das aus,
Und – die Dächer funkelten!

Sein Herz schlug wild, sein Herz schlug nicht fromm:
Wann i komm, wann i komm, wann i wiederkomm!
Doch er kam nie wieder.

Richard Dehmel

1863–1920

DIE GLOCKE IM MEER

Ein Fischer hatte zwei kluge Jungen,
hat ihnen oft ein Lied vorgesungen:
Es treibt eine Wunderglocke im Meer,
Es freut ein gläubig Herze sehr,
    Das Glockenspiel zu hören.

Der eine sprach zu dem andern Sohn:
Der alte Mann verkindet schon.
Was singt er das dumme Lied immerfort;
Ich hab manchen Sturm gehört an Bord,
    Noch nie eine Wunderglocke.

Der andre sprach: Wir sind noch jung,
Er singt aus tiefer Erinnerung.
Ich glaube, man muß viel Fahrten bestehn,
Um dem großen Meer auf den Grund zu sehn;
    Dann hört man es auch wohl läuten.

Und als der Vater gestorben war,
Fuhren sie weg mit braunblondem Haar.
Und als sie sich grauhaarig wiedertrafen,
Dachten sie eines Abends im Hafen
    An die Wunderglocke.

Der eine sprach, verdrossen und alt:
Ich kenne das Meer und seine Gewalt.
Ich hab mich zuschanden auf ihm geplagt,

Hab auch manchen Gewinn erjagt;
Läuten hört' ich es niemals.

Der andre sprach und lächelte jung:
Ich gewann mir nichts als Erinnerung;
Es treibt eine Wunderglocke im Meer,
Es freut ein gläubig Herze sehr,
Das Glockenspiel zu hören.

DIE MAGD

Maiblumen blühten überall;
Er sah mich an so trüb und müd.
Im Faulbaum rief die Nachtigall:
Die Blüte flieht! die Blüte flieht!
Von Düften war die Nacht so warm,
Wie Blut so warm, wie unser Blut;
Und wir so jung und freudearm.
Und über uns im Busch das Lied,
Das schluchzende Lied: die Glut verglüht!
Und er so treu und mir so gut.

In Knospen schoß der wilde Mohn,
Es sog die Sonne unsern Schweiß.
Es wurden rot die Knospen schon,
Da wurden meine Wangen weiß.
Ums liebe Brot, ums teure Brot
Floß doppelt heiß ins Korn sein Schweiß.

Der wilde Mohn stand feuerrot;
Es war wohl fressendes Gift der Schweiß,
Auch seine Wangen wurden weiß,
Und die Sonne stach im Korn ihn tot.

Die Astern schwankten blaß am Zaun
Im feuchten Wind; die Traube schwoll.
Am Hoftor zischelten die Fraun;
Der Apfelbaum hing schwer und voll.
Es war ein Tag so regensatt,
Wie einst sein Blick so trüb und matt;
Die Astern standen braun und naß,
Naß Strauch und Kraut, der Nebel troff,
Da stießen sie voll Hohn und Haß
Die sündige Magd hinaus vom Hof.

Nun blüht von Eis der kahle Hain,
Die Träne friert im schneidenden Wind.
Aus flimmernden Scheiben glüht der Schein
Des Christbaums auf mein wimmernd Kind.
Die hungernden Spatzen schrein und schrein,
Von Dach zu Dach; die Krähe krächzt.
An meinen schlaffen Brüsten ächzt
Mein Kind, und keiner läßt uns ein.
Wie die Worte der Reichen so scharf und weh
Knirscht unter mir der harte Schnee.

So weh, so bohrt es mir im Ohr:
Du Kind der Schmach! du Sündenlohn!
Und dennoch beten sie empor
Zum Sohn der Magd, dem Jungfraunsohn?!
Oh, brennt mein Blut. Was tat denn ich?
War's Sünde *nicht*, daß *sie* gebar? –

Mein Kind, mein Heiland, weine nicht:
Ein Bett für dich, dein Blut für mich,
Vom Himmel rieselt's silberklar.
Wie träumt es sich so süß im Schnee.
Was tat ich denn? – So süß. So weh.
War's Liebe nicht? – War's – Liebe – nicht –

DER RÄCHER

Durch die schlafende Lagune
Zieht ein langer stiller Kahn
Seine Bahn;
Einsam zieht er durch das Dunkel,
Durch das sanfte Flutgefunkel,
Wie ein großer schwarzer Schwan.

Aber nun: im Zelt der Gondel
Fallen Worte schwer voll Glut.
Und die Flut
Ebnet sich in weiten Kreisen;
Drohend wird der Ton der leisen
Laute, und das Ruder ruht.

»Donna Anna, deine Schwüre
Sind noch dunkler als die Nacht!
Stolz verlacht
Hab ich alle, die dich schalten,
Aber – wenn sie recht behalten:
Hüte dich! ein Rächer wacht!«

»Liebster, willst du mich betrüben?
Sieh doch: hab ich denn von Lust
Je gewußt,
Eh du diesen Leib berührtest,
Dies gescholtne Herz verführtest?«
Sinkt sie ihm an Hals und Brust.

»Sag mir« – will er herrisch wehren,
Aber an ihm liegt sie dicht.
»Fühlst du's nicht?
Wie der Vogel in die Weiten
Sehn ich mich nach Seligkeiten!«
Hebt sie schmachtend ihr Gesicht.

Und er sieht und fühlt bezwungen
Ihrer Augen dunkle Macht;
Schwer und sacht
Rauscht ihr Kleid im Ampelschimmer,
Rötlich schwankt das Gondelzimmer,
Küsse stöhnen durch die Nacht.

Und sie unterdrückt ein Lachen:
Wie er von ihr trunken ist,
Sich vergißt!
Doch ihr Spott ist kaum verflogen:
Wütend über sie gebogen
Sieht er ihre Dirnenlist.

Und ein Ringen. Und ein Keuchen.
»Gott, Erbarmen« – bricht ein Schrei
Dumpf entzwei.
Hohl ein Brodeln im Kanale.
Stille wird's mit einem Male.
Furchtsam flüstert er: »Vorbei.«

Flüstert's furchtsam wie im Traume,
Küßt im Traume ihren Mund
Weinend wund,
Hört sie um Erbarmen flehen,
Und als könnt' er sie noch sehen,
Starrt er in den blauen Schlund.

In der dunklen Wasserschale
Sieht er ruhn den weißen Mond,
Ruhn den Mond,
Sieht er winken die versunknen
Weißen Arme und die trunknen
Lippen, oh so lieb gewohnt.

Und nun öffnet sie die Augen,
Und von tiefer dunkler Macht
Schwer und sacht
Fühlt er sich hinabgezogen,
Sinkt er in die warmen Wogen,
Schließt sich über ihm die Nacht.

Durch die schlafende Lagune
Wie ein großer schwarzer Schwan
Irrt ein Kahn.
Willst du auf den Leuchtturm klimmen,
Siehst du fern ein Ruder schwimmen
Auf der glatten Wasserbahn.

VOGEL GREIF

Mein Flieger, mein kühner, wo geht's heut hin?
»Hoch über die Wolken, schöne Gönnerin;
höher als höchste Alpenspitzen
soll mein Fahrzeug durchs Weltblau blitzen.«
　　Vogel Greif heißt dein Fahrzeug? »Vogel Greif;
　　heut soll er den Sieg mir greifen.«

Du kühner, du stolzer, dann nimm mich mit!
Und sie sprang in den Sitz mit straffem Schritt.
Nur an ihrer Brust das Blumensträußchen
zitterte wie ein gefangenes Mäuschen,
　　als sie sich lachend den Wetterpelz
　　um die schlanken Hüften legte.

»Du kühne, du schöne, wirf weg den Strauß!
Leicht fliegt ein Blumenblättchen heraus;
ein einziges Blättchen ins Flugwerk verschlagen
kostet uns beiden Kopf und Kragen.«
　　Und während der Vogel Greif knatternd stieg,
　　kobolzte der Strauß in ein Kornfeld.

Viertausend Meter stieg er und mehr,
eisig kreiste das Weltblau um sie her;
aus stürzenden Wolken in sausendem Bogen
stiegen sie lachend, lachend, und flogen,
　　bis die Erde ein fernes Fabelland war,
　　Vogel Greif – da stockte das Flugwerk.

Da stockte das Lachen; nur's Steuer noch klang,
schrill das Steuer im Gleitflug-Sturmgesang.

Durch sausende Wolken in stürzendem Bogen
glitten sie keuchend, keuchend, und flogen,
   bis die Erde schon fast wieder Erde war:
   Vogel, greif! Da knackte das Steuer.

Wie vor zwanzig Minuten der Blumenstrauß
kobolzten sie aus dem Wrack hinaus,
hinaus, umklammert in wirbelndem Kreise
mit fliegenden Haaren zur letzten Reise;
   du kühner! du kühne! klang's geisterleise
   auf ins eisige Weltblau.

Und als man sie fand, er atmete noch,
im Todesfiebertraum sah er hoch,
hoch über die Wolken und hauchte: siegen –
morgen werden wir höher fliegen –
   morgen –
   höher

Frank Wedekind

1864–1918

DAS ARME MÄDCHEN

Böt' mir einer, was er wollte,
Weil ich arm und elend bin,
Nie, und wenn ich sterben sollte,
Gäb' ich meine Ehre hin!
Schaudernd eilt das Mädchen weiter,
Ohne Obdach, ohne Brot,
Das Entsetzen ihr Begleiter,
Ihre Zuversicht der Tod.

     Es klappert in den Laternen
     Des Winters eisig Wehn,
     Am Himmel ist von den Sternen
     Kein einziger zu sehn.

Wie sie nun noch eine Strecke
Weiter irrt, sieht sie von fern
An der nächsten Straßenecke
Einen ernsten, jungen Herrn.
Ihm zu Füßen auf die Steine
Bricht sie ohne einen Laut,
Hält umklammert seine Beine,
Und der Herr verwundert schaut:

     Wenn dich die Menschen verlassen,
     Komm auf mein Zimmer mit mir;
     Jetzt tobt in allen Gassen
     Nur wilde Begier.

Und sie folgte seinen Schritten,
Hielt sich schüchtern hinter ihm;
Jener hat es auch gelitten,
Wurde weiter nicht intim.
Angelangt auf seinem Zimmer,
Zündet' er die Lampe an,
Bei des Lichtes mildem Schimmer
Bald sich ein Gespräch entspann:

Es boten mir wohl viele
Ein Obdach für die Nacht,
Doch hatten sie zum Ziele,
Was mich erschaudern macht.

Ferne sei mir das Verlangen,
Sprach der ernste, junge Mann,
Dir zu färben deine Wangen,
Wenn ich's nicht durch Güte kann.
Bat sie, länger nicht zu weinen,
Holte Wurst und kochte Tee,
Und am Morgen zog er einen
Taler aus dem Portemonnaie.

Sie hat ihn bescheiden genommen
Und fand, eh' der Tag vorbei,
Als Plätterin Unterkommen
In einer Wäscherei.

Aber ach, die Tage gingen
Und die Nächte freudlos hin,
Bluteswallungen umfingen
Ihren frommen Kindersinn.
Immer mußt' sie sein gedenken,
Der so freundlich zu ihr war,

Immer mußt' den Kopf sie senken
In der muntern Mädchenschar.

> Und eines Abends um neune
> Hielt sie's nicht aus,
> Lief ganz alleine
> Nach seinem Haus.

Er war noch nicht heimgekommen,
Sie verkroch sich unters Bett,
Bis sie seinen Schritt vernommen,
Wo sie gern gejubelt hätt'.
Doch sie hielt sich still da unten,
Bis er sich zu Bett gelegt
Und den süßen Schlaf gefunden,
Dann erst hat sie sich geregt.

> Leise wie eine Elfe
> Schlupft sie zu ihm hinein:
> Daß Gott mir helfe –
> Ich bin dein!

Doch da hat er sich erhoben,
Wußte erst nicht, was geschah,
Hat die Kissen vorgeschoben,
Als das Kind er nackend sah:
Nein, jetzt will ich dich nicht haben;
Wohl dir, daß du mir vertraut!
Aber spare deine Gaben,
Denn schon morgen bist du Braut!

> Er führte binnen acht Tagen
> Sie wirklich zum Altar.
> Es läßt sich gar nicht sagen,
> Wie glücklich sie war.

DAS LIED VOM ARMEN KIND

Es war einmal ein armes Kind,
Das war auf beiden Augen blind,
Auf beiden Augen blind;
Da kam ein alter Mann daher,
Der hört' auf keinem Ohre mehr,
Auf keinem Ohre mehr.
Sie zogen miteinander dann,
Das blinde Kind, der taube Mann,
Der arme, alte, taube Mann.

So zogen sie vor eine Tür,
Da kroch ein lahmes Weib herfür,
Ein lahmes Weib herfür.
Bei einem Automobilunglück
Ließ sie ihr linkes Bein zurück,
Das ganze Bein zurück.
Nun zogen weiter alle drei,
Das Kind, der Mann, das Weib dabei,
Das arme, lahme Weib dabei.

Ein Mägdlein zählte vierzig Jahr,
Derweil sie stets noch Jungfrau war,
Noch keusche Jungfrau war.
Um sie dafür zu strafen hart,
Schuf Gott ihr einen Knebelbart,
Ihr einen Knebelbart.
Sie flehte: Laßt mich mit euch gehn,
Ihr Lieben, laßt mich mit euch gehn,
So wird noch Heil an mir geschehn!

Am Wege lag ein räudiger Hund,
Der hatte keinen Zahn im Mund,

Nicht einen Zahn im Mund;
Fand er mal einen Knochen auch,
Er bracht' ihn nicht in seinen Bauch,
Ihn nicht in seinen Bauch.
Nun trabte hinter den anderen vier,
Wiewohl es am Verenden schier,
Das alte, räudige Hundetier.

Ein Dichter lebt' in tiefster Not,
Er starb den ewigen Hungertod,
Den ewigen Hungertod.
Mit Herzblut schrieb er sein Gedicht,
Man druckt es nicht, man liest es nicht,
Und niemand kennt es nicht.
Sein Leib war krank, sein Geist war wund,
Drum schloß er mit dem räudigen Hund
Der Freundschaft heiligen Seelenbund.

Und dann schrieb er zu aller Glück
Ein wundervolles Theaterstück,
Ein wundervolles Stück,
In welchem die Personen sind
Der taube Mann, das blinde Kind,
Das arme, blinde Kind,
Das lahme Weib, die Jungfrau zart
Mit ihrem langen Knebelbart,
Die Jungfrau mit dem Knebelbart.

Und eh' die nächste Stund' entflohn,
Konnt' jeder seine Rolle schon,
Die ganze Rolle schon.
Verständnisvoll führt' die Regie
Das alte, räudige Hundevieh,

Das räudige Hundevieh.
Drauf ward das Schauspiel zensuriert
Und einstudiert und aufgeführt
Und ward ganz prachtvoll kritisiert.

Die Künstler fanden viel Applaus,
Man spannt dem Hund die Pferde aus
Und zieht ihn selbst nach Haus.
Da gab's nun auch Tantiemen viel
Und hohe Gagen für das Spiel,
Das ungemein gefiel. –
Nachdem sie ganz Europa sah,
Da reisten sie nach Amerika,
Nach Nord- und Südamerika.

Nun hört zum Schluß noch die Moral:
Gebrechen sind oft sehr fatal,
Sind manchmal eine Qual;
Frau Poesie schafft ohne Graus
Beneidenswertes Glück daraus,
Sie schafft das Glück daraus.
Dann schwillt der Mut, dann schwillt der Bauch,
Und sei's bei einer Jungfrau auch. –
So ist's der Menschheit guter Brauch.

Ludwig Thoma

1867–1921

DAS ABENTEUER DES GYMNASIALLEHRERS

In Freising lebte ein Professer,
Der nicht aus Zufall Josef hieß;
Nein, er verdient den Namen besser
Durch alles, was er unterließ.

Ein Philolog und deutscher Gatte,
Kannt' er die Liebe nur als Pflicht,
Die Zweck zur Volksvermehrung hatte,
Doch keine andern Reize nicht.

Nun hörte er von den Kollegen,
Wie man in München sich ergötzt.
Er war schon im Prinzip dagegen
Und war im vorhinein verletzt.

Er suchte gleich in diesen Bildern
Den eigentlichen Wesenskern,
Um sie mit Abscheu dann zu schildern;
Denn alles andre lag ihm fern.

Doch als er sich damit befaßte,
Beschloß er auch, dorthin zu gehn,
Um dieses Treiben, das er haßte,
Sich einmal gründlich anzusehn.

Und so kam Josef an die Stätte,
Wo Bacch- und Venus sich vereint,
Wo unsre Scham – wenn man sie hätte –
Am Grabe unsrer Unschuld weint.

An hundert hochgewölbte Büsten
Umtanzen uns und drängen her,
Und will man *hier* sich recht entrüsten,
So sieht man *dort* schon wieder mehr.

Die Sittlichkeit ist hier nur Fabel,
Und jeder merkt, hier weilt sie nie.
Das Auge schweift bis an den Nabel,
Und weiter schweift die Phantasie.

Ein Rausch kommt über Josefs Sinne,
Und ihn ergreift ein Schönheitsdurst.
Mit einmal sind ihm deutsche Minne
Und deutsche Treue ziemlich wurst.

Er stürzt sich in die Freudenwoge
Und fragt ein Mädchen: »Willst auch du?«
Sie sagt: »Sie sind wohl Philologe?
Man kennt's am abgelatschten Schuh;

In Ihrem Barte hängen Reste
Von Linsen und von Sauerkohl!
Ich danke Ihnen auf das beste,
In mir – da täuschen Sie sich wohl?«

Mein Josef konnte es nicht fassen,
Was seiner Tugend widerfuhr;
Er wollte sich herunterlassen –
Und dem Geschöpf mißfiel es nur!

Schon fühlt' er Ekel vor dem Treiben
Und fühlt' sich von Moral umweht;
Man kann ja niemals reiner bleiben,
Als wenn ein Mädchen uns verschmäht.

527

Indessen war im Schicksalsfügen
Für Josef Härtres aufgespart.
Er stürzte nochmals ins Vergnügen
Und kämmte vorher seinen Bart.

Das zweite Mädchen – angesprochen –
Hatt', etwas minder preziös,
Mit manchem Vorurteil gebrochen
Und sagte bloß: »Ach, Sie sind bös!«

Sie hatte einen, der bezahlte,
Er hatte einen Domino,
Mit dessen Gunst er sichtlich prahlte,
Und beide waren herzlich froh!

Wie ein Moralprinzip verschwindet
Selbst aus dem stärksten Intellekt,
Wenn man ein hübsches Mädchen findet
Und eine Flasche guten Sekt!

Auch Josef mußte dies erfahren,
Und an sich selbst sah er die Spur
Der ewig gleich unwandelbaren,
Das All beherrschenden Natur.

Schon wollt' er sich im Walzer drehen
Und sucht' im Tanze den Genuß;
Doch mußte er sich eingestehen,
Daß man auch dieses lernen muß.

Er mühte schwitzend sich im Kreise,
Er drehte sich nach rechts und links,
Versucht's auf die und andre Weise
Und fand's unmöglich schlechterdings.

Er wußte zwar von den Hellenen,
Wie man im Auftakt sich bewegt,
Doch lernt' er leider nicht bei jenen,
Wie man das Schwergewicht verlegt.

Mit stattlichem Gelehrtenschuhe
Trat er dem Mädchen auf die Zeh';
Sie bat ihn flehentlich um Ruhe,
Denn auf die Dauer tut es weh.

So blieb ihm nichts mehr, als zu trinken;
Er war Germane, und er trank
Und durft' in Seligkeit versinken
Mit seinem Mädchen, und versank.

Er dacht' an Bacchus und Tribaden,
Wie so der Wirbel um ihn schwoll;
Schon fühlte er die zarten Waden
Und wurde glücklich – wurde voll.

Es jauchzt um ihn mit gellen Tönen,
Ein jeder Busen atmet wild,
Die Haare lösen sich der Schönen,
Und immer wilder wird das Bild.

So hat es Juvenal beschrieben!
So hat es Martial geschaut!
Ein Prosit allen, die sich lieben!
Und Evoë für jede Braut!

Was ist Moral! Nur eine Blase,
Steigt kränklich im Gehirne auf.
Die Sünde kommt uns in die Nase
Und nimmt von selber ihren Lauf.

Et cetera! So ging es weiter.
Was hilft die Philologenzunft!
Auch Professoren werden heiter
Und werden wild in ihrer Brunft.

Nach so viel Sekt und Süßigkeiten
Schmeckt uns die Weißwurst und das Bier.
Der Abschluß ist das Heimbegleiten
Für jedes Paar. Warum nicht hier?

Auch Josef saß in einem Wagen
Und fühlte, wie an ihn sich preßt',
Was hier nicht unbefangen sagen,
Doch sich sehr einfach denken läßt.

Er fühlte seine Pulse hämmern,
Doch wußt' er nicht, was sonst geschah;
Denn seinen Sinn umfing ein Dämmern,
Daß er nichts mehr Genaues sah.

Er stolpert hastig über Stiegen
Und fällt auch irgendwo ins Bett
Und muß sehr lang darinnen liegen –
Das übrige war wundernett.

Er hat die Zeit bis abends sieben
Bei diesem Mädchen zugebracht
Und fuhr alsdann zu seinen Lieben
Nach Freising etwa um halb acht.

Als er daheim nun angelangte,
War er von solcher Müdigkeit,
Daß seine Frau um ihn sich bangte;
Sie macht' das Bett für ihn bereit.

Und Josef hat sich ausgezogen
Und sprach, daß er erkältet sei,
Und hat noch dies und das gelogen,
Denn eine Frau fragt vielerlei.

Daß Lügen kurze Beine tragen,
Das zeigte sich hier wunderbar;
Denn Josef ward so ganz geschlagen,
Daß hier für ihn kein Ausweg war.

Er trug – da gibt es kein Entrinnen
Und kein Erklären so und so –
Er trug aus duftig weißem Linnen
– Das Höschen seines Domino!

RÜHMLICHER TOD

Kennt ihr alle die Geschichte
Von Johannes Ilzebiel,
Dessen Leben ward zunichte,
Als er im Duelle fiel?

Halle hieß die Bildungsstätte,
Sein Beruf war Medizin,
Ohne daß er jemals hätte
Wirklich sich bemüht darin.

Seine Eltern waren Bauern
Mit Vermögen – Gott sei Dank!

Jeder muß sie heut bedauern,
Weil der Sohn das Geld vertrank.

Als aus Kasten und aus Kisten
Nirgends mehr kein Kreuzer fiel,
Fing die Not sich einzunisten
An bei Johann Ilzebiel.

Und es kam bei ihm zutage,
Daß er nicht die Arbeit kennt,
Dieses stand auch außer Frage,
Denn er war ein Korpsstudent.

Soll er selbst den Rest sich geben?
Nein! Nur das Proletentum
Drückt sich schweigend aus dem Leben.
Er begehrte andern Ruhm.

Als zu sterben er entschlossen,
Schlug er jeden auf das Ohr.
Zweie hat er selbst erschossen,
Erst der dritte kam zuvor.

GRÄSSLICHES UNGLÜCK,
WELCHES EINE DEUTSCHE FAMILIE
BETROFFEN HAT

Im Wirtshaus sitzt der Vater,
Die Mutter im Theater,
Sie schwelgt im Kunstgenuß.
Die Tochter, unschuldsreine,
Liest still beim Lampenscheine
Den Simplicissimus.

Wie alle höh'ren Töchter
Hat sie nicht der Geschlechter
Verschiedenheit gekennt.
Doch als sie *dies* gelesen,
Ist alles futsch gewesen,
Was man moralisch nennt.

Sie ließ den Storchenglauben
Wohl über Nacht sich rauben
Und sonst noch mancherlei.
Sie las vergnügte Witze,
Verstand die frechste Spitze
Und wußte, was es sei

Als dies die Mutter ahnte
Und ihr das Schlimmste schwante,
Sprach sie nicht einen Ton.
Sie schloß in ihrer Kammer
Sich ein mit ihrem Jammer
Und einem Bariton.

Noch tiefer ist gesunken
Der Vater. Schwer betrunken
Holt er sich bald die Gicht.
Wie war er gut katholisch!
Jetzt ist er alkoholisch!
Bis daß sein Bierherz bricht.

Er geht nicht mehr von hinnen,
Poussiert die Kellnerinnen
Vor Gram und Überdruß.
Und wer hat das verschuldet?
Der, den man leider duldet,
Der Simplicissimus!

Else Lasker-Schülcr

1869–1945

BALLADE
(Aus den sauerländischen Bergen)

Er hat sich
In ein verteufeltes Weib vergafft,
In sing Schwester!

Wie ein lauerndes Katzentier
Kauerte sie vor seiner Tür
Und leckte am Geld seiner Schwielen.

Im Wirtshaus bei wildem Zechgelag
Saß er und sie und zechten am Tag
Mit rohen Gesellen.

Und aus dem roten, lodernden Saft
Stieg er ein Riese aus zwergenhaft
Verkümmerten Gesellen.

Und ihm war, als blickte er weltenweit,
Und sie schürte den Wahn seiner Trunkenheit
Und lachte!

Und eine Krone von Felsgestein,
Von golddurchädertem Felsgestein,
Wuchs ihm aus seinem Kopf.

Und die Säufer kreischten über den Spaß.
»Gott verdamm' mich, ich bin der Satanas!«
Und der Wein sprühte Feuer der Hölle.

Und die Stürme sausten wie Weltuntergang,
Und die Bäume brannten am Bergeshang,
Es sang die Blutschande ...

Sie holten ihn um die Dämmerzeit,
Und die Gassenkinder schrien vor Freud
Und bewarfen ihn mit Unrat.

Seitdem spukt es in dieser Nacht,
Und Geister erscheinen in dieser Nacht,
Und die frommen Leute beten. –

Sie schmückte mit Trauer ihren Leib,
Und der reiche Schankwirt nahm sie zum Weib,
Gelockt vom Sumpf ihrer Tränen. –

Und der mit der schweren Rotsucht im Blut
Wankt um die stöhnende Dämmerglut
Gespenstisch durch die Gassen.

Wie leidender Frevel,
Wie das frevelnde Leid,
Überaltert dem lässigen Leben.

Und er sieht die Weiber so eigen an,
Und sie fürchten sich vor dem stillen Mann
Mit dem Totenkopf.

Christian Morgenstern
1871–1914

DER GINGGANZ

Ein Stiefel wandern und sein Knecht
von Knickebühl gen Entenbrecht.

Urplötzlich auf dem Felde drauß
begehrt der Stiefel: »Zieh mich aus!«

Der Knecht drauf: »Es ist nicht an dem;
doch sagt mir, lieber Herre, –!: wem?«

Dem Stiefel gibt es einen Ruck:
»Fürwahr, beim heiligen Nepomuk,

ich GING GANZ in Gedanken hin ...
Du weißt, daß ich ein andrer bin,

seitdem ich meinen Herrn verlor ...«
Der Knecht wirft beide Arm' empor,

als wollt' er sagen: »Laß doch, laß!«
Und weiter zieht das Paar fürbaß.

DER LATTENZAUN

Es war einmal ein Lattenzaun,
mit Zwischenraum, hindurchzuschaun.

Ein Architekt, der dieses sah,
stand eines Abends plötzlich da –

536

und nahm den Zwischenraum heraus
und baute draus ein großes Haus.

Der Zaun indessen stand ganz dumm,
mit Latten ohne was herum.

Ein Anblick gräßlich und gemein.
Drum zog ihn der Senat auch ein.

Der Architekt jedoch entfloh
nach Afri- od- Ameriko.

PALMSTRÖM WIRD STAATSBÜRGER

1.

Palmström weigert sich (ganz selbstverständlich),
irgendwelchen Heeresdienst zu tun.
Doch die Mehrzahl schilt dies feig und schändlich.

Denn man ist noch rings um ihn katholisch
oder protestantisch usw.
und da gilt es noch als diabolisch,

einen Christenmenschen nicht zu morden,
heischen dies Gott, König,Vaterland.
Palmström ist hierauf verhaftet worden.

2.

Im Gefängnis sitzt der Brave,
doch er sagt sich: ins Gefängnis
sollte jeder, der kein Sklave.

Alle wahrhaft freien Seelen
sollten diese ihrer einzig
werte Stätte nicht verfehlen.

Ohne Murren, ohne Zucken
sollten sich der Freien Nacken
unter der Gewalt Joch ducken.

Bis das Volk der breiten Fährte
erst durch Staunen, dann durch Denken
gleichfalls sich zur Freiheit klärte.

3.

Korf geht mitten durch die Wachen,
die ihn pflichtbeflissen greifen,
doch sie greifen in die Leere.

Und sie stoßen die Gewehre
hin und her durch ihn, doch heiter
wandert er zu Palmström weiter.

4.

Mit dem Wärter, der das Essen
bringt, betritt er die Kamurke,
drin sein Freund, der Schurke Palmström,
        haust.

Stotternd, stolpernd, stürzt der Wächter
fort und fabuliert von Geistern,
die er nicht zu meistern wisse ...
        Man

kommt in corpore gelaufen ...
Alle werfen sich auf Korfen – –
Doch umsonst geworfen! Korf ist –
     Geist ...

5.

Es ist unmöglich, Palmström zu behalten
(obwohl er selbst am liebsten bleiben möchte);
denn Korfs Erscheinung ist nicht auszuhalten.

In zwölf Gefängnissen ist Palm gewesen ...
Doch haben überall so Direktoren
wie Untergebne den Verstand verloren.

So daß man ihn mit aufgehobnen Händen
zuletzt beschwört, sich heimwärts zu entschließen,
und ihm erlaubt, niemanden totzuschießen.

LEBENS-LAUF

Ein Mann verfolgte einen andern
(aus Deutz). (Er selber war aus Flandern.)

Der Deutzer, just kein großer Held,
gibt unverzüglich Fersengeld.

Der Fläme sagt sich: »Ei, nun gut!«
und sammelt es in seinen Hut.

Und sammelt bis zur finstern Nacht,
und morgens, als der Hahn erwacht

und jener weiter flieht, voll Reue,
da füllt er seinen Hut aufs neue.

Durch ganz Europa geht es so.
Sie sind bereits am Flusse Po.

Sie sind in Algier ungefähr,
da ist der eine Millionär.

Wie – Millionär? O Allahs Güte!
Sein Schatz mißt hunderttausend Hüte.

Nein: Legionär – dies ist das Wort!
Und jener sagt's ihm auch sofort.

Und beide teilen sich das Geld
und kaufen sich dafür die Welt.
– – – – – – – – – – – – – – – – – –

Tief in Marokko steht ein Kreuz,
da ruhn die aus Brabant und Deutz,
die beiden fremden Legionäre.
O Mensch, das Geld ist nur Schimäre!

Lulu von Strauß und Torney

1873–1956

LADY LINDSAYS PAGE

Zu Edinburg scheint weit und spät
Vom Schloß der Fenster Glanz,
Des Stuartkönigs Majestät
Hält Tafel heut beim Tanz.

Im tiefen Turm, aus tiefem Traum
Fährt Graf Argyle empor –
Im Lichtschein steht im Kerkerraum
Ein fremder Knecht am Tor:

»Der Stuarts Zorn ist racheschwer
Und rasch des Henkers Beil –
Die Wache schläft, der Gang ist leer,
Was säumt Ihr, Graf Argyle?

Die Rettung, Herr, die Freiheit beut
Euch edler Dame Hand,
Tragt Ihr durchs Tor als Page heut
Ihr nur der Schleppe Rand!«

Reckt sich der Graf zur Decke schier
Und lacht sich in den Bart:
»Ho, Schleppendienst und Hofmanier
War niemals meine Art!

Doch gilt's um Henkerschwert und Block,
Um Freiheit, Ehr' und Heil,
Dann bückt vor einem Weiberrock
Sich auch wohl ein Argyle.«

Im grauen Schloß das Fest verhallt,
Es lischt der Kerzen Schein,
Von Schritten, Lärm und Lachen schallt
Des Torgewölbes Stein.

So blaß der Lady Lindsay Mund,
Ihr Herz schlug schwer wie nie,
Ihr Fackelträger wartend stund,
Ihr Page beugt das Knie.

Des Pagen Tritt ist schwer und fest,
Sein stolzes Auge flammt,
In harten Männerfäusten preßt
Er rauh der Schleppe Samt.

Die Lady Lindsay schreitet stumm
In dichten Schleiers Flor,
Sie schaut nicht auf, sie schaut nicht um,
Sie steigt hinab zum Tor.

Da strauchelt's hinter ihr mit Wucht
An steiler Stufen Rand. –
»Der Teufel hol's!« Der Page flucht,
Die Schleppe fegt den Sand.

Im Dunkel blitzt es waffenblank,
Ein Posten steht am Tor:
»Ho, kenn' ich nicht der Stimme Klang?«
Er beugt sich spähend vor.

Doch da – der Lady Antlitz flammt,
Sie schlägt im Fackellicht
Vom Staub empor den Schleppensamt
Dem Pagen ins Gesicht:

»Du plumper Bär!« Der Posten sieht
Und lacht und tritt zurück.
Aus staubgeschwärztem Antlitz sprüht
Ein heißer Mannesblick. –

Der Rappe scharrt, gezäumt zum Ritt
Vor Lady Lindsays Tor,
Der Lady Lindsay Page tritt
Im Reiterwams hervor.

Der Eisenkappe Schirm umdacht
Die narbig breite Brau',
Sein Blick umfaßt mit Herrenmacht
Die schöne blasse Frau:

»Rot brennt mir auf der Stirn die Glut
Von Eurem raschen Schlag. –
Noch keinen litt mein adlig Blut
Bis heut auf diesen Tag!

Bei Tod und Teufel, Lady, wißt,
Der Graf Argyle rächt schwer!
Ich schwör's, mit Leib und Leben büßt
Der Schänder meiner Ehr'!«

Das Feuer ihr ins Antlitz schoß:
»Ich büß' ihn gern, den Schlag!« –
Da riß er jäh sie mit aufs Roß,
Sein Mund auf ihrem lag.

Der Rappe stob zum Tor hinaus,
Die Nacht war stumm und warm,

Das schönste Weib landein, landaus
Hielt Graf Argyle im Arm:

»Was schert der Stuarts Zorn mich heut
Und was des Henkers Beil?
Der reichste Mann vom Tweed zum Clyde,
Das ist der Graf Argyle!«

AHASVER

Nach einer Volkssage

Am Walde lag unser Hof allein
Mit Äckern und Weidehuten;
Wir hörten im Herbst die Hirsche schrei'n
Und den fahrenden Jäger tuten.

Und einmal war's um die Weihnachtszeit –
Uns brannten im Wind die Ohren,
Und jeder Pattweg im Feld verschneit
Und Tränke und Soot gefroren.

Wir Kinder sangen »Vom Himmel hoch«
Und halfen reiben und rühren;
Der frische Kuchen im Backhaus roch
Durch alle Ritzen und Türen;

Der Vater war mit der Barte aus,
Im Wald ein Tännchen zu holen –
Da kam ein fahrender Mann ins Haus
Auf müden, schlürfenden Sohlen.

Wir krochen scheu hinter Mutters Rock
Und starrten stumm auf den Alten –
Er trug nicht Tasche noch Knotenstock
Und Schnee in des Mantels Falten.

Wie die grauen Flechten im Tannenwald,
So hingen ihm Bart und Brauen,
Seine Augen blickten so ururalt –
Uns Kinder faßte ein Grauen.

Meine Mutter wies ihn zu Tisch und Bank
Und nahm das Brot aus dem Kasten,
Der Alte aß es mit knappem Dank
Und saß nicht nieder zu rasten.

Wir guckten uns fast die Augen aus –
Da bellte Spitz in der Hütte,
Und wir rannten rasch in den Schnee hinaus
Und hörten des Vaters Schritte.

Er stapfte schwer wie der Weihnachtsmann,
Den Atem im Bart gefroren –
Und im Dorfe gingen die Glocken an:
... Christ ist geboren! ...

Am Baume brannten zwei Lichter bloß,
Die andern waren verglommen,
Unser Kleinstes schlief schon auf Mutters Schoß,
Und wir hörten den Sandmann kommen.

Der Vater rauchte die Pfeife stumm,
Und der Kuckuck am Herd schlug sieben –
Da sah sich Mutter zur Türe um:
»Wo ist der Alte geblieben?

Stand er nicht eben im Feuerschein,
Die Hände über den Kohlen?
Lauf hin, er muß auf der Diele sein,
Und sag, du sollst ihn holen!«

Ich war noch klein, und mir graute sehr,
Bang schlich ich über die Schwelle.
Aber es war auf der Diele leer
Und leer auf der Feuerstelle.

Die Lichter vom Herde zuckten loh,
Und ich hörte die Schwarze brummen,
Und ich hörte im Dunkeln irgendwo
Ein seltsam Murmeln und Summen.

Und ich hielt den Atem und tappte nah,
Und der Herdschein sprang auf die Seite,
Und ich reckte mich hoch und sah und sah –
Mir ist, ich seh' es noch heute:

Ein Schatten, dunkel und reglos fast,
Gebeugt und tief auf den Knien –
Der fremde Bettler, der graue Gast
Auf Stroh und Streu bei den Kühen. –

»Wieder ein Jahr zu den tausend mehr,
Die alle mein vergaßen –
Meine Wanderschuhe sind grau und schwer
Vom Staube vieler Straßen!

Wehe dem Tag, da die Gasse lang
Die Schächer zur Richtstatt zogen,
Und der Eine unter dem Kreuze sank
An meines Tores Bogen!

Wehe, daß ich Ihn weiterstieß,
Ihm fluchte in Haß und Sünden!
Er, den mein Frevel nicht ruhen ließ,
Läßt mich nicht Ruhe finden!

Ich sah vergeßner Geschlechter Zahl
Wie Blätter im Herbste fallen –
Ich trage ewiger Unrast Qual
Und ging vorüber an allen!

Wer zählt die Nächte, die bang verwacht
Auf meinen Lidern lasten?
Die Eine Nacht, die heilige Nacht,
Darf ich schlafen und rasten!

Das Stroh im Stalle zur Lagerstatt,
Ein Gast in niederen Hütten,
Wie Er als Kindlein geschlummert hat,
Der unter dem Kreuz geschritten!

Brich an, erlösende Gnadennacht!
Friede auf Erden, Friede!
Allem, was wandert, weint und wacht,
Allem, was arm und müde!

Du Kind, das jauchzender Engel Heer,
Das Himmel und Erde grüßen –
Die Sehnsucht der Menschheit, Ahasver,
Schläft ein zu deinen Füßen ...«

Ich stand da wie auf den Fleck gebannt
Und hörte im Stroh das Knistern
Und hörte da, wo die Schwarze stand,
Die Stimme murmeln und flüstern,

Worte, wie man im Schlaf sie spricht,
Ein Grauen horchender Ohren –
Ich war ein Kind und verstand sie nicht
Und habe doch keins verloren!

Mir ist, ich höre sie heute noch
Und fühle mein Herz noch hämmern
Und wie mir's kalt übern Rücken kroch,
Wenn der Schatten sich regte im Dämmern. –

Und auf einmal packte mich's riesengroß,
Und ich habe vor Angst geschrien
Und rannte stolpernd und atemlos
Und schluchzte auf Mutters Knien ...

Die ganze Nacht, die heilige Nacht
Fielen die frischen Flocken.
Und Christtag war's, als wir aufgewacht,
Und im Dorfe gingen die Glocken.

Wie Rauch der Atem, am Dache Eis
In langen, gläsernen Zapfen –
Über den Hof im frischen Weiß
Wandernder Füße Stapfen.

Schwere Spuren, verweht im Wind,
Verloren im Dunst der Weite –
Füße, die ewig ruhlos sind –
Gott weiß, wo wandern sie heute? ...

Du Kind vom Himmel, du Licht der Nacht,
Gib allem, was arm und müde,
Allem, was wandert, weint und wacht,
Friede auf Erden, Friede!

Börries von Münchhausen

1874–1945

HUNNENZUG

Finsterer Himmel, pfeifender Wind,
Wildöde Heide, der Regen rinnt,
Von fern ein Schein, wie ein brennendes Dorf,
Mattdüsterer Glanz auf den Lachen im Torf.

Da plötzlich ein stampfendes dumpfes Geroll,
Wie drohenden Wetters steigender Groll,
Und lauter und lauter erdröhnt die Erde
Vom stürmischen Nahn einer wilden Herde.

Ein Hunnenschwarm mit laut jauchzendem Ruf!
Dumpf donnert und poltert der Rosse Huf,
Es erbebt die Heide, der Schlamm spritzt auf
An den dolchbehangenen Sattelknauf.

Ein köcherumrauschter, gewaltiger Schwarm,
Hell klirren die Spangen an Sattel und Arm,
Das Haupt geneigt auf die struppige Mähne,
Die braune Faust an gespannter Sehne –

Durch den rauschenden Regen wild gellt ihr Schrei,
Immer mehr, immer neue jagen herbei
Von der Heimatlosen unzählbaren Schar,
Der der Sattel Wiege und Sterbebett war.

Da endlich die letzten vom Völkerheer –
Zerstampft und zertreten die Heide umher,
Ein letztes Wiehern im Winde – als Spur
Auf dem schwarzen Schlamme ein Riemen nur. –

Finsterer Himmel, pfeifender Wind,
Wildöde Heide, der Regen rinnt,
Von fern ein Schein, wie ein brennendes Dorf,
Und düsterer Glanz auf den Lachen im Torf.

JENSEITS

Jenseits des Tales standen ihre Zelte,
Vorm roten Abendhimmel quoll der Rauch,
Und war ein Singen in dem ganzen Heere,
Und ihre Reiterbuben sangen auch.

Sie putzten klirrend am Geschirr der Pferde,
Her tänzelte die Marketenderin,
Und unterm Singen sprach der Knaben einer:
»Mädchen, du weißt's, wo ging der König hin?«

Diesseits des Tales stand der junge König
Und griff die feuchte Erde aus dem Grund,
Sie kühlte nicht die Glut der armen Stirne,
Sie machte nicht sein krankes Herz gesund.

Ihn heilten nur zwei knabenfrische Wangen
Und nur ein Mund, den er sich selbst verbot –
Noch fester schloß der König seine Lippen
Und sah hinüber in das Abendrot.

Jenseits des Tales standen ihre Zelte,
Vorm roten Abendhimmel quoll der Rauch,
Und war ein Lachen in dem ganzen Heere,
Und jener Reiterbube lachte auch.

DIE GLOCKE VON HADAMAR

»Wir wollen dies Jahr die Felder am Rhein
Mit heißen Sicheln mähn,
Wie Sensen soll der Flammenschein
Über die Ernten gehn.

Gott gnade der Burg und gnade der Stadt,
Die meiner Faust widerspricht –
Du hältst wohl auf die Kanone am Rad,
Aber Tilly – hältst du nicht!«

Und der Brabanter sprang vom Pferd,
Eisenumschlossen ganz,
Hell klirrend schlug an Koller und Schwert
Der eiserne Rosenkranz. –

Da stiegen die Wogen des Reiterkriegs,
Da prasselten Hieb und Schuß,
Und von dem Blute des Reitersiegs
Ward rot der blaue Fluß.

Was silberne Glocke gewesen einst,
Klingelt als Geld durchs Land,
Und wer die Messe gelesen einst,
Bettelt am Straßenrand. –

Zu Walmarod der Reichsbaron
Die Zugbrück' zog herauf:
»'s ist nicht für meine Religion,
Die gäb ich gern in Kauf,

's ist nicht für meine Baronie,
Für Thron nicht und Altar,

Ich kämpfe nur für dich, Sophie,
Sophie, und für dein Haar!

Für jedes Haar und für jeden Kuß
Einen Schwerthieb schlag ich dafür,
Bis ich Tillys Herz zwischen diesem Fuß
Und der alten Erde spür!

Geliebte, nun tauche den roten Mund
In den roten rheinischen Wein,
Wir läuten mit klingendem Gläserrund,
Wir läuten die Litanein!« – – –

– –

»Im Namen des Bastards der Marie,
Des Jesusknaben von Prag,
Ich will die Burg, ich nehme sie
Vor Sankt Gertraudentag!

Nie lag ich so lange im Hinterhalt
Und nie so lang auf der Lau'r,
Niemals im ganzen Westerwald
Und im Walde von Montabaur.

Ich schwör's: Wenn ich fange das girrende Paar:
Sein Haupt vorm Beile sinkt,
Wenn drüben vom Kloster in Hadamar
Der Ton der Mette klingt!« –

Der Söldner mit Schienen die Schenkel umschloß
Und prüfte des Flambergs Glanz,
Und in die Musketenkugel goß
Er Perlen vom Rosenkranz.

Und sie klommen empor trotz Pfeil und Tod
Im scheidenden Abendlicht,
Und sie fingen den Herren von Walmarod,
Das Weib aber – fingen sie nicht!

Durch den schweigenden Wald den verschwiegenen
                                                                  Pfad
Hinfloh sie aus Schande und Schlacht,
Und es säte der Hengst die Funkensaat
In die dunkle Furche der Nacht.

Zu Hadamar die alte Abtei
Träumte im Mondenlicht,
Sie schlich an der Türe des Pförtners vorbei,
Den Klopfer hob sie nicht.

Es klomm die Stufen zum Glockenturm
Empor die schöne Sophie,
Tief atmete droben der Frühlingssturm,
Viel stürmischer atmete sie.

Und um den Klöppel der Glocke schlang
Sie die runden Arme fest
Und hielt den schwankenden Glockenstrang
Zwischen ihre Schenkel gepreßt. –

Es zog der Mönch zur Mette das Seil,
Die Glocke war heut tot –
Er riß zum zweiten am Glockenseil,
Da ward es blutig rot.

Anschlug er den Klöppel zum dritten Mal,
Da klang ein Schrei so schrill,

Ein Schrei von wild verzweifelnder Qual,
Dann ward es totenstill.

Und nur die große Glocke hallt
Von Hadamar-Abtei
Zitternd über den Westerwald
Ihren letzten Sterbeschrei.

Und als er klang in Walmarod,
Ins Knie sank der Baron:
»Erbarm dich, Herr, um meinen Tod
Durch Christum, deinen Sohn!«

BALLADE VOM BRENNESSELBUSCH

Liebe fragte Liebe: »Was ist noch nicht mein?«
Sprach zur Liebe Liebe: »Alles, alles dein!«
Liebe küßte Liebe: »Liebste, liebst du mich?«
Küßte Liebe Liebe: »Ewig, ewiglich!«

Hand in Hand hernieder stieg er mit Maleen
Von dem Heidehügel, wo die Nesseln stehn,
Eine Nessel brach er, gab er ihrer Hand,
Zu der Liebsten sprach er: »Uns brennt heißrer Brand!

Lippe glomm auf Lippe, bis die Lust zum Schmerz,
Bis der Atem stockte, brannte Herz an Herz,
Darum, wo nur Nesseln stehn am Straßenrand,
Wolln wir daran denken, was uns heute band!« –

Spricht von Treu die Liebe, sagt sie »ewig« nur –
Ach, die Treu am Mittag gilt nur bis zwölf Uhr,
Treue gilt am Abend, bis die Nacht begann –
Und doch weiß ich Herzen, die verbluten dran.

Krieg verschlug das Mädchen, wie ein Blatt verweht,
Das im Wind die Wege fremder Koppeln geht,
Und ihr lieber Liebster stieg zum Königsthron,
Eine Königstochter nahm der Königssohn. –

Sieben Jahre gingen, und die Nessel stand
Sieben Jahr an jedem deutschen Straßenrand.
Wer hat Treu gehalten? Gott alleine weiß,
Ob nicht wunde Treue brennet doppelt heiß!

Bei der Jagd im Walde stand mit schwerem Sinn,
Stand am Knick der König bei der Königin,
Nesselblatt zum Munde hob er wie gebannt,
Und die Lippe brannte, wie sie einst gebrannt:

»Brennettelbusch,
Brennettelbusch so kleene,
Wat steihst du so alleene!
Brennettelbusch,
Wo is myn Tyd ʼeblewen,
Un wo is myn Maleen?«

»Sprichst mit fremder Zunge?« frug die Königin,
»So sang ich als Junge«, sprach er vor sich hin.
Heim sie ritten schweigend, Abend hing im Land –
Seine Lippen brannten, wie sie einst gebrannt!

Durch den Garten streifte still die Königin,
Zu der Magd am Flusse trat sie heimlich hin,

555

Welche Wäsche spülte noch im Sternenlicht,
Tränen sahn die Sterne auf der Magd Gesicht:

»Brennettelbusch,
Brennettelbusch so kleene,
Wat steihst du so alleene!
Brennettelbusch,
Ik hev de Tyd 'eweten,
Dar was ik nich alleen!«

Sprach die Dame leise: »Sah ich dein Gesicht
Unter dem Gesinde? Nein, ich sah es nicht!«
Sprach das Mädchen leiser: »Konntest es nicht sehn,
Gestern bin ich kommen, und ich heiß Maleen!« –

Viele Wellen wallen weit ins graue Meer,
Eilig sind die Wellen, ihre Hände leer,
Eine schleicht so langsam mit den Schwestern hin,
Trägt in nassen Armen eine Königin.

Liebe fragte Liebe: »Sag, weshalb du weinst?«
Raunte Lieb zur Liebe: »Heut ist nicht mehr einst!«
Liebe klagte Liebe: »Ist's nicht wie vorher?«
Sprach zur Liebe Liebe: »Nimmer – nimmermehr.«

LEDERHOSEN-SAGA

Es war ein alter schwarzbrauner Hirsch,
Großvater schoß ihn auf der Pirsch,
Und weil seine Decke so derb und dick,
Stiftete er ein Familienstück.
Nachdem er lange nachgedacht,
Ward eine Hose daraus gemacht –
Denn Geschlechter kommen, Geschlechter vergehen,
Hirschlederne Reithosen bleiben bestehen.

Er trug sie dreiundzwanzig Jahr,
Eine wundervolle Hose es war!
Und als mein Vater sie kriegte zu Lehen,
Da hatte die Hose gelernt zu stehen,
Steif und mit durchgebeulten Knien
Stand sie abends vor dem Kamin –
Schweiß, Regen, Schnee – ja, mein Bester:
Eine lederne Hose wird immer fester!

Und als mein Vater an die Sechzig kam,
Einen Umbau der Hose er vor sich nahm,
Das Leder freilich war unerschöpft,
Doch die Büffelhornknöpfe war'n dünngeknöpft
Wie alte Groschen, wie Scheibchen nur –
Er erwarb eine neue Garnitur.

Und dann allmählich machte das Reiten
Ihm nicht mehr den Spaß wie in früheren Zeiten.
Besonders der Trab in den hohen Kadenzen
Ist kein Vergnügen für Exzellenzen,
So fiel die Hose durch Dotation
An mich in der dritten Generation.

Ein Reiterleben in Niedersachsen –
Die Gaben der Hose war'n wieder gewachsen!
Sie saß jetzt zu Pferde wie aus Guß
Und hatte wunderbaren Schluß,
Und abends stand sie mit krummen Knien
Wie immer zum Trocknen am Kamin.

Aus Großvaters Tagen herüberklingt
Eine ferne Sage, die sagt und singt,
Die Hose hätte in jungen Tagen
Eine prachtvoll grüne Farbe getragen,
Mein Vater dagegen – weiß ich genau –
Nannte die Hose immer grau.

Seit Neunzehnhundert ist sie zu schaun
Etwa wie guter Tabak: braun!
So entwickelt sie, fern jedem engen Geize,
Immer neue ästhetische Reize,
Und wenn mein Ältester einst sie trägt,
Wer weiß, ob sie nicht ins Blaue schlägt!

Denn fern im Nebel der Zukunft schon
Seh ich die Hose an meinem Sohn.
Er wohnt in ihr, wie wir drin gewohnt,
Und es ist nicht nötig, daß er sie schont,
Ihr Leder ist gänzlich unerschöpft –
Die Knöpfe nur sind wieder durchgeknöpft,
Und er stiftet, folgend der Väter Spur,
Eine neue Steinnußgarnitur.
Ja – Geschlechter kommen, Geschlechter gehen,
Hirschlederne Reithosen bleiben bestehen.

Rainer Maria Rilke

1875–1926

KARL DER ZWÖLFTE VON SCHWEDEN
REITET IN DER UKRAINE

Könige in Legenden
sind wie Berge im Abend. Blenden
jeden, zu dem sie sich wenden.
Die Gürtel um ihre Lenden
und die lastenden Mantelenden
sind Länder und Leben wert.
Mit den reichgekleideten Händen
geht, schlank und nackt, das Schwert.

*

Ein junger König aus Norden war
in der Ukraine geschlagen.
Der haßte Frühling und Frauenhaar
und die Harfen und was sie sagen.
Der ritt auf einem grauen Pferd,
sein Auge schaute grau
und hatte niemals Glanz begehrt
zu Füßen einer Frau.
Keine war seinem Blicke blond,
keine hat küssen ihn gekonnt;
und wenn er zornig war,
so riß er einen Perlenmond
aus wunderschönem Haar.
Und wenn ihn Trauer überkam,
so machte er ein Mädchen zahm

und forschte, wessen Ring sie nahm
und wem sie ihren bot –
und: hetzte ihr den Bräutigam
mit hundert Hunden tot.

Und er verließ sein graues Land,
das ohne Stimme war,
und ritt in einen Widerstand
und kämpfte um Gefahr,
bis ihn das Wunder überwand:
wie träumend ging ihm seine Hand
von Eisenband zu Eisenband
und war kein Schwert darin;
er war zum Schauen aufgewacht:
es schmeichelte die schöne Schlacht
um seinen Eigensinn.
Er saß zu Pferde: ihm entging
keine Gebärde rings.
Auf Silber sprach jetzt Ring zu Ring,
und Stimme war in jedem Ding,
und wie in vielen Glocken hing
die Seele jedes Dings.
Und auch der Wind war anders groß,
der in die Fahnen sprang,
schlank wie ein Panther, atemlos
und taumelnd vom Trompetenstoß,
der lachend mit ihm rang.
Und manchmal griff der Wind hinab:
da ging ein Blutender – ein Knab,
welcher die Trommel schlug;
er trug sie immer auf und ab
und trug sie wie sein Herz ins Grab
vor seinem toten Zug.

Da wurde mancher Berg geballt,
als wär die Erde noch nicht alt
und baute sich erst auf;
bald stand das Eisen wie Basalt,
bald schwankte wie ein Abendwald
mit breiter steigender Gestalt
der großbewegte Hauf.
Es dampfte dumpf die Dunkelheit,
was dunkelte war nicht die Zeit –
und alles wurde grau,
aber schon fiel ein neues Scheit,
und wieder ward die Flamme breit
und festlich angefacht.
Sie griffen an: in fremder Tracht
ein Schwarm phantastischer Provinzen;
wie alles Eisen plötzlich lacht:
von einem silberlichten Prinzen
erschimmerte die Abendschlacht.
Die Fahnen flatterten wie Freuden,
und alle hatten königlich
in ihren Gesten ein Vergeuden –
an fernen flammenden Gebäuden
entzündeten die Sterne sich.

Und Nacht war. Und die Schlacht trat sachte
zurück wie ein sehr müdes Meer,
das viele fremde Tote brachte,
und alle Toten waren schwer.
Vorsichtig ging das graue Pferd
(von großen Fäusten abgewehrt)
durch Männer, welche fremd verstarben,
und trat auf flaches, schwarzes Gras.
Der auf dem grauen Pferde saß,

561

sah unten auf den feuchten Farben
viel Silber wie zerschelltes Glas.
Sah Eisen welken, Helme trinken
und Schwerter stehn in Panzernaht,
sterbende Hände sah er winken
mit einem Fetzen von Brokat ...
Und sah es nicht.

Und ritt dem Lärme
der Feldschlacht nach, als ob er schwärme,
mit seinen Wangen voller Wärme
und mit den Augen von Verliebten ...

Agnes Miegel

1879–1964

DIE NIBELUNGEN

In der dunkelnden Halle saßen sie,
Sie saßen geschart um die Flammen,
Hagen Tronje zur Linken, sein Schwert auf dem Knie,
Die Könige saßen zusammen.

Schön Kriemhild kauerte nah der Glut.
Von ihren schmalen Händen
Zuckte der Schein wie Gold und Blut
Und sprang hinauf an den Wänden.

König Gunter sprach: »Mein Herz geht schwer,
Hör ich den Ostwind klagen!
Spielmann, lang deine Fiedel her,
Sing uns von frohen Tagen!«

Aufflog ein jubelnder Bogenstrich
Und flatterte an den Balken,
Herr Volker sang: »Einst zähmte ich
Einen edelen Falken ...«

Die blonde Kriemhild blickte auf
Und sprach mit Tränen und leise:
»Spielmann, hör mit dem Liede auf,
Sing eine andre Weise!«

Die braune Fiedel rannte alsbald
Träumend und ganz versonnen,
Herr Volker sang: »Im Odenwald
Da fließt ein kühler Bronnen ...«

Die blonde Kriemhild wandte sich
Und sprach mit Tränen und bange:
»Mein Herz schlägt laut und fürchtet sich
Und bebt bei deinem Sange ...«

Anhub die Fiedel zum drittenmal,
Aufweinend in Gram und Leide,
Herrn Volkers Stimme sang im Saal
Wie ein Vogel auf nächt'ger Heide:

»Es glimmt empor aus ew'ger Nacht
Heißer als alle Feuersglut,
Gelb wie das Aug der Zwergenbrut,
Das gierig seinen Glanz bewacht –
O weh der Lust, die mich gezeugt!

Wie Brunft nach Brunft im Forste schreit,
Wie nach der Lohe lechzt die Glut,
So treibt die Gier nach Menschenblut
Ans Licht den Hort der Dunkelheit –
O weh dem Schoß, der mich gebar!

Es ruft den Neid, es weckt den Mord,
Stört auf die Drachen Trug und List,
Hetzt Rachsucht, die die Rache frißt,
Und immer röter glüht der Hort –
O weh der Brust, die mich gesäugt!

Es treibt und schwimmt im Purpurquell,
Es trinkt den Quell und lechzt nach mehr,
Es braust und schäumt, die Flut steigt schnell,
Breit wie die Donau strömt es her –
O weh der Lieb, die lieb mir war!

Es schäumt und braust, atmet und steigt,
Schon brandet's draußen an die Tür,
Es klopft und pocht, der Riegel weicht,
Nun flutet's heiß und rot herfür –
Weh über mich, weh über euch!«

Jäh bei dem letzten Bogenstrich
Sprangen die Saiten und schrien,
Hagen von Tronje neigte sich
Und wiegte sein Schwert auf den Knien.

Die Könige saßen bleich und verstört,
Doch die schöne Kriemhild lachte,
Sie sprach: »Nie hab ich ein Lied gehört,
Das mich lustiger machte!«

Sie kniete nieder und schürte die Glut.
Von ihren schmalen Händen
Zuckte der Schein wie Gold und Blut
Und sprang hinauf an den Wänden.

ANNA BULLEN

Die rostigen Angeln knarrten,
Der Büttel sprach: »Steh auf!
Steh auf, deine Richter warten,
Steige die Treppen hinauf.«

Anna Bullens Kette klirrte
Rasselnd an ihrer Hand,

Ihr Blondhaar, das verwirrte,
Floß übers Büßergewand.

»Wer sind die Lords, als Richter
Vom König mir gesandt?« –
»Es sind drei stolze Gesichter
Und sind dir wohlbekannt.

Der eine in braunen Haaren
Heißt Percy Northumberland.« –
»Ich trug in jungen Jahren
Seinen Brautring an der Hand.«

»Graf Norfolk ist der zweite,
Der finstere Papist.« –
»Von meiner Mutter Seite
Norfolk mir Oheim ist.

Er und Graf Percy bogen
Huldigend einst die Knie,
Ihr ritterlich Schwert gezogen:
Treu dir! gelobten sie.

Meineidige Schurken, ich weine
Nicht um euer falsches Wort –
Sag, Büttel, nur das eine:
Wer ist der dritte Lord?«

»In Sünde und Verderben
Lebte er sechzig Jahr,
Vom Blute seines Erben
Scharlachen sein Talar.

Seiner Stirne Runzeln alle
Sind eine Schrift der Schmach.«

Sie traten in die Halle,
Und Anna Bullen sprach:

»Nun sei Du mein Berater,
Für meine Sache, Gott –
Lord Wilford selbst, mein Vater,
Liefert mich aufs Schafott!«

Ernst Stadler

1883–1914

GETHSEMANE

Um die Stunde war's,
Da die heilige Stille der Mitternacht
Auftaucht vom Meer und segnend über Welten fährt.
Jäh durch die Palmen schritt das Todesgrauen,
Urweltenweh
Rang auf zum Firmament.
Schwer hing der Himmel –
Nacht ... Tod ... In tiefem Schlaf die Jünger ...
Und wilde, brennendwilde Einsamkeit ...
Aufschluchzend schlägt er auf die Wurzelknorren,
Weint in die Nacht,
Die lächelnd übers Haupt die Schleier hebt.
Ein sengend Leuchten durch die Dämmernebel:
Die Sonne.

Von Glockenstühlen sprang sie rot in graue Türme.
Fiel stäubend in die Kuppeln, flutete
In wildem Quellen durch die schlanken Stämme,
Wegspuren zeichnend roten Flammengoldes.
Vom Boden weg
Sah Christus – blickte
Mit fremden Augen in die schäumende Morgenglut,
Und wie ein Wecken klang's ihm durch die Brust,
Das uralt junge Schöpferlied des Lichts:
Posaunen tragen ehern es empor,
Und alle Geigen fielen flimmernd ein
In brausenden Bogenstrichen,
Vögel jauchzten,

Und Morgenglocken wehten von den Türmen
Jerusalems herauf, eintauchend in
Die breiten Takte, die
Im Werdelied des Tags die Welt durchfurchten.
Nieder fiel Christus, starrte
Hinunter auf die rote Stadt, die
In tausend Türmen tausend Fackeln fachte,
Und zur Sonne auf,
Zur ewig göttlichen jauchzte sein Mund:
»O sterben, sterben, Gott! ... In Meere will
Ich tauchen purpurüberrauscht,
In Licht zerfließen, ganz in Duft mich lösen,
Als Welle wehen in des Weltalls Strom.
Denn nun
Ward mir der Welten letzter, tiefster Sinn.
Aus deiner Sonne Morgenaugen las ich ihn. –

O sterben, sterben, Gott! ... Doch wie
Der Schiffer, dem
Die Brandung in des Nachens Rippen brach,
Flutenumdröhnt
Der Zukunft goldverbrämtes Eiland grüßt:
So grüß ich euch, Schlummernde, Ungeborne –
Aus harter Nacht ein junges Sonnenvolk.
Denn also lehrte mich dein Schöpfertag:
Glut quillt aus Asche, Leben sprüht aus Tod,
Aus tiefsten Nächten dämmern neue Morgenröten.«

Und gehobnen Blicks
Schritt seinen Häschern er durchs Licht entgegen.

Georg Heym

1887–1912

LOUIS CAPET

Die Trommeln schallen am Schafott im Kreis,
Das wie ein Sarg steht, schwarz mit Tuch verschlagen.
Drauf steht der Block. Dabei der offene Schragen
Für seinen Leib. Das Fallbeil glitzert weiß.

Von vollen Dächern flattern rot Standarten.
Die Rufer schrein der Fensterplätze Preis.
Im Winter ist es. Doch dem Volk wird heiß,
Es drängt sich murrend vor. Man läßt es warten.

Da hört man Lärm. Er steigt. Das Schreien braust.
Auf seinem Karren kommt Capet, bedreckt,
Mit Kot beworfen und das Haar zerzaust.

Man schleift ihn schnell herauf. Er wird gestreckt.
Der Kopf liegt auf dem Block. Das Fallbeil saust.
Blut speit sein Hals, der fest im Loche steckt.

Jakob van Hoddis

1887–1942

COUPLET

Bladdy Groth
War ein Mädchen von zartem Geblüt,
Bladdy Groth, Bladdy Groth ist tot.
Bladdy Groth war ein Mädchen von keuschem Geblüt
Und sie hat doch für viele Männer geglüht
Und keiner hat sich umsonst gemüht
Bladdy Groth, Bladdy Groth, Bladdy Groth.

Und sie sang, und sie spielte und tanzte zur Nacht
Und sie hat mich doch öfters ausgelacht
Bladdy Groth, Bladdy Groth ist tot.

Und was haben wir alles mit ihr gemacht
Und sie hat sich doch gar nichts dabei gedacht
Bladdy Groth, Bladdy Groth, Bladdy Groth.

Und ihr Nacken, er war wie von Küssen verzehrt
Und sie hat sich doch vor niemand gewehrt
Bladdy Groth, Bladdy Groth, Bladdy Groth.
Und die Augen, die schossen Blitze blau
Und ihr Kleid war meistens auch himmelblau
Und heut ist zu der Engel Frau
Bladdy Groth, Bladdy Groth, Bladdy Groth.
Ah, wie werden die geflügelten Luzifere ihr zusehn,
Wenn sie mit den Engeln tengelntateratara.
Ob es im Himmel, Bladdy Groth! Bladdy Groth!
Wohl Sekt gibt?

DER TODESENGEL

1.

Mit Trommelwirbeln geht der Hochzeitszug,
In seidner Sänfte wird die Braut getragen,
Durch rote Wolken weißer Rosse Flug,
Die ungeduldig goldne Zäume nagen.

Der Todesengel harrt in Himmelshallen
Als wüster Freier dieser zarten Braut.
Und seine wilden, dunklen Haare fallen
Die Stirn hinab, auf der der Morgen graut.

Die Augen weit, vor Mitleid glühend offen,
Wie trostlos starrend hin zu neuer Lust,
Ein grauenvolles, nie versiegtes Hoffen,
Ein Traum von Tagen, die er nie gewußt.

2.

Er kommt aus einer Höhle, wo ein Knabe
Ihn als Geliebte wunderzart umfing.
Er flog durch seinen Traum als Schmetterling
Und ließ ihn Meere sehn als Morgengabe.

Und Lüfte Indiens, wo an Fiebertagen
Das greise Meer in gelbe Buchten rennt.
Die Tempel, wo die Priester Cymbeln schlagen,
Um Öfen tanzend, wo ein Mädchen brennt.

Sie schluchzt nur leise, denn der Schar Gesinge
Zeigt ihr den Götzen, der auf Wolken thront
Und Totenschädel trägt als Schenkelringe,
Der Flammenqual mit schwarzen Küssen lohnt.

Betrunkne tanzen nackend zwischen Degen,
Und einer stößt sich in die Brust und fällt.
Und während blutig sich die Schenkel regen,
Versinkt dem Knaben Tempel, Traum und Welt.

3.

Dann flog er hin zu einem alten Manne
Und kam ans Bett als grüner Papagei.
Und krächzt das Lied: »O schmähliche Susanne!«
Die längst vergeßne Jugendlitanei.

Der stiert ihn an. Aus Augen glasig blöde
Blitzt noch ein Strahl. Ein letztes böses Lächeln
Zuckt um das zahnlose Maul. Des Zimmers Öde
Erschüttert jäh ein lautes Todesröcheln.

4.

Die Braut friert leise unterm leichten Kleide.
Der Engel schweigt. Die Lüfte ziehn wie krank.
Er stürzt auf seine Knie. Nun zittern beide.
Vom Strahl der Liebe, der aus Himmeln drang.

Posaunenschall und dunkler Donner Lachen.
Ein Schleier überflog das Morgenrot,
Als sie mit ihrer zärtlichen und schwachen
Bewegung ihm den Mund zum Küssen bot.

Georg Trakl
1887–1914

DIE JUNGE MAGD
Ludwig von Ficker zugeeignet

1.

Oft am Brunnen, wenn es dämmert,
Sieht man sie verzaubert stehen
Wasser schöpfen, wenn es dämmert.
Eimer auf und nieder gehen.

In den Buchen Dohlen flattern,
Und sie gleichet einem Schatten.
Ihre gelben Haare flattern,
Und im Hofe schrein die Ratten.

Und umschmeichelt von Verfalle
Senkt sie die entzundenen Lider.
Dürres Gras neigt im Verfalle
Sich zu ihren Füßen nieder.

2.

Stille schafft sie in der Kammer,
Und der Hof liegt längst verödet.
Im Holunder vor der Kammer
Kläglich eine Amsel flötet.

Silbern schaut ihr Bild im Spiegel
Fremd sie an im Zwielichtscheine
Und verdämmert fahl im Spiegel,
Und ihr graut vor seiner Reine.

Traumhaft singt ein Knecht im Dunkel,
Und sie starrt von Schmerz geschüttelt.
Röte träufelt durch das Dunkel.
Jäh am Tor der Südwind rüttelt.

3.

Nächtens übern kahlen Anger
Gaukelt sie in Fieberträumen.
Mürrisch greint der Wind im Anger,
Und der Mond lauscht aus den Bäumen.

Balde rings die Sterne bleichen,
Und ermattet von Beschwerde
Wächsern ihre Wangen bleichen.
Fäulnis wittert aus der Erde.

Traurig rauscht das Rohr im Tümpel,
Und sie friert in sich gekauert.
Fern ein Hahn kräht. Übern Tümpel
Hart und grau der Morgen schauert.

4.

In der Schmiede dröhnt der Hammer,
Und sie huscht am Tor vorüber.
Glührot schwingt der Knecht den Hammer,
Und sie schaut wie tot hinüber.

Wie im Traum trifft sie ein Lachen;
Und sie taumelt in die Schmiede,
Scheu geduckt vor seinem Lachen,
Wie der Hammer hart und rüde.

Hell versprühn im Raum die Funken,
Und mit hilfloser Gebärde
Hascht sie nach den wilden Funken,
Und sie stürzt betäubt zur Erde.

5.

Schmächtig hingestreckt im Bette
Wacht sie auf voll süßem Bangen,
Und sie sieht ihr schmutzig Bette
Ganz von goldnem Licht verhangen.

Die Reseden dort am Fenster
Und den bläulich hellen Himmel.
Manchmal trägt der Wind ans Fenster
Einer Glocke zag Gebimmel.

Schatten gleiten übers Kissen,
Langsam schlägt die Mittagsstunde,
Und sie atmet schwer im Kissen,
Und ihr Mund gleicht einer Wunde.

6.

Abends schweben blutige Linnen,
Wolken über stummen Wäldern,
Die gehüllt in schwarze Linnen.
Spatzen lärmen auf den Feldern.

Und sie liegt ganz weiß im Dunkel.
Unterm Dach verhaucht ein Girren.
Wie ein Aas in Busch und Dunkel
Fliegen ihren Mund umschwirren.

Traumhaft klingt im braunen Weiler
Nach ein Klang von Tanz und Geigen,
Schwebt ihr Antlitz durch den Weiler,
Weht ihr Haar in kahlen Zweigen.

BALLADE

Es klagt ein Herz: Du findest sie nicht,
Ihre Heimat ist wohl weit von hier,
Und seltsam ist ihr Angesicht!
Es weint die Nacht an einer Tür!

Im Marmorsaal brennt Licht an Licht,
O dumpf, o dumpf! Es stirbt wer hier!
Es flüstert wo: O kommst du nicht?
Es weint die Nacht an einer Tür!

Ein Schluchzen noch: O säh' er das Licht!
Da ward es dunkel dort und hier –
Ein Schluchzen: Bruder, o betest du nicht?
Es weint die Nacht an einer Tür!

Georg Trakl

MELUSINE

Wovon bin ich nur aufgewacht?
Mein Kind, es fielen Blätter zur Nacht!

Wer flüstert so traurig als wie im Traum?
Mein Kind, der Frühling geht durch den Raum.

O sieh! Sein Gesicht wie tränenbleich!
Mein Kind, es blühte wohl allzu reich.

Wie brennt mein Mund! Warum weine ich?
Mein Kind, ich küsse mein Leben in dich!

Wer faßt mich so hart, wer beugt sich zu mir?
Mein Kind, ich halte die Hände dir.

Wo geh' ich nur hin? Ich träumte so schön!
Mein Kind, wir wollen in Himmel gehn.

Wie gut, wie gut! Wer lächelt so leis?
Da wurden ihre Augen weiß –

Da löschten alle Lichter aus,
Und tiefe Nacht durchwehte das Haus.

INHALTSVERZEICHNIS

Johann Wilhelm Ludwig Gleim (1719–1803) Siegeslied nach der Schlacht bei Prag, den 6. Mai 1757 5.

Gottlieb Konrad Pfeffel (1736–1809) Die Wahl 8 · Die Aufklärung 9.

Christian Friedrich Daniel Schubart (1739–1791) Der kalte Michel 12.

Matthias Claudius (1740–1815) Phidile 15.

Johann Gottfried Herder (1744–1803) Erlkönigs Tochter 17.

Gottfried August Bürger (1747–1794) Lenore 19 · Die Weiber von Weinsberg 27 · Das Lied vom braven Mann 30 · Die Schatzgräber 34.

Ludwig Christoph Heinrich Hölty (1748–1776) Ballade 35.

Friedrich Leopold Graf zu Stolberg (1750–1819) Schön Klärchen 37.

Johann Heinrich Voß (1751–1826) Die Spinnerin 42.

Jakob Michael Reinhold Lenz (1751–1792) Die Liebe auf dem Lande 44.

Johann Wolfgang von Goethe (1749–1832) Heidenröslein 48 · Das Veilchen 49 · Der König in Thule 49 · Der Fischer 50 · Erlkönig 52 · Der Sänger 53 · Der Schatzgräber 55 · Der Zauberlehrling 56 · Wirkung in die Ferne 60 · Der getreue Eckart 61 · Die wandelnde Glocke 63 · Ballade vom vertriebenen und zurückkehrenden Grafen 64.

Friedrich Schiller (1759–1805) Graf Eberhard der Greiner von Württemberg 68 · Das verschleierte Bild zu Saïs 71 · Die Teilung der Erde 74 · Der Ring des Polykrates 75 · Die Kraniche des Ibykus 78 · Der Taucher 85 · Der Handschuh 90 · Die Bürgschaft 93 · Kassandra 98 · Der Graf von Habsburg 102.

Ernst Moritz Arndt (1769–1860) Der König von Burgund 107 · Das Lied vom Schill 114.

Novalis (Friedrich von Hardenberg) (1772–1801) Ich weiß nicht was 117.

Samuel Christian Pape (1774-1817) Die Kleine 118.

Friedrich Freiherr de la Motte Fouqué (1777–1843) Nach der Schlacht bei Lützen 122.

Clemens Brentano (1778–1842) Auf dem Rhein 124 · Zu Bacharach am Rheine 127 · Ich träumte hinab in das dunkle Tal 131.

Friedrich Gottlob Wetzel (1780–1819) Der Spielmann 140.

Achim von Arnim (1781–1831) Der König ohne Volk 142.

Adelbert von Chamisso (1781–1838) Die Sonne bringt es an den Tag 144 · Der Bettler und sein Hund 146 · Ein Lied von der Weibertreue 148 · Der rechte Barbier 154.

Justinus Kerner (1786–1862) Die traurige Hochzeit 157 · Die Mühle steht stille 158.

Ludwig Uhland (1787–1862) Vom treuen Walther 161 · Der Wirtin Töchterlein 163 · Siegfrieds Schwert 164 · Graf Eberstein 165 · Des Sängers Fluch 166 · Schwäbische Kunde 169 · Das Glück von Edenhall 171.

Joseph Freiherr von Eichendorff (1788–1857) Das zerbrochene Ringlein 173 · Die Hochzeitsnacht 174 · Waldgespräch 177 · Der Reitersmann 177 · Die späte Hochzeit 181 · Letzte Heimkehr 182 · Der Schatzgräber 183 · Die Riesen 184 · Der Kehraus 185 · Donna Alda 187.

Friedrich Rückert (1788–1866) Liebesromanze von Fräulein Luft und Junker Duft 189 · Barbarossa 193 · Die drei Gesellen 194.

Theodor Körner (1791–1813) Lützows wilde Jagd 196.

Gustav Schwab (1792–1850) Der Reiter vom Bodensee 198 · Das Gewitter 201.

Wilhelm Müller (1794–1827) Der Glockenguß zu Breslau 203.

August Graf von Platen (1796–1835) Das Grab im Busento 208 · Luca Signorelli 209 · Wiegenlied einer polnischen Mutter 210.

Annette von Droste-Hülshoff (1797–1848) Das Fegefeuer des westfälischen Adels 214 · Der Knabe im Moor 218 · Der Heidemann 219 · Die Vergeltung 222 · Die Schwestern 226.

Heinrich Heine (1797–1856) Die Grenadiere 234 · Im süßen Traum, bei stiller Nacht 235 · Belsazar 237 · Ich weiß nicht, was soll es bedeuten 239 · Die Wallfahrt nach Kevlaar 240 · Der Abend kommt gezogen 243 · Donna Clara 245 · Es war ein alter König 248 · Der Tannhäuser 249 · Ritter Olaf 257 · Schlachtfeld bei Hastings 260 · Jammertal 265.

August Heinrich Hoffmann v. Fallersleben (1798–1874) Hunde und Katzen 267.

Willibald Alexis (1798–1871) Der späte Gast 269.

August Kopisch (1799–1853) Die Heinzelmännchen 272.

Wilhelm Hauff (1802–1827) Hans Huttens Ende 276.

Nikolaus Lenau (1802–1850) Der Postillion 278 · Der Polenflüchtling 280 · Warnung im Traume 283 · Vision 287 · Die Drei 288.

Karl Simrock (1802–1876) Der Rattenfänger 290.

Johann Nepomuk Vogl (1802–1866) Heinrich der Vogler 293.

Julius Mosen (1803–1867) Andreas Hofer 295.

Eduard Mörike (1804–1875) Die traurige Krönung 297 · Vom Sieben-Nixen-Chor 298 · Zwei Liebchen 302 · Jung Volkers Lied 303 · Die schlimme Greth und der Königssohn 304 · Schön-Rohtraut 310 · Der Feuerreiter 311 · Der Schatten 313.

Anastasius Grün (1806–1876) Botenart 316.

Wilhelm Wackernagel (1806–1869) Spielmannslohn 318.

Ferdinand Freiligrath (1810–1876) Barbarossas erstes Erwachen 321 · Prinz Eugen, der edle Ritter 324 · Die Trompete von Gravelotte 325.

Friedrich Hebbel (1813–1863) Aus der Kindheit 327 · Der Heideknabe 329 · Das Kind am Brunnen 332 · Die heilige Drei 333 · Herr und Knecht 339.

Otto Ludwig (1813–1865) Das Lied von der Bernauerin 342.

Emanuel Geibel (1815–1884) Des Woiewoden Tochter 346 · Friedrich Rotbart 348 · Tannhäuser 350 · Bothwell 352 · Die Goldgräber 353.

Gustav Freytag (1816–1895) Die Granitschale 356.

Georg Herwegh (1817–1875) Parabel 359.

Theodor Storm (1817–1888) Weihnachtabend 361 · Tannkönig 362 · Geschwisterblut 364 · Walpurgisnacht 367.

Gottfried Keller (1819–1890) Schlafwandel 368 · Das Köhlerweib ist trunken 369 · Der Taugenichts 370 · Poetentod 372 · Aroleid 375 · Der Narr des Grafen von Zimmern 377 · Jung gewohnt, alt getan 378 · Am Ufer des Stromes 380 · Ballade vom dürren König 382.

Theodor Fontane (1819–1898) Der blinde König 385 · Der alte Zieten 386 · Maria und Bothwell 388 · Archibald Douglas 390 · Lied des James Monmouth 394 · Jung-Musgrave und Lady Barnard 395 · Prinz Louis Ferdinand 399 · Gorm Grymme 402 · Der 6. November 1632 404 · Die Brück' am Tay 406 · John Maynard 409 · Jan Bart 411 · Herr von Ribbeck auf Ribbeck im Havelland 412.

Georg Weerth (1822–1856) Die hundert Männer von Haswell 414.

Moritz Graf von Strachwitz (1822–1847) Ein Märchen 415 · Ein anderer Orpheus 418 · Das Herz von Douglas 421.

Conrad Ferdinand Meyer (1825–1898) Napoleon im

Kreml 426 · König Etzels Schwert 426 · Der Tod und Frau Laura 428 · Jung Tirel 429 · Die Füße im Feuer 430 · Die Rose von Newport 433 · Vercingetorix 434 · Das Bild der Mutter 437 · Liebeszauber 443.

Paul Heyse (1830–1914) Novelle 448 · Odysseus 449.

Wilhelm Raabe (1831–1910) Königseid 451 · Der Hagedorn 454.

Wilhelm Busch (1832–1908) Der alte Narr 457 · Der Asket 458 · Der gütige Wandrer 459.

Felix Dahn (1834–1912) Jung Sigurd 461.

Detlev von Liliencron (1844–1909) Die Kapelle zum finstern Stern 464 · Wer weiß wo 466 · Die Attacke 468 · Der Heidebrand 469 · Trutz, Blanke Hans 473 · Hochsommer im Walde 476 · Una ex hisce morieris 477 · Pidder Lüng 479 · Der Hunger und die Liebe 482.

Friedrich Nietzsche (1844–1900) Rein zur Höh, rein zu Tal! 485 · Im Gefängnis 486.

Carl Spitteler (1845–1924) Die Ballade vom lyrischen Wolf 488 · Die tote Erde 489 · Die Blütenfee 491 · Der Ketzer 492.

Emil Prinz von Schönaich-Carolath (1852–1908) Legende 495.

Ferdinand Avenarius (1856–1923) Der goldene Tod 497 · Die Pest 499.

Otto Ernst (1862–1925) Nis Randers 500 · Hartnäckige Liebe 501.

Gerhart Hauptmann (1862–1946) Ahasver 504 · Der Wächter 505.

Arno Holz (1863–1929) Een Boot is noch buten! 508 · Ein Abschied 509.

Richard Dehmel (1863–1920) Die Glocke im Meer 512 · Die Magd 513 · Der Rächer 515 · Vogel Greif 518.

Frank Wedekind (1864–1918) Das arme Mädchen 520 · Das Lied vom armen Kind 523.

Ludwig Thoma (1867–1921) Das Abenteuer des Gymnasiallehrers 526 · Rühmlicher Tod 531 · Gräßliches Unglück 532.

Else Lasker-Schüler (1869–1945) Ballade 534.

Christian Morgenstern(1871–1914) Der Gingganz 536 · Der Lattenzaun 537 · Palmström wird Staatsbürger 537 · Lebens-Lauf 539.

Lulu von Strauß und Torney (1873–1956) Lady Lindsays Page 541 · Ahasver 544.

Börries Freiherr von Münchhausen (1874–1945) Hunnenzug 549 · Jenseits 550 · Die Glocke von Hadamar 551 · Ballade vom Brennesselbusch 554 · Lederhosen-Saga 557.

Rainer Maria Rilke (1875–1926) Karl der Zwölfte von Schweden reitet in der Ukraine 559.

Agnes Miegel (1879–1964) Die Nibelungen 563 · Anna Bullen 565.

Ernst Stadler (1883–1914) Gethsemane 568.

Georg Heym (1887–1912) Louis Capet 570.

Jakob van Hoddis (1887–1942) Couplet 571 · Der Todesengel 572.

Georg Trakl (1887–1914) Die junge Magd 574 · Ballade 577 · Melusine 578.

ALPHABETISCHES VERZEICHNIS
DER BALLADENÜBERSCHRIFTEN UND
BALLADENANFÄNGE

Ahasver *(Gerhart Hauptmann)* 504
Ahasver *(Lulu von Strauß und Torney)* 544
Ahoi! Klaas Nielsen und Peter Jehann 508
Als der Bischof Leo seinen Imbiß nahm 492
Als jüngst im grünen Hage 415
Als Kaiser Rotbart lobesam 169
Am Felsenbruch im wilden Tann 362
Am Fenster stand die Mutter 240
Am Hafen ist's 504
Am Kreuzweg weint die verlassene Maid 367
Am Ufer des Stroms 380
Am Walde lag unser Hof allein 544
Andreas Hofer 295
Anna Bullen 565
Archibald Douglas 390
Arm am Beutel, krank am Herzen 55
Aroleid 375
Auf Blut und Leichen, Schutt und Qualm 466
Auf dem Rhein 124
Auf seiner langen Wanderschaft 9
Aus der Kindheit 327
Aus des Volkes lauten Wogen 434

Ballade aus den sauerländischen Bergen 534
Ballade vom Brennesselbusch 554
Ballade vom dürren König 382
Ballade vom vertriebenen und zurückkehrenden Grafen 64
Barbarossa 193
Barbarossas erstes Erwachen 321
Belsazar 237

Bladdy Groth 571
Böt' mir einer, was er wollte 520
Botenart 316
Bothwell 352

Couplet 571

Das Abenteuer des Gymnasiallehrers 526
Das arme Mädchen 520
Das Bild der Mutter 437
Das Fegefeuer des westfälischen Adels 214
Das Gewitter 201
Das Glück von Edenhall 171
Das Grab im Busento 208
Das Herz von Douglas 421
Das ist ein guter Harfner traun 418
Das Kind am Brunnen 332
Das Köhlerweib ist trunken 369
Das Lied vom armen Kind 523
Das Lied vom braven Mann 30
Das Lied vom Schill 114
Das Lied von der Bernauerin 342
Das Veilchen 49
Das verschleierte Bild zu Saïs 71
Das Wasser rauscht', das Wasser schwoll 50
Das zerbrochene Ringlein 173
Der 6. November 1632 404
Der Abend kommt gezogen 243
Der Abt von Waltham seufzte tief 260
Der alte Barbarossa 193
Der alte Narr 457
Der alte Zieten 386
Der Amtmann von Tondern 479
Der Asket 458

Der Bettler und sein Hund 146
Der blinde König 385
Der Feuerreiter 311
Der Fischer 50
Der getreue Eckart 61
Der Gingganz 536
Der Glockenguß zu Breslau 203
Der goldene Tod 497
Der Graf kehrt heim vom Festturnei 316
Der Graf von Habsburg 102
Der gütige Wandrer 459
Der Hagedorn 454
Der Handschuh 90
Der Heidebrand 469
Der Heideknabe 329
Der Heidemann 219
Der Herbstwind zieht 372
Der Hunger und die Liebe 482
Der Kaiser spricht zu Ritter Hug 426
Der kalte Michel 12
Der Kapitän steht an der Spiere 222
Der Kehraus 185
Der Ketzer 492
Der Knabe im Moor 218
Der Knabe träumt 329
Der König ohne Volk 142
Der König von Thule 49
Der König von Burgund 107
Der Lattenzaun 536
Der Mond ging unter 181
Der Nachtwind durch die Luken pfeift 265
Der Narr des Grafen von Zimmern 377
Der Polenflüchtling 280
Der Postillion 278

587

Der Rächer 515
Der Rattenfänger 290
Der rechte Barbier 154
Der Reiter reitet durchs helle Tal 198
Der Reiter und der Bodensee 198
Der Reitersmann 177
Der Ring des Polykrates 75
Der Sänger 53
Der Schatten 313
Der Schatzgräber *(Joseph von Eichendorff)* 183
Der Schatzgräber *(Johann Wolfgang von Goethe)* 55
Der Schenke trübes Kerzenlicht 437
Der späte Gast 269
Der Spielmann 140
Der Tannhäuser 249
Der Taucher 85
Der Taugenichts 370
Der Tod der Frau Laura 428
Der Todesengel 572
Der treue Walther ritt vorbei 161
Der Wächter 505
Der Wintermorgen glänzt so klar 182
Der Wirtin Töchterlein 163
Der Zauberlehrling 56
Des Sängers Fluch 166
Des Woiewoden Tochter 346
Die Abendstille kam herbei 209
Die Attacke 468
Die Aufklärung 9
Die Ballade vom lyrischen Wolf 488
Die Blütenfee 491
Die Brück' am Tay 406
Die Bürgschaft 93
Die Drei 288

Die drei Gesellen 194
Die ersten Veilchen waren schon 370
Die fremde Stadt durchschritt ich sorgenvoll 361
Die Füße im Feuer 430
Die Glocke im Meer 512
Die Glocke von Hadamar 551
Die Goldgräber 353
Die Granitschale 356
Die Grenadiere 234
Die heilige Drei 333
Die Heinzelmännchen 272
Die Hochzeitsnacht 174
Die Hund' und Katzen 267
Die hundert Männer von Haswell 414
Die junge Magd 574
Die Kapelle zum finstern Stern 464
Die Kleine 118
Die Königin steht im hohen Saal 60
Die Kraniche des Ibykus 78
Die Liebe auf dem Lande 44
Die Magd 513
Die Mitternacht zog näher schon 237
Die Mühle steht stille 158
Die Nibelungen 563
Die Pest 499
Die Riesen 184
Die Rose von Newport 433
Die rostigen Angeln knarrten 565
Die Schatzgräber 34
Die Schenke dröhnt 378
Die schlimme Greth und der Königssohn 304
Die Schwestern 226
Die Sonne bringt es an den Tag 144
Die späte Hochzeit 181

Die Spinnerin 42
Die Teilung der Erde 74
Die tote Erde 489
Die traurige Hochzeit 157
Die Trommeln schallen am Schafott im Kreis 570
Die Trompete von Gravelotte 325
Die traurige Krönung 297
Die Vergeltung 222
Die Wahl 8
Die Wallfahrt nach Kevlaar 240
Die wandelnde Glocke 63
Die Weiber von Weinsberg 27
Donna Alda 187
Donna Clara 245
Drei Reiter nach verlorner Schlacht 288
Drei Taler erlegen für meinen Hund 146
Durch die schlafende Lagune 515

Een Boot is noch buten 508
Ein Abschied 509
Ein anderer Orpheus 418
Ein Bettler steht gebückt am Wege 385
Ein Fischer hatte zwei kluge Jungen 512
Ein Fischer saß im Kahne 124
Ein junger König aus Norden war 559
Ein Jüngling, den des Wissens heißer Durst 71
Ein König auf dem Throne 142
Ein Künstler auf dem hohen Seil 457
Ein Lied von der Weibertreue 148
Ein Mann verfolgte einen andern 539
Ein Märchen 415
Ein Schifflein auf der Donau schwamm 302
Ein Stiefel wandern und sein Knecht 536
Ein Totenmahl um Mitternacht 486

Ein Veilchen auf der Wiese stand 48

Ein Winzer, der am Tode lag 34

Ein wohlgenährter Kandidat 44

Einst hat ein Mann die Pest gesehn 499

Er hat sich in ein verteufeltes Weib 534

Er nickt mit seinem großen Haupt 426

Er ritt vorbei, sie stand am Hag 454

Er stand auf seines Daches Zinnen 75

Erlaubt mir, daß ich mal berichte 359

Erlkönig 52

Erlkönigs Tochter.. 17

Es fiedeln die Geigen 185

Es flammt der Horizont des heißen Tages 477

Es ist schon spät 177

Es kam das zarte Fräulein Luft 189

Es klagt ein Herz 577

Es lag die goldne Aue 321

Es reit't mit stolzem Prangen 107

Es sprach der Priester ihm Verrat ins Ohr 451

Es stand in alten Zeiten ein Schloß 166

Es steht ein Spielmann vor der Tür 140

Es steht im Wald 346

Es war ein alter König 248

Es war ein alter schwarzbrauner Hirsch 557

Es war ein dürrer König 382

Es war ein Kind, das wollte nie 63

Es war ein König in Thule 49

Es war ein König Milesint 297

Es war einmal ein armes Kind 523

Es war einmal ein Lattenzaun 536

Es war in Avignon am Karneval 428

Es waren drei Gesellen 194

Es zieht sich eine blutige Spur 394

Es zog aus Berlin ein tapferer Held 114

Es zogen drei Bursche wohl über den Rhein 163

Fing man vorzeiten einen Dieb 459
Finsterer Himmel, pfeifender Wind 549
Frau Amme, Frau Amme, das Kind ist erwacht 332
Freude war in Trojas Hallen 98
Friedrich Rotbart 348
Frühlingslüfte lispeln im Haine 488

Geht, Kinder, nicht zu weit ins Bruch 219
Gemächlich in der Werkstatt saß 144
Geschwisterblut 364
Gethsemane 568
Gorm Grymme 402
Gott grüß dich, junge Müllerin 304
Graf Douglas, presse den Helm ins Haar 421
Graf Eberhard der Greiner von Württemberg 68
Graf Eberstein 165
Graf Hunerich, ein deutscher Mann 8
Gräßliches Unglück 532
Graulockig ein Mann und ein blonder Kam'rad 380
Großes Fest beging der Kaiser 318

Hans Huttens Ende 276
Hartnäckige Liebe 501
Hat der alte Hexenmeister 56
Heidenröslein 48
Heinrich der Vogler 293
Herein, o du Guter! Du Alter, herein 64
Herr Hardesvogt, vom Whisttisch weg 469
Herr Heinrich sitzt am Vogelherd 293
Herr Irrwing reitet nachts durchs Tal 158
Herr Oluf reitet spät und weit 17
Herr und Knecht 339

Herr von Ribbeck auf Ribbeck im Havelland 412
Heut bin ich über Rungholt gefahren 473
Hoch klingt das Lied vom braven Mann 30
Hoch über blauen Bergen 184
Hoch über den stillen Höhen 177
Hochsommer im Walde 476
Hunde und Katzen 267
Hunnenzug 549

Ich hab' es getragen sieben Jahr 390
Ich saß und spann vor meiner Tür 42
Ich träumt, ich war ein Vögelein 35
Ich träumte hinab in das dunkle Tal 131
Ich war erst sechzehn Sommer alt 15
Ich weiß nicht was 117
Ich weiß nicht, was soll es bedeuten 239
Ihr – ihr dort außen in der Welt 68
Ihr guten Christen 249
Im afrikanischen Felsental 368
Im Gefängnis 486
Im Hochgebirg vor seiner Höhle 458
Im quellenarmen Wüstenland 280
Im süßen Traum, bei stiller Nacht 235
Im Tannengrund, um Mitternacht 485
Im Wallis liegt ein kleiner Ort 375
Im Wirtshaus sitzt der Vater 532
In dem abendlichen Garten 245
In der dunkelnden Halle saßen sie 563
In einem kühlen Grunde 173
In erster Morgenfrühe 333
In Freising lebte ein Professer 526
In Hameln fechten Mäus' und Ratzen 290
In Paris saß Donna Alda 187
In üppig lauter Residenz 283

593

Ja, das Kätzchen hat gestohlen 327
Jammertal 265
Jan Bart 411
Jan Bart geht über den Vlissinger Damm 411
Jan Reimers hatte vor gar nichts Furcht 501
Jenseits 550
Jenseits des Tales standen ihre Zelte 550
Joachim Hans von Zieten 386
John Maynard 409
Jung gewohnt, alt getan 378
Jung-Musgrave trat in die Kirche 395
Jung-Musgrave und Lady Barnard 395
Jung Siegfried war ein stolzer Knab 164
Jung Sigurd 461
Jung Sigurd war ein Wikinger stolz 461
Jung Tirel 429
Jung Tirel, fuhrest über See 429
Jung Volkers Lied 303
Jüngst als Lisettchen im Fenster saß 117

Karl der Zwölfte von Schweden reitet in der Ukraine 559
Kassandra 99
Kein Mittagessen fünf Tage schon 476
Kein Wind im Segel 497
Kennt ihr alle die Geschichte 531
König Darnley liegt erschlagen 388
König Erich, die Faust auf den Widerrist 464
König Etzels Schwert 426
König Gorm herrscht über Dänemark 402
Königseid 451
Krachen und Heulen und berstende Nacht 500

Lady Lindsays Page 541
Laut rufet Herr Ulrich 276

Lebens-Lauf 539
Lederhosen-Saga 557
Legende 495
Lenore 19
Lenore fuhr ums Morgenrot 19
Letzte Heimkehr 182
Liebe fragt Liebe 554
Liebesromanze von Fräulein Luft und Junker Duft 189
Liebeszauber 443
Lieblich war die Maiennacht 278
Lied des James Monmouth 394
Louis Capet 570
Luca Signorelli 209
Lützows wilde Jagd 196

Mächt'ger Sultan Scheherban 443
Maiblumen blühen überall 513
Maien auf den Bäumen 491
Manche Nacht im Mondenscheine 298
Maria und Bothwell 388
Mein Flieger, mein kühner 518
Melusine 578
Mit Trommelwirbeln geht der Hochzeitszug 572

Nach der Schlacht bei Lützen 122
Nach Frankreich zogen zwei Grenadier 234
Nächtlich am Busento lispeln 208
Nachts durch die stille Runde 174
Napoleon im Kreml 426
Nehmt hin die Welt 74
Nis Randers 500
Novelle 448

O schaurig ist's, übers Moor zu gehn 218

O wären wir weiter, o wär' ich zu Haus 61
Odysseus 449
Oft am Brunnen, wenn es dämmert 574

Palmström weigert sich 537
Palmström wird Staatsbürger 537
Parabel 359
Phidile 15
Pidder Lüng 479
Platz da, und Zieten aus dem Busch 468
Poetentod 372
Prinz Eugen, der edle Ritter 324
Prinz Louis Ferdinand 399

Rein zur Höh, rein zu Tal 485
Ritter Olaf 257
Rühmlicher Tod 531

Sacht pochet der Käfer im morschen Schrein 226
Sah ein Knab' ein Röslein stehn 48
Schlachtfeld bei Hastings 260
Schlaf ein, du weißt ja nicht 210
Schlafwandel 368
Schön Klärchen 37
Schön lächelt der Mond uns aus himmlischem Zelt ... 7
Schön-Rohtraut 310
Schwäbische Kunde 169
Schwedische Heide, Novembertag 404
Sechs Fuß hoch aufgeschossen 399
Sehet ihr am Fensterlein 311
Sein Freund, der Türmer, war noch wach 509
Sie haben Tod und Verderben gespien 325
Sie haben zwei Tote zur Ruhe gebracht 148
Sie hatten auf luftigem Söller geruht 449

Sie kannten sich beide von Angesicht 448
Sie saßen sich genüber bang 364
Sie waren gezogen über das Meer 353
Sie weinte bitterlich 118
Siegeslied nach der Schlacht bei Prag, den 6. Mai 1757   5
Siegfrieds Schwert 164
Soll ich die Märe bringen 342
Spielmannslohn 318
Sprengende Reiter und flatternde Blüten 433

Tannhäuser 350
Tannkönig 362
Tief im Schoße des Kyffhäusers 348
Trutz, Blanke Hans 473
Tunkomar und Teutelinde 482

Um die Stunde war's 568
Una ex hisce morieris 477
Und die mich trug im Mutterleib 303
Und soll ich nach Philisterart 154
Urahne, Großmutter, Mutter und Kind 201

Vercingetorix 434
Victoria! mit uns ist Gott 5
Vision 287
Vogel Greif 518
Vom Dreißigjährigen Krieg berannt 495
Vom Himmel strahlt der Mond so klar 287
Vom Sieben-Nixen-Chor 298
Vom treuen Walther 161
Von Dienern wimmelt's früh vor Tag 313
Von Edenhall der junge Lord 171
Vor dem Dome stehn zwei Männer 257
Vor des Museums Säulen 356

Vor seinem Löwengarten 90

Waldgespräch 177
Walpurgisnacht 367
Wann treffen wir drei wieder zusamm' 406
War einst ein deutscher Junker 12
War einst ein Glockengießer 203
Warnung im Traume 283
Was glänzt dort vom Walde im Sonnenschein 196
Was hör' ich draußen vor dem Tor 53
Was klopft ans Tor 269
Was rollt so zierlich, klingt so lieb 377
Weg das Gesicht 339
Weihnachtabend 361
Wenn alle Wälder schliefen 183
Wenn bleich der Mond mit mildem Licht erhellt 505
Wer reitet so frisch und singt so hell 122
Wer reitet so spät durch Nacht und Wind 52
Wer sagt mir an, wo Weinsberg liegt 27
Wer wagt es, Rittersmann oder Knapp 85
Wer weiß wo 466
Wie bebte Königin Marie 352
Wie heißt König Ringangs Töchterlein 310
Wie war zu Köln es doch vordem 272
Wie wird die Nacht so lüstern 350
Wiegenlied einer polnischen Mutter 210
Wild zuckt der Blitz 430
Wir wollen dies Jahr die Felder am Rhein 551
Wirkung in die Ferne 60
Wo der selige Himmel 214
Wovon bin ich nur aufgewacht 578

Zelte, Posten, Werda-Rufer 324
Zu Aachen in seiner Kaiserpracht 102

Zu Augsburg in dem hohen Saal 157
Zu Bacharach am Rheine 127
Zu Dionys, dem Tyrannen, schlich 93
Zu Edinburg scheint weit und spät 541
Zu Mantua in Banden 295
Zu Speyer im Saale 165
Zum Kampf der Wagen und Gesänge 78
Zwei Liebchen 302
Zwölf Engel hielten am Himmelstor 489

ALPHABETISCHES VERZEICHNIS
DER AUTOREN

Alexis, Willibald 269
Arndt, Ernst Moritz 107
Arnim, Achim von 142
Avenarius, Ferdinand 497

Brentano, Clemens 124
Bürger, Gottfried August 19
Busch, Wilhelm 457

Chamisso, Adelbert von 144
Claudius, Matthias 15

Dahn, Felix 461
Dehmel, Richard 512
Droste-Hülshoff, Annette von 214

Eichendorff, Joseph Freiherr von 173
Ernst, Otto 500

Fontane, Theodor 385
Fouqué, Friedrich Freiherr de la Motte 122
Freiligrath, Ferdinand 321
Freytag, Gustav 356

Geibel, Emanuel 346
Gleim, Johann Wilhelm Ludwig 5
Goethe, Johann Wolfgang von 48
Grün, Anastasius 316

Hauff, Wilhelm 276
Hauptmann, Gerhart 504
Hebbel, Friedrich 327

Heine, Heinrich 234
Herder, Johann Gottfried 17
Herwegh, Georg 359
Heym, Georg 570
Heyse, Paul 448
Hoddis, Jakob van 571
Hoffmann von Fallersleben, August Heinrich 267
Hölty, Ludwig Christoph Heinrich 35
Holz, Arno 508

Keller, Gottfried 368
Kerner, Justinus 157
Kopisch, August 272
Körner, Theodor 196

Lasker-Schüler, Else 534
Lenau, Nikolaus 278
Lenz, Jakob Michael Reinhold 44
Liliencron, Detlev von 464
Ludwig, Otto 342

Meyer, Conrad Ferdinand 426
Miegel, Agnes 563
Morgenstern, Christian 536
Mörike, Eduard 297
Mosen, Julius 295
Müller, Wilhelm 203
Münchhausen, Börries Freiherr von 549

Nietzsche, Friedrich 485
Novalis (Friedrich von Hardenberg) 117

Pape, Samuel Christian 118
Pfeffel, Gottlieb Konrad 8
Platen, August Graf von 208

Raabe, Wilhelm 451
Rilke, Rainer Maria 559
Rückert, Friedrich 189

Schiller, Friedrich 68
Schönaich-Carolath, Emil Prinz von 495
Schubart, Christian Friedrich Daniel 12
Schwab, Gustav 198
Simrock, Karl 290
Spitteler, Carl 488
Stadler, Ernst 568
Stolberg, Friedrich Leopold Graf zu 37
Storm, Theodor 361
Strachwitz, Moritz Graf von 415
Strauß und Torney, Lulu von 541

Thoma, Ludwig 526
Trakl, Georg 574

Uhland, Ludwig 161

Vogl, Johann Nepomuk 293
Voß, Johann Heinrich 42

Wackernagel, Wilhelm 318
Wedekind, Frank 520
Weerth, Georg 414
Wetzel, Friedrich Gottlob 140

ZU DIESER AUSGABE

Diese Sammlung deutscher Balladen wendet sich an all jene, die Leseerinnerungen ihrer Schulzeit auffrischen möchten, aber auch an junge Leser in Schule und Universität, denen heutige Lehrpläne die Beschäftigung mit unseren Klassikern vorenthalten. So sind hier die schönsten und bekanntesten Balladen aus Klassik, Romantik und klassischer Moderne versammelt. Entscheidend bei der Auswahl war, das zu sammeln, was dem heutigen Leser zugänglich und wichtig sein kann. Ältere Texte wurden, wo es sich als nötig erwies, behutsam der gegenwärtigen bewährten Orthographie angeglichen.